21世纪学前教师教育系列教材

U0853184

幼儿园环境创设

董旭花　张升峰　臧冬玲　韩冰川　编著

中国人民大学出版社
·北京·

前 言

在学前教育事业快速发展的过程中，大量的幼儿园如雨后春笋般建立起来。幼儿园越来越重视环境创设工作。在幼儿园环境创设的过程中，确实存在一些幼儿园盲目追求所谓的“有层次”“高大上”，也有一些幼儿园教师对于“儿童化”的认识存在误解，把花花绿绿和卡通化等同于儿童化，但令人欣慰的是，越来越多的教育工作者已经认识到环境对幼儿身心发展的重要影响，认识到创设适宜、美好的幼儿园环境是教师重要的教育职责。

《幼儿园教师专业标准（试行）》强调，教师要“重视环境和游戏对幼儿发展的独特作用，创设富有教育意义的环境氛围，将游戏作为幼儿的主要活动”，“创设有助于促进幼儿成长、学习、游戏的教育环境”。从这个意义上讲，培养未来幼儿园教师的高等师范院校，应该加强课程建设，丰富课程内容，帮助学生了解和掌握环境创设的有关理论和实践操作要点，培养出高质量的、应用型的学前教育专业人才。本书不仅可以作为学前教育专业的教材使用，也可以作为在职教师培训的教材使用，同时可以作为幼儿园教师开展环境创设工作很好的参考读物。

本书系统阐述了环境创设相关理论、心理环境、室内外物质环境创设的要点。在写作过程中始终遵循《幼儿园工作规程》《幼儿园教育指导纲要（试行）》《3—6 岁儿童学习与发展指南》《托儿所、幼儿园建筑设计规范》等一系列国家政策和法规文件的基本精神和要求，同时吸纳国内外最新环境创设的研究成果，体现出了系统性、前瞻性、实用性等特点。

《幼儿园环境创设》是一门实践性极强的书，而校内的学生缺乏相关实践经验，所以，在写作的过程中，我们尽可能结合幼儿园的实际发展状况，为学生和幼儿园教师提供尽可能具体的环境创设策略，并力求策略的应用性和可操作性。为了让大家对良好的幼儿园环境创设有更具体的认识，书中配备了大量关于环境创设的图片，还介绍了国内外著名幼教机构的环境创设范例。

全书共八章。第一章系统阐述了幼儿园环境的概念、价值、分类，与环境创设相关的生态学、心理学、教育学思想流派的观点及环境创设的原则。第二章系统阐述了心理环境创设的意义及具体策略。第三章系统阐述了户外环境的构成、创设的原则及各部分环境创设的要点、户外玩具与器械配置等。第四章阐述了门厅、走廊、楼梯、功能室、厨房、办公区等室内公共环境的创设。第五章和第六章阐述了班级内墙面环境、生活环境、区域环境等的创设要点。第七章阐述了环境评价的功能和原则、内容以及实施等。第八章介绍了蒙台梭利、瑞吉欧、华德福等教育体系中优秀的幼教机构环境创设的特点。每一章前面都有“本章导读”部分，帮助学生把握这一章的核心观点。每一章的后面有“思考与练习”和“阅读导航”部分，“思考与练习”部分有助于学生自学和自我检视，“阅读导航”部分有助于开阔学生视野。

本书写作队伍的构成也充分体现了理论研究与实践指导相结合的特点，既有高校教师，也有幼儿园园长。写作过程既艰辛，又充满了交流碰撞的乐趣。第一章、第二章由张升峰（济南幼儿师范高等专科学校副教授）完成；第三章、第四章由韩冰川、臧冬玲（二人均为淄博市市直机关第三幼儿园副园长）完成；第五章第一节、第二节由董旭花（山东女子学院教授）完成，第三节由臧冬玲完成；第六章、第七章由董旭花完成；第八章由韩冰川完成。本书由董旭花教授负责大纲的拟订和全书的修改、统稿工作，由大家共同完成审校工作。

本书在写作的过程中，吸收了很多已有的研究成果，引用材料在书中一一标注，如有遗漏，请给予谅解。书中还用了山东省淄博市市直机关第三幼儿园、四川省成都市金牛区机关第三幼儿园、山东省寿光市文正教育集团文轩幼儿园、山东省济南市育贤第一幼儿园等很多幼儿园环境创设的图片，有些图片是幼儿园老师专门为我们拍摄的，有些是我们到各地幼儿园参观时拍摄的，在这里一并对幼儿园和老师们表示衷心的感谢。

由于水平有限、时间紧迫，书中难免有不足之处，希望各位同人批评指正。

董旭花

2018 年 4 月 7 日

目录

第一章

幼儿园环境创设概论

本章导读

幼儿园环境是指在幼儿园中影响幼儿身心发展的所有物质因素和精神因素的总和。环境对幼儿身心发展的影响是全方位的、极其深远的，所以，无论是人类发展生态学、行为主义心理学、建构主义心理学，还是蒙台梭利教育思想、瑞吉欧教育思想等都强调幼儿园环境创设的作用，其内含的环境观也给幼儿园环境创设很多有益的启发。

本章的学习重点是幼儿园环境创设的相关理论以及幼儿园环境创设应该遵循的原则。通过本章的学习，学生能够运用幼儿园环境创设的理论知识分析环境创设中存在的问题，并按照幼儿园环境创设的原则科学地设计幼儿园环境，以充分发挥环境育人的功能。

第一节　概述

《幼儿园教育指导纲要（试行）》（简称《纲要》）明确指出，“环境是重要的教育资源，应通过创设并有效地利用环境促进幼儿的发展”，“幼儿园应为幼儿提供健康、丰富的生活和活动环境，满足他们多方面发展的需求，使他们度过快乐而有意义的童年”。幼儿的发展是在与周围环境的相互作用中得以实现的。环境对幼儿身心发展具有潜移默化的作用，被认为是幼儿园的“第三位老师”，在幼儿的成长过程中发挥着不可替代的作用。幼儿园作为幼儿生活和成长的重要空间，应该有良好的环境，以促进幼儿身心和谐健康地发展。

一、环境与幼儿园环境

“环境”一词，自古有之。《汉语大词典》有三种解释：（1）周围的地方。《新唐书·王凝传》：“时江南环境为盗区，凝以彊弩据采石，张疑帜，遣别将马颖，解和州之围。”宋人洪迈《夷坚甲志·宗本遇异人》：“二月，环境盗起，邑落焚刘无馀。”清人方苞《兵部尚书范公墓表》："鲁魁山贼二百年为环境害，至是就抚。"（2）环绕所管辖的地区。清人刘大櫆《偃师知县卢君传》："君之未治偃师，初出为陕之陇西县，寇贼环境。"（3）周围的自然条件和社会条件。蔡元培《〈鲁迅先生全集〉序》："'行山阴道上，千岩竞秀，万壑争流，令人应接不暇'；有这种环境，所以历代有著名的文学家、美术家，其中如王逸少的书，陆放翁的诗，尤为永久流行的作品。"茅盾《青年苦闷的分析》："只有不断的和环境奋斗，然后才可以使你长成。"①

《辞海》对"环境"的解释有两种：（1）周围的境况。如自然环境、社会环境。（2）环绕所辖的区域；周匝。《元史·余阙传》："环境筑堡寨，选精甲外捍，而耕稼于中。"第一种解释是包含人类在内的广义的环境概念，第二种解释是以人类为中心的狭义的环境概念。

时至今日，"环境"一词的含义越来越多元化。

人类生存的空间及其中可以直接或间接影响人类生活和发展的各种自然因素称为环境②。

教育上的环境多指影响个体生存发展的各种因素。《教育大辞典》关于"环境"的解释是：（1）直接和间接影响个体的形成和发展的全部外在因素，包括先天环境（胎内环境）和后天环境（自然环境、社会环境）。（2）以人的主体为中心围绕自我的事物，包括外部环境和内部环境。外部环境包括先天环境和后天环境，内部环境包括生理环境和心理环境③。

相对于一般意义上的环境来说，幼儿园环境则是一种更为具体、更为特殊的环境。幼儿园环境的概念也有广义和狭义之分。广义上的幼儿园环境，是指开展幼儿园教育所需要的一切条件的总和。狭义上的幼儿园环境，是指在幼儿园中影响幼儿身心发展的所有物质因素和精神因素的总和。

幼儿园环境创设主要是指教育者根据幼儿园教育的要求和幼儿的身心发展规律、需要，充分挖掘和利用幼儿生活环境中的教育因素，并创设对幼儿起积极作用的活动场景，把环境因素转化为教育因素，以促进幼儿身心主动发展。

二、幼儿园环境的价值

古今中外，许许多多的教育家都非常重视环境对人的发展的重要影响。中国古代教育家墨子在其著作《墨子·所染》中说："染于苍则苍，染于黄则黄，所入者变，其色亦变。五入必而已则为五色矣。故染不可不慎也！"也就是说，人的后天发展与其所处的环境及接受的教育有很大的关系。我国历史上著名的"孟母三迁"的故事和"近朱者赤，近墨者黑"的俗语等，也都说明了周围环境对个人成长的影响。英国教育家洛克认为环境对幼儿的成长与发展有重要的影响，皮亚杰也指出环境是幼儿发展最重要的因素之一。

环境对个体后天发展的影响贯穿个体成长的全过程，但其影响作用在不同的年龄阶段有所不同，年龄越小的人，受环境的影响越大。因此，环境对幼儿身心发展的影响也是全

① 罗竹风．汉语大词典（缩印本）：上册．上海：汉语大词典出版社，1986.
② 陈德第，李轴，库桂生．国防经济大辞典．北京：军事科学出版社，2001.
③ 顾明远．教育大辞典（增订合编本）：下．上海：上海教育出版社，1986.

方位的、极其深远的。

（一）促进幼儿认知水平的发展

行为主义心理学家华生认为，人的行为就是“刺激-反应的联结，通过刺激可以预测反应，通过反应可以预测刺激”。这里所说的刺激就来源于环境，幼儿认知水平的发展就是在与周围环境相互作用的过程中得以实现的。通过与物质环境的接触、互动，对物体进行感知、观察和操作，使幼儿获得对物体及物体与自身的关系的认识，并尝试获取解决问题的方法，在此过程中，幼儿的感知观察力、记忆力、思维力、想象力等得到充分的发展。

幼儿园环境对幼儿认知水平发展的影响是多方面的，包括活动材料投放的质量和数量、空间密度和分割方式以及活动的氛围，都会影响幼儿认知水平的发展。作为幼儿园教师，我们应该精心设计环境，使环境给幼儿身心发展带来积极的刺激，从而有目的地培养幼儿良好的行为习惯，促进幼儿认知水平的发展。

（二）促进幼儿社会性的发展

作为一个群体性组织，幼儿园是幼儿成长的重要场所，其环境对幼儿社会性发展水平有重要的影响。

《纲要》中明确指出，幼儿园的教育环境是重要的教育资源，创设良好的、适宜的、具有价值的教育环境是幼儿身心发展的需要，是使幼儿园从“自然人”成长为“社会人”的过程。幼儿园应该积极创设教育环境，利用各种教育形式帮助幼儿学习社会知识、社会技能、社会行为规范，提高幼儿社会性发展水平，使其积极融入社会生活，成为一个社会人。良好的幼儿园环境能够激发教师与幼儿、幼儿与幼儿之间的交流对话，促进幼儿与教师以及同伴的交流互动，帮助幼儿逐渐摆脱以自我为中心的意识，学会体会他人的想法，从而有效地支持幼儿社会性的发展。

（三）提高幼儿的审美水平

整洁、美观、大方的幼儿园环境往往能够给幼儿带来美的感受。无论是环境中丰富的物品造型还是多样的呈现方式，无论是教师精心制作的装饰品还是幼儿用心完成的涂鸦画，都可以让幼儿直接地感受美、体验美、欣赏美，形成正确的审美能力。通过积极参与环境的创设，幼儿还能够体验创造美的乐趣，在感受合作的快乐和成功的喜悦中萌发美好的情感。

三、幼儿园环境的分类

幼儿园是幼儿生活、活动的重要场所。幼儿园环境既有物质形态的，又有精神形态的；既有内部的，又有外部的；既有室内的，又有室外的。多种多样的环境综合在一起，潜移默化地影响着幼儿的身心发展。

（一）物质环境和心理环境

按照性质不同，幼儿园环境可以分为物质环境和心理环境两大类。物质环境主要包括园舍建筑、配套设施、玩教具、图书、室内外装饰等有形的物质。心理环境主要包括幼儿园文化、教师的教育理念和教育行为、人际关系和情感氛围等无形的内容。心理环境尽管是无形的，但它对幼儿身心发展尤其是心理发展的影响是巨大的，是幼儿园环境的重要组成部分。

（二）内部环境和外部环境

按照场域不同，幼儿园环境可以分为内部环境和外部环境两大类。内部环境主要指幼儿园内部的小环境，外部环境则包括与幼儿园教育相关的园外的家庭、社会、自然等大环境。

（三）室内环境和室外环境

按照存在形式，幼儿园环境可以分为室内环境和室外环境两部分。室内环境主要包括活动室、睡眠室、盥洗室、走廊等，室外环境主要包括门厅、户外活动场地等。

第二节　幼儿园环境创设的相关理论

人是环境的产物，也是环境的缔造者。自古以来，无论是教育家还是心理学家都非常关注环境对幼儿发展的影响，他们提出了各种各样的理论观点，对当今幼儿园的环境创设具有重要的启发和借鉴意义。

一、人类发展生态学理论

（一）布朗芬布伦纳

布朗芬布伦纳 1917 年出生于俄国莫斯科，6 岁随父母迁往美国。高中毕业后考入康奈尔大学，并取得心理学和音乐双学位。随后进入哈佛大学深造，并于 1940 年取得发展心理学硕士学位。1942 年取得密歇根大学发展心理学博士学位。1948 年，受康奈尔大学邀请前往任教，直至 1987 年退休。

布朗芬布伦纳是第一位关注“儿童研究和儿童政策之间的相互影响”的人。他认为，在政策鼓励自然研究和研究成果应用于实践时将促进对儿童的研究。

布朗芬布伦纳于 1979 年提出了著名的生态系统理论。该理论强调，环境作为一个复杂的系统对人的发展具有重大的影响。这个系统由微系统、内部系统、外部系统、宏观系统等几部分组成，应该在自然和社会生态环境下研究人的发展。

（二）人类发展生态学理论的环境观

人类发展生态学理论认为，人的发展就是“在生命的始终，正在不断生长的有机体与其所处的不断变化着的环境之间的逐步的、相互的适应”。每个个体都生活在一个生态环境中，个体在发展过程中离不开环境，个体与环境之间紧密相连、相互作用。

个体发展的生态环境是一个系统的体系。这个体系包括小系统、中间系统、外系统及大系统等几部分。这些系统都对个体发展有重要的价值，它们之间相互联系、相互作用，共同促进个体的发展。

人类发展生态学理论认为，个体发展所处环境是多样化和动态化的，处在不断发展变化的过程中。个体与环境是双向互动的，个体受环境的影响，也会影响环境的生成。二者相互作用的方式直接影响个体的发展。

（三）人类发展生态学理论对幼儿园环境创设的启示

（1）生态取向的幼儿园环境创设带给幼儿园教师一种整体性的理念，启示教育者在环境创设中综合考虑环境各部分因素对幼儿身心发展的影响。幼儿年龄小、思维的独立性很弱，还不会主动地、自觉地选择周围的环境，因此他们受特定环境的影响会更大，这就对幼儿园环境的创设提出了更高的要求。幼儿园环境创设应该具有生态性、教育性和系统性，这样才能促进幼儿身心健康发展。

（2）幼儿园环境创设的内容和形式应该丰富多样，并努力做到创新。幼儿是在一个包含多重关系的环境系统中发展的，这个环境既包括室内环境，又包括室外环境；既包括幼儿园环境，又包括社区、大自然环境。这就要求我们进行幼儿园环境创设的时候必须从多元化、多层次的角度出发构建幼儿园环境，使幼儿园环境从封闭走向开放，从幼儿园走向社区、大自然。

（3）幼儿园环境创设要促进幼儿与环境之间充分的双向互动。幼儿是环境的主人，幼儿是在与环境相互作用的过程中实现自我发展的，幼儿与环境互动的质量直接影响着幼儿身心发展的水平。幼儿既依赖于环境，又对环境的形成起着促进作用。幼儿园教师应该积极关注幼儿的实际需要，充分调动幼儿的主动性和积极性，创设属于幼儿自己的环境，让幼儿能够自由自在地发展，从而发挥环境潜移默化的教育意义。

（4）心理环境对人的发展具有重要的意义，必须重视心理环境的创设。幼儿园的心理环境主要体现在幼儿园的文化氛围、人际关系等方面，它像一双无形的手，潜移默化地影响着幼儿的身心发展。幼儿园教师应该树立正确的教育观和儿童观，了解幼儿发展的水平，满足幼儿的合理需要，包容幼儿的过失行为；还要善于疏导幼儿而不是压制幼儿，给予幼儿充分表达观点的自由，以民主平等的方式与幼儿沟通交流；同时利用集体活动等机会，教给幼儿必要的交往技巧，引导幼儿建立良好的同伴关系。

二、幼儿园环境创设的心理学理论

（一）行为主义理论

1. 行为主义

行为主义产生于20世纪初的美国，是美国现代心理学的主要流派之一，其创始人是美国著名的心理学家华生，主要代表人物有华生、斯金纳和班杜拉。

行为主义心理学反对传统心理学的观点，重视对人的行为的研究，认为心理学不应该研究人的意识，而应该研究从人的意识中折射出来的行为。行为主义心理学主张以客观的方法研究人类的行为，从而预测和控制个体的行为。在研究方法上，行为主义主张采用客观的实验方法，而不使用内省法。该理论认为个体的行为反应取决于具体的刺激强度。因此，他们把刺激-反应当作解释人的一切行为的公式。

2. 行为主义的环境观

早期行为主义者非常强调环境和教育对人的行为的塑造，认为人的行为就是“刺激-反应的联结，通过刺激可以预测反应，通过反应可以预测刺激”。行为主义的创始人华生曾经说过：“给我一打健康的儿童，并在我自己设定的特殊环境中养育他们，那么我愿意担保，可以随便挑选其中一个婴儿，把他们训练成我所选定的任何类型的特殊人物，如医生、律师、艺术家、商人或乞丐、小偷，而不管他的才能、嗜好、倾向、能力、天资和他们父母的职业及种族如何。”这句话充分说明了行为主义的主要观点，即强调环境是影响人身心发展的决定因素，人的大部分行为是通过后天习得的，是个人经验的产物。

新行为主义在处理环境与人的行为的关系问题上则显得更加理性。斯金纳认为，人们所处环境的社会和物理条件在决定个体行为方面有重要作用。他发现环境条件和行为之间的关系对于研究个体行为的形成相当重要。班杜拉从三元交互作用的角度出发，认为环境是一种幼儿学习的潜在课程，在指导幼儿学习时，除了重视个人的能力发展、情绪反应和认知过程外，还应注重设置良好的环境。

3. 行为主义环境观对幼儿园环境创设的启示

行为主义认为，幼儿的行为和发展具有可塑性和可控制性，外部环境对幼儿行为的塑造和修正有重要的作用。幼儿的成长是在遗传物质的基础上，通过与后天的环境相互作用的过程得以实现的。幼儿的生活经验很少，一个良好的教育环境对幼儿良好行为的塑造有着极其重要的作用。这就要求幼儿园必须重视环境的创设，通过创设适宜幼儿身心发展的良好环境，促进幼儿的健康成长。

班杜拉的社会学习理论也有值得我们学习借鉴的地方。爱模仿是幼儿的天性，也是幼儿学习成长的重要方式。幼儿教师的言谈举止以及幼儿园环境都会成为幼儿模仿学习的榜样，这就要求我们多关注自身的行为，关注幼儿园环境的质量。比如，要求幼儿安静午睡的时候，教师也应该做到声音小、动作轻，不能在幼儿午睡的时候聊天。教师良好的行为能够成为幼儿模仿的榜样，使幼儿在潜移默化中受到影响。

（二）建构主义理论

1. 建构主义

建构主义是一种关于知识与学习的理论，也被称为结构主义，是认知心理学派的一个分支。建构主义的代表人物是瑞士的皮亚杰。建构主义强调学习者的主动性，认为学习是学习者基于原有的知识经验生成意义、建构、理解的过程。20 世纪 80 年代后期，建构主义以惊人的速度传播到多个学科领域，产生了深刻的影响，其中对教育领域的冲击尤为强烈，对教育领域的各个方面都产生了深远的影响。

2. 建构主义的环境观

和行为主义理论一样，建构主义理论也非常重视环境在个体成长过程中的作用。人与环境的关系是密不可分的，环境的作用如何最终取决于人们如何认识和理解环境。也就是说，个体不是单向地、被动地接受环境的影响，而是主动地理解环境，从而完成知识的获得、理解和创造，这是建构主义环境观区别于行为主义环境观的地方。

建构主义认为，幼儿是在与周围环境相互作用的过程中，逐步建构关于外部世界的知识，从而使自身认知结构得到发展的。环境是学习者在其中进行自由探索和自主学习的场所，幼儿园的环境创设应与知识内容一致，这样幼儿才能通过真实的生活情境以及具体的环境真正理解知识，从而将其内化为自己的知识。

3. 建构主义环境观对幼儿园环境创设的启示

建构主义认为，幼儿认知结构的发展是一个不断同化、顺应，由不平衡到平衡的过程。幼儿潜力巨大、可塑性强、求知欲旺盛，是建构的主体。幼儿的发展是一个整体，离不开环境的作用，周围环境中的任何事物都有可能引起幼儿内部心理的不平衡，引发幼儿的建构活动。建构主义的环境观有助于扭转传统幼儿园教育中沉溺于认知能力培养、重视集体教学，而忽视个性化发展和幼儿自主学习能力培养的观念，引导幼儿园教师重新审视幼儿的学习活动，使教师在环境创设中跳出以教师为中心的思维，关注幼儿发展的主动性，从而为幼儿提供利于主动建构的学习环境。

首先，要为幼儿创设一个主动发展的环境。建构主义认为，幼儿的学习是一个主动的过程，幼儿只有通过实践操作、亲身体验，运用自己已有的经验去研究和分析事物，才能完成新意义的构建。要促进幼儿进行这种主动的学习，就应该为他们创设一个主动发展的环境。幼儿园往往更多地关注环境的装饰作用，忽视环境和幼儿的互动，使得环境成为一种摆设，这非常不利于幼儿的成长。教师应该尊重幼儿作为环境主体的地位，调动幼儿参与环境设计的积极性，鼓励幼儿与环境充分互动，让他们在愉快的实践操作中进行探究，从中体验到乐趣并获得丰富的感性经验，积极构建个人的知识体系。

其次，要为幼儿创设一个动态多元的环境。幼儿园环境创设不是一成不变的，应该根据教育目标的变换、幼儿兴趣点的转移等及时调整环境创设的内容。建构主义认为，动态多元的环境给幼儿带来的新的问题情境有利于引起幼儿的注意，从而刺激幼儿的学习活动，使他们投入不断的问题解决过程中，实现有意义的构建。这就要求幼儿园教师不断地为幼儿创设丰富多样的、贴近真实情境的环境，激发幼儿的兴趣，让幼儿在与环境互动的过程中，通过实践操作、亲身体验，完成对问题的理解、对知识的应用和对意义的建构。

最后，要为幼儿创设一个宽松和谐的环境。建构主义认为，学习的大环境应该是轻松和谐的，学习者所属的集体应该成为学习者之间互相活动与交往的共同体，共同体中的对话、交流与协作有利于引发幼儿进一步的思考。宽松和谐的环境有助于幼儿大胆操作、主动探究，有助于促进师幼之间、幼幼之间的沟通交流，进而使幼儿完成积极的建构活动。幼儿园教师应该改变以往以纪律约束为主的管理方式，尊重幼儿的人格、权利和合理需要，与幼儿平等相处，共同参与活动，创设宽松和谐的环境，使幼儿产生亲切感和安全感，这样才能有效地激发幼儿学习的愿望，使幼儿主动地与环境互动，以主人的姿态认识周围的世界。

三、幼儿园环境创设的教育学理论

（一）蒙台梭利的教育思想

1. 蒙台梭利

蒙台梭利（1870—1952），意大利第一位女医学博士，也是 20 世纪意大利著名的幼儿教育家，被誉为在世界幼儿教育史上自福禄贝尔以来影响最大的人物之一。蒙台梭利早年从事医学工作，重点关注残障儿童的康复训练。工作过程中，她发现儿童身心方面的缺陷不单纯是医学的问题，更是一种教育的问题。这一发现点燃了她研究教育的热情，她设计的教育方案在残障儿童身上取得了良好的效果。

1907 年，蒙台梭利在意大利罗马的贫民区创立了“儿童之家”，开始了对正常儿童的教育研究工作，这成为她教育生涯中的重大转折点。蒙台梭利在“儿童之家”的研究和实践同样获得了成功，在此基础上她逐渐形成了一套完整的教育思想体系，这套思想体系也逐渐成为世界上著名的幼儿教育模式之一。1909 年，蒙台梭利的专著《蒙台梭利早期教育法》(意文版名称为《运用于儿童之家的科学教育方法》)问世，此书一经出版就被翻译成20多种文字，流传于世界各地，对学前教育的改革和发展产生了深远的影响。

2. 蒙台梭利的环境观

蒙台梭利非常强调环境对幼儿的影响，认为幼儿可以利用先天具有的吸收性心智去营造、发展、建设和完善自己，同时也指出幼儿的成长与发展依赖于幼儿和环境之间精细关系的进展，先天的能力必须要与外在的学习环境相配合才能发挥所长①。蒙台梭利认为，伟大的潜能和吸收性心智能帮助幼儿在有意识的状态下轻松地从周围环境中进行吸收、学习和活动，因此，幼儿园环境的质量直接影响着幼儿身心发展的水平。

幼儿园环境应该有别于成人世界的环境，适合幼儿发展的步调。蒙台梭利认为，成人世界中有太多的因素阻碍了幼儿的发展，因此在她的课程中，环境应该是特殊的、区别于成人世界的，这个环境能够保护幼儿。正如一个肉体的胚胎需要母亲的子宫并在那里得以发育一样，精神的胚胎也需要外界环境的保护；这种环境充满着爱的温暖，有着丰富的营养，在这种环境中所有的东西都倾向于欢迎它，而不会对它有害②。幼儿园环境必须与幼儿发展的步调相协调，与成人的世界相关联，给幼儿带来安全、可靠的感觉，幼儿能自由地在环境中进行选择和操作各种活动材料。

“有准备的环境”能够为幼儿提供面对未来世界所需的方法和手段。蒙台梭利认为，教育是教师、幼儿和环境三者相互影响的过程，在这个过程中，环境既是教育的内容，也是教育的工具，其作用是不可替代的，所以教师必须提供适合幼儿身心发展的环境，这种环境就是蒙台梭利教育思想中的“有准备的环境”。它需要满足以下几个要素：第一，生活环境是有规律和有秩序的；第二，环境是幼儿能自由选择的；第三，环境要真实且自然；第四，环境应美丽与温馨③。

3. 蒙台梭利的环境教育思想对幼儿园环境创设的启示

幼儿园的每一处环境对幼儿的发展都有重要影响，进行环境创设时应该用心设置，克服其随意性。环境对幼儿的发展具有潜移默化的影响，强大的学习潜能和吸收性心智能够使幼儿轻松地从周围环境中吸收学习。精心设计的环境能够帮助幼儿获取有助于身心成长的经验，粗制滥造的环境则可能给幼儿带来负面的影响。

幼儿园环境创设应该以幼儿为中心，符合幼儿身心发展的规律。蒙台梭利认为，环境是幼儿自主活动的场所，是幼儿生活的实验室，应该尊重幼儿的自主选择，鼓励幼儿在环境中自由、自主地按照自己的方式和速度活动和学习，从而获得精神上的自由。幼儿生活的环境是特殊的、区别于成人世界的，幼儿园的环境创设应充分考虑幼儿身心发展的阶段性和差异性，满足幼儿身心发展的需要，尤其要符合幼儿的生活需要。创设的环境应该让幼儿感到愉快，提供的材料应该符合幼儿的年龄和身体发育特点，且对幼儿有巨大的吸引力。

蒙台梭利教育思想中“有准备的环境”对我们有现实的启示意义。蒙台梭利课程中“自由、结构与秩序、真实与自然、美感与气氛”的环境创设原则非常值得我们借鉴和学

① 汤志民. 幼儿园环境创设指导与实例. 上海：华东师范大学出版社，2013：130.

② 蒙台梭利. 童年的秘密. 北京：人民教育出版社，2005.

③ 袁爱玲. 幼儿园教育环境创设. 北京：高等教育出版社，2010：12-13.

习。首先，自由的环境是幼儿学习潜能充分发挥的前提条件，能够激发幼儿的探究行为，提高幼儿的创造性水平。其次，蒙台梭利提出的“自由”并不是不受任何拘束的“自由”，而是建立在“规则”和“秩序”基础之上的，以不影响他人活动为限度的。再次，真实与自然的环境有助于幼儿发展探索外部世界所需的安全感，并帮助幼儿成为敏锐细致的生活观察者。最后，富有美感的环境有利于激发幼儿对生活的渴望与反应，但真正的美感不是豪华的装潢、高档的玩教具、花里胡哨的图画，而是简洁有序、适合幼儿操作、能引发幼儿互动的环境。这样的环境才是真正有教育价值的。

蒙台梭利“儿童之家”的环境虽然强调幼儿的自由选择、自主探索，但由于其环境创设千篇一律、缺少变化，因而难以引发幼儿持续性的探究活动。我们在借鉴蒙台梭利教育思想进行环境创设时，还必须考虑本土化的问题，不能简单地模仿。

（二）瑞吉欧的教育思想

1. 瑞吉欧教育

瑞吉欧·艾米利亚（Reggio Emilia）是意大利东北部一座美丽富饶的城市，著名的瑞吉欧教育思想就在这里萌芽、发展，并向世界各地广泛传播。马拉古齐（1920—1994）是瑞吉欧教育思想的创始人和传播者。

20世纪60年代以来，马拉古齐和当地幼教工作者在教育实践过程中，发展形成了一套独特的、具有变革性的幼儿教育教学理论、幼儿园活动组织方法以及环境创设原则。1979年，瑞吉欧开始与瑞典的学校开展密切的交流活动。1981年，在斯德哥尔摩市举办了名为“如果眼睛能越过围墙”的展览活动，把瑞吉欧教育思想的传播推向高潮。1987年在美国进行了名为“儿童的百种语言”的展览活动，瑞吉欧一时成为欧洲幼儿教育变革的中心。1991年，瑞吉欧·艾米利亚市立幼儿园——黛安娜幼儿园被美国著名的杂志《新闻周刊》评为“世界上最富创意、最先进”的幼儿园。1992年，瑞吉欧教育思想的创始人和推行者马拉古齐被授予LEGO奖（教育工作贡献奖），以肯定他对幼儿教育做出的卓越贡献。他甚至还被加德纳教授称为与福禄贝尔、蒙台梭利、杜威和皮亚杰齐名的伟大的教育家。

瑞吉欧教育思想的特色体现在很多方面：强调幼儿的合作、主动建构以及发现学习；提倡建立在幼儿兴趣之上的、开放的、综合的方案教学活动；强调教师、家长及社区之间的高水平的交流互动；重视环境在幼儿教育过程中的突出作用，主张创设优美自然、丰富多样和富有启发性的环境；等等。这些对我们今天的幼儿教育有积极的借鉴意义。

2. 瑞吉欧教育中的环境观

环境在瑞吉欧教育中占据着举足轻重的地位。瑞吉欧教育者认为，环境是“可以支持社会互动探索与学习的容器”，“空间也是具有教育内涵的”。在瑞吉欧教育中，环境远不止于几幅美丽好看的图画，还包括区角中生机盎然的各样植物，以及让幼儿乐此不疲的各种玩教具。环境不仅是幼儿所处的地理、物质环境，更是一种时间、精神沉淀的文化环境①。瑞吉欧的每一处环境设置，都是其教育的重要组成部分。用瑞吉欧教育工作者的话来说，在瑞吉欧学校里，“没有一处无用的环境”②。

---

① 马拉古齐．孩子的一百种语言：意大利瑞吉欧方案教学报告书．台北：光佑文化事业股份有限公司，2002.

② 鲁普纳林，约翰逊．学前教育课程．上海：华东师范大学出版社，2005：41.

环境本身是一种课程，属于教育内容的一部分，是课程设置与实施的重要因素。瑞吉欧教育者认为，环境是幼儿与幼儿之间、幼儿与成人之间以及幼儿与物体之间互动的关键性因素。瑞吉欧教育的环境布置，重视环境中各个元素的参与。

环境是第三位老师。将环境形象地比喻为第三位老师，一方面赋予了环境生命和灵性，使环境具有和教师一样的作用，可以促进幼儿知识、情感、技能的养成和发展；另一方面也表明了环境不是被动、一成不变的，是积极主动的、可以改变的，以适应幼儿和教师的实际需要。

环境是最好的评价记录方式之一。瑞吉欧教育的环境就像一面镜子一样，时刻记录着幼儿及教师成长和进步的点滴。正如马拉古齐所说："我们学前学校的墙壁会说话，也有记录的作用，利用壁面的空间暂时或永久地展示幼儿及成人的生活。"

3. 瑞吉欧的环境教育思想对幼儿园环境创设的启示

环境在瑞吉欧教育中占据着非常重要的地位，"环境也是一种课程""环境是第三位老师""环境会说话"等理念对我们今天的幼儿园教育都有积极的借鉴意义。

第一，加强对话合作，增强幼儿园环境的开放性和互动性。瑞吉欧教育中的环境是开阔、广泛、真实的，它来自幼儿园、家庭和社会，是真实环境的缩影，幼儿可以在这个环境中切身地感受真实世界的一面。瑞吉欧教育者认为，幼儿在充满互动经验的环境中更有利于实现知识的建构和身心的健康发展。瑞吉欧环境中的每一处设置和建设都需要幼儿、教师、家长及社会人士等一起探讨商议，达成共识。幼儿园是幼儿和教师发表各种不同观点的场所，这里允许"百家争鸣，百花齐放"，甚至允许"错误"观点的存在。

第二，科学、合理地创设幼儿园环境，凸显民族文化特色。幼儿是环境的产物，瑞吉欧课程的内容主要来自幼儿周围的环境，来自生活中幼儿感兴趣的事物、现象和问题，来自他们的各种活动①。"工作坊"是瑞吉欧教育中环境创设的精髓，代表着幼儿园的教育理念、文化特色及人文情怀，它集合了本土特色、传统文化，融合了家庭、幼儿园及社会的优秀观点，在互动的过程中生成的课程更无法简单复制。幼儿园记录着教师与幼儿的成长经历，记载着我们的文化精髓，寄托着国家和民族的希望。我们应该借鉴瑞吉欧教育在环境创设方面的理念，传承优秀的传统文化，体现本土特色，生成各具特色的幼儿园环境。

第三，注重环境与课程之间的相互创生。瑞吉欧教育的环境创设非常重视生成性原则。一方面是环境生成课程，另一方面则是课程生成环境。环境生成课程是指课程不是预先设定的，而是在教师、幼儿、环境三者相互作用的过程中生成的；课程生成环境是指环境服务于课程的目标而创设。相互创生的环境与课程既能避免环境的单调枯燥、一成不变，使环境更适宜幼儿和教师的需要，也可以使课程的设置更加贴近幼儿生活，更富有趣味性。这一点，瑞吉欧教育的环境创设为我们提供了很好的借鉴②。

① 李从军. 意大利瑞吉欧幼儿教育课程模式述评. 教育论坛，2015（320）：297.

② 王娇艳，程秀兰. 当"有准备的环境"遇上"第三位老师"——对蒙台梭利教育和瑞吉欧教育中"环境"的比较研究. 早期教育，2014（9）：4-6.

(三) 陈鹤琴的教育思想

1. 陈鹤琴

陈鹤琴（1892—1982），我国著名的幼儿教育理论和实践的开拓者，学前教育理论与实践的奠基人。他通过自身的教育实践活动，积累了丰富的教育经验，提出了著名的“活教育”思想，丰富了我国幼儿教育思想的宝库。

2. 陈鹤琴的环境观

陈鹤琴非常强调环境在幼儿发展中的作用与重要性。“小孩子生来大概都是好的。到了后来，或者是好，或者变坏，这是环境的关系。环境好，小孩子就容易变好，环境坏，小孩子就容易变坏。一个小孩子在诡诈恶劣的环境里生长，到大来也会变成诡诈恶劣的。一个小孩子在忠厚勤俭的环境里生长，到大来也是忠厚勤俭的。这是什么缘故呢？他所看见的，所听见的，都给他坏的印象，那他所反映的大概也是坏的；假使他在很好的环境里生长，他所听见的，所看见的，都给他好的印象，那他所表现的大概也是很好的。”① 教育好幼儿是对国家和民族有益的事情，只有创设了有利于幼儿成长的良好环境，才能真正促进其身心的健康发展。

陈鹤琴主张以幼儿的环境（包括自然环境与社会环境）为中心设置幼儿园的课程。他认为：“我们应当把幼稚园的课程打成一片，成为有系统的组织。但是这种有系统的东西应当以什么为中心呢？这当然要根据儿童的环境。”“儿童的环境不外乎两种：一种是自然的环境，一种是社会的环境。自然的环境就是各种动植物的现象，社会的环境就是个人、家庭、集体、市廛等类的交往。”② 由于这两种环境幼儿每天要接触到，所以我们应当把这两种环境当作幼儿园课程的中心。由此可见，他非常重视环境的作用。

陈鹤琴还特别论述了幼儿园环境创设过程中应该坚持的原则，比如中国化原则、儿童化原则、参与性原则、动态化原则等。他反对盲目照搬照抄国外的做法，也反对盲目排外的做法；主张立足于本国实际情况，兼收并蓄。陈鹤琴反对将幼儿视为小大人的做法。他认为，布置幼儿园环境时，应该充分考虑幼儿的特点，满足幼儿的需求，应始终牢记环境是为幼儿创设的，幼儿才是环境的主人。比如，材料悬挂的高度适合幼儿观察，材料的投放适合幼儿互动等。创设幼儿园环境时还要积极调动幼儿的积极性，鼓励幼儿参与到环境创设中，尤其是布置环境时“不要教师自己来做，让学生们自己来设计，自己来布置，这才格外有意思”。“环境的布置要通过幼儿的大脑和双手”，这充分体现了幼儿参与的原则。

3. 陈鹤琴的环境教育思想对幼儿园环境创设的启示

陈鹤琴“活教育”思想中关于幼儿园环境教育的论述很多，如环境创设的中国化、环境创设的儿童化、环境创设的生活化、环境创设的动态化等，这些思想和论述给了我们很多现实的启示。

第一，幼儿园环境创设要“中国化”。当前，我国有些幼儿园在创设环境时仍然存在“贪大求洋”的现象，幼儿园的设备、玩具很多都是从国外引进的，环境创设中也加入太多的西方文化，包括介绍圣诞节、感恩节、万圣节等西方文化的主题环境创

---

① 北京市教育科学研究所．陈鹤琴教育文集：上卷．北京：北京出版社，1983：743.

② 陈鹤琴．陈鹤琴全集：第2卷．南京：江苏教育出版社，1989：115.

设、玩具制作等。而中国传统文化以及民间传统的玩具则慢慢被淡忘，中华民族的传统节日、传统服装、传统饮食等离幼儿越来越远。因此，我们应当立足本国实际情况，积极挖掘中国传统文化中优秀的因素，将其融入幼儿园环境创设之中，让幼儿在潜移默化中接受优秀传统文化的熏陶，从而积极传承和弘扬中华优秀传统文化。

第二，幼儿园环境创设要“儿童化”。幼儿是环境的主人，是环境的建设者和使用者，因此，在创设幼儿园环境时必须以幼儿为出发点和归宿，尊重幼儿的身心发展规律，提高幼儿参与环境创设的机会，满足幼儿身心发展的需要，这是陈鹤琴关于幼儿园环境创设儿童化思想的集中体现。

当前，幼儿园环境创设中仍然存在很多忽视“儿童化”的做法。比如：环境创设过于形式化，环境创设主要是为了应付检查、参观等，只追求外在形式，不注意发挥环境的教育作用；环境创设更多地从成人的视角来考虑，忽视幼儿的年龄特点和兴趣爱好，缺乏童真童趣；怕孩子添乱或者不相信孩子的能力，致使环境创设主要由教师来完成，幼儿参与的机会极少；等等。这些做法严重影响了幼儿园环境创设的质量，影响了环境对幼儿身心发展的作用。在环境创设过程中，只有充分尊重幼儿的年龄特点和兴趣爱好，给予幼儿充分的参与环境创设的机会，才能确保创设的环境是幼儿感兴趣的、符合幼儿身心发展需要的，才能给予幼儿积极的刺激，激发幼儿的探究行为。

第三，幼儿园环境创设要“生活化”。“活教育”理论所强调的大自然、大社会的课程观体现了生活化的特点，与当今幼儿园环境创设所提倡的生活化、社会化、环境化、主题化、整合化、渗透化等创设理念不谋而合，这就要求我们在进行环境创设时要注重大自然给我们的恩赐，利用身边的自然资源、生活资源进行创设，如秋天的落叶、冬天的雪花、夏天的阳光、春天的小草、各种可回收利用的物品及幼儿的作品等，而不是等到冬天来谈蚊子和苍蝇，等到夏天来谈雪，更不是只有花钱买的材料才是好的材料①。

现如今幼儿教育的一个弊端是幼儿与环境的接触太少，在游戏室的时间太多。陈鹤琴说：“小孩子生来是无知无识，没有什么能力的。后来与环境、社会相接触时渐渐地稍有知识，稍有能力了，他与环境和社会相接触的机会愈多，他的知识愈丰富，他的能力也愈充分。”“总而言之，小孩子的知识是由经验来的。所接触的环境愈广，所得的知识当然愈多。所以我们要使小孩子与环境有充分的接触。”

第四，幼儿园环境要“动态化”。陈鹤琴认为，幼儿园环境的布置只有常常变化，才能更好地激发幼儿的探究兴趣。当前，我国幼儿园的环境过于静态化，有的幼儿园教师图省事，有的幼儿园怕花钱，环境布置长期不换，严重的一个学期甚至一学年才更换一次，致使所布置的环境失去了应有的教育价值。配合季节的变化、教育主题的改变以及幼儿兴趣热点的转移等及时调整环境布置，保证幼儿园环境的动态化，才能充分发挥环境对幼儿身心发展的影响力。

第五，陈鹤琴先生关于在幼儿园环境布置中要注意立体布置和平面布置相结合的思想，至今仍具有借鉴意义。陈鹤琴在《怎样布置教室》中指出：“普通的布置都是平面的，但如果教室的空间容许的话，可以做一种立体布置的尝试。当然这是要让学生自己来设计

---

① 杨文. 当前幼儿园环境创设存在的问题及解决对策. 学前教育研究，2011（7）：64-66.

和布置的。”当前，我国很多幼儿园环境的布置多为平面的布置，缺少立体化环境的创设。我们可以借鉴陈鹤琴的这一思想，尝试开发一些立体化环境的布置，实现平面和立体环境的有机结合，更好地发挥环境的教育作用。

（四）张雪门的教育思想

1. 张雪门

张雪门（1891—1973），我国近代著名的幼儿教育专家，与陈鹤琴并称为“南陈北张”。张雪门一生潜心研究幼儿教育，是我国 20 世纪二三十年代幼儿教育中国化、本土化、科学化的探索者，经过长期的实践和理论研究，写出了近 200 万字的著作，丰富了我国幼儿教育思想的宝库。在他的著作中，有关幼儿园课程方面的理论与思想占据极其重要的位置。他提出的幼儿园课程理念、幼师专业课程体系、行为课程理论、幼儿园科学教育等思想具有重要的学术价值和现实意义，其幼儿园课程思想集中地体现在他的“行为课程”的理论与思想上，对当前我国幼儿教育事业有重要意义。

2. 张雪门的环境观

张雪门认为，“幼稚教育的目的应完全以儿童为本位，成就儿童在该时期内身心的发展，并培养其获得经验的根本习惯，以适应环境”①。也就是说，幼儿教育应该充分满足幼儿身心发展的需求，帮助幼儿获取扩充经验的方法，养成自觉获取经验的习惯，不断丰富个体发展的经验，更好地适应环境。他主张给幼儿自由发展的空间，让幼儿通过亲身实践去获得经验，在经验改造和积累的过程中不断地完善自我。

张雪门认为，“幼稚园课程目的，在于联络孩子们的旧观念，以引起其新观念，更谋其旧经验的打破，新经验的建设。那么，才是有机体有生命有意义有进步的人生”②。幼儿天生好动，从早到晚，几乎每时每刻都在与环境发生互动，并在与环境的互动过程中，促进自身经验的改造与丰富。在教师积极适当的引导下，幼儿的经验会得到持续不断的改造与提升。张雪门批判了幼儿园忽视幼儿与环境相接触，盲目地依靠教材来教育幼儿的行为。他指出，这种行为不仅使幼儿缺乏直接经验，还抹杀了幼儿的思考能力与创造能力。

张雪门认为，行为课程“完全根据于生活，他从生活而来，从生活而展开，也从生活而结束”③。可见，幼儿园课程应该源于生活，包括幼儿自发的各种活动、幼儿周围的自然环境和社会环境。从幼儿的生活中选择课程内容，不仅容易引起幼儿的学习兴趣，还可以调动幼儿学习的主动性。所以，他主张以幼儿的生活需要为出发点，根据幼儿园课程的特点编制行为课程的内容，以促进幼儿健康快乐成长。

张雪门认为：“幼稚园的课程，须根据儿童自己直接的经验，儿童的学习动机，从自己直接的生活中产生的比从间接经验中产生的要大得多。”④ 他认为直接经验是人的基本经验，在幼儿成长过程中起着至关重要的作用，必须注重幼儿直接经验的获得。直接经验虽然不如间接经验那么系统、完整，但是它更为直观和深刻，更加符合幼儿多通道感知学习的特点。只有在与环境互动的过程中，幼儿才能更好地获取直接经验，并更好地适应环

① 戴自俺. 张雪门幼儿教育文集：上卷. 北京：北京少年儿童出版社，1994：337.

② 同①25.

③ 戴自俺. 张雪门幼儿教育文集：下卷. 北京：北京少年儿童出版社，1994：1088.

④ 王炳照，阎国华. 中国教育思想通史：第 7 卷. 长沙：湖南教育出版社，1996：263.

境。比如，教幼儿学习有关花的知识，单纯让幼儿欣赏花的图片进行学习，肯定不如让幼儿在与花接触的过程中，通过视觉、嗅觉、触觉等感知获得的印象深刻。所以，张雪门主张在编制课程内容时应该注重直接经验的获得，因为幼儿只有在直接经验的基础上，才能更好地吸收间接经验，从而支配间接经验。

3. 张雪门的环境教育思想对幼儿园环境创设的启示

张雪门的行为课程理论至今仍然对幼儿园教育有重要的影响，其中关于环境方面的论述给我们很多有益的启示。幼儿教师应该尊重儿童的主体地位，顺应儿童的本性，扮演好指导者和辅助者的角色，这也是张雪门教育思想留给我们的宝贵财富。树立科学的儿童观，用正确的眼光看待儿童，遵循儿童身心发展规律是张雪门一直提倡的观念。他反对在幼儿园中强迫幼儿识字写字、死记硬背，因为其结果对幼儿来说是得不偿失的。

时至今日，仍然有很多幼儿园存在小学化的倾向。有些幼儿教师忽视了幼儿身心发展的规律，忽视幼儿的兴趣爱好，把幼儿当作小学生来对待，在组织教学活动时，过分发挥教师的主导作用，采取反复学习和死记硬背的方法组织幼儿活动，这违背了幼儿身心发展的特点，影响了幼儿园活动的效果，甚至还造成了幼儿厌学的现象。为此，《国务院关于当前发展学前教育的若干意见》中提出："必须坚持科学育儿，遵循幼儿身心发展规律，促进幼儿健康快乐成长。"① 这就要求教师在组织教学活动时要充分尊重儿童的主体地位，提高幼儿学习的积极性，观察幼儿、理解幼儿，让幼儿有一个快乐的童年。

幼儿园课程生活化的理念也非常值得我们学习借鉴。张雪门认为课程内容应该取材于幼儿的生活，以满足幼儿的生活需要和个体需要为目标。教育内容需要与幼儿的生活紧密联系，并且有目的、有计划、有组织、有效地加以实施，这才是真正的幼儿园课程生活化。当前，有些幼儿园为了满足家长不合理的期望，盲目地开设珠心算、英语、艺术类等课程，丝毫不关心幼儿感不感兴趣、能不能理解接受、有没有价值，这些做法致使幼儿出现厌学等现象。《纲要》指出："幼儿园应为幼儿提供健康、丰富的生活和活动环境，满足他们多方面发展的需要，使他们度过快乐而有意义的童年。"这与张雪门行为课程理论中教育生活化的思想是一致的。

张雪门关于幼儿园科学教育的思想也有很多值得借鉴的地方。"幼稚园科学教育是利用幼儿各种感官的活动，使之和他们生活环境中事事物物相接触，从已知推到未知，因而有所'发现'；这发现对于儿童，正式科学家的发明，有同等的重要。"② 张雪门认为，科学教育就应该重视幼儿与环境的互动，给幼儿提供尽可能多的操作机会，鼓励幼儿多想多做，在活动中不断改造自己的经验，从旧经验中产生新经验，逐渐培养幼儿探究科学的兴趣，以达到培养幼儿科学精神的目的。

幼儿的思维是以具体形象思维为主的，应注重引导幼儿通过直接感知、亲身体验和实际操作等途径来学习科学。单纯追求知识和技能的掌握，对幼儿进行灌输和强化训练是不可取的。我们应该在为幼儿创设丰富探究环境的基础上组织幼儿的科学教育活动，把幼儿

---

① 国务院．国务院关于当前发展学前教育的若干意见．中华人民共和国中央人民政府，2010-11-21.

② 戴自俺．张雪门幼儿教育文集：下卷．北京：北京少年儿童出版社，1994：934.

放到主动发展的位置上，鼓励幼儿大胆尝试，尽情探索，在获得知识、经验的基础上，培育其科学探究的精神。

第三节　幼儿园环境创设的原则

幼儿园环境创设是一项综合工程，需要各方面的综合思考、统筹兼顾。在整体设计时应避免盲目性、片面性、单一性等，同时遵循安全性、教育性、适宜性、参与性、开放性、经济性、动态性等原则，为幼儿提供健康、丰富的一日生活和活动打下良好的基础。

一、幼儿园环境创设存在的问题

（一）重环境的美观豪华，轻环境的教育价值

随着社会经济的不断发展，幼儿园的物质环境有了普遍的改善和提高。但有些幼儿园在环境创设方面存在一定的认识误区，过度关注环境的豪华、高端，样式丰富、新颖，甚至标新立异，而忽视了幼儿园环境创设最本真的教育价值。

环境是幼儿园课程的重要组成部分，是课程设计和实施的重要因素。幼儿的认知、情感和社会性的发展始终来自和环境的相互作用，且幼儿与环境相处的方式也直接影响教育的质量①。因此，幼儿园教师在创设环境的过程中，必须充分考虑环境的教育性，思考环境是否与幼儿园教育目标相一致，是否与幼儿身心发展的需要相一致，是否体现了环境育人的理念。环境对人的发展的影响是潜移默化且持久深远的，教师必须明确幼儿园环境对幼儿身心发展的意义。在创设环境的过程中，必须充分体现幼儿园环境的教育性，这样才能更好地发挥环境的价值，真正促进幼儿身心健康发展。片面追求美观豪华、弱化环境教育作用的做法是不可取的。

（二）重教师主导作用，轻幼儿主体地位

当前，幼儿园环境更多由幼儿园教师完成，幼儿经常处于被动接受的地位，这无形中扼杀了幼儿参与环境创设的主体性和积极性。在环境创设的过程中，幼儿园教师更多的是从自己的角度出发，凭个人的感觉和理解设计幼儿园环境的形式以及内容，较少听取幼儿的建议和意见。对于环境是否适合幼儿身心发展的需要、幼儿是否感兴趣，教师都关注不够。这种忽视幼儿感受的行为，致使环境成为一种摆设和装饰，仅满足了同行参观交流和领导检查的需求，无法和孩子有效地互动，影响了孩子的身心发展。

幼儿教育者必须清醒地认识到：幼儿是环境的主人，环境创设必须关注幼儿身心发展的需要。环境创设的过程应该是幼儿园师生合作完成的，幼儿园环境的教育性不仅蕴含在环境之中，更蕴含在环境创设的过程之中。因此，教师应该积极培育幼儿参与环境创设的意识，发展幼儿创设环境的能力。

（三）重静态环境创设，轻动态环境发展

学期之初，幼儿园教师经常为了布置环境加班加点，忙得天昏地暗，可一旦环境创设

---

① 张金梅．谈谈环境的教育价值：从瑞吉欧环境创设获得的启示．学前教育研究，2002（1）：19.

完成，就认为大功告成，一个学期都不加以改变。当然这其中有经济方面的原因，也有教师爱惜劳动成果的原因。然而，随着教育主题的变化以及幼儿兴趣点的转移，一成不变的环境肯定没有持久吸引力，是无法满足幼儿身心发展需求的。幼儿园环境必须随教育主题的变化、幼儿兴趣热点的转移以及季节的变化及时调整更新，以激发幼儿参与的积极性，从而培养他们的创造力和探究能力。

此外，幼儿的发展不是被动地接受环境影响的过程，而是主动与环境互动的过程。教师创设环境的根本目的是激发孩子的学习活动，促进幼儿的发展。因此，教师完成环境创设以后，还必须引导幼儿与环境相互作用，促使环境真正促进幼儿身心发展，避免精心设计的环境成为一种摆设。

（四）重物质环境创设，轻精神环境创设

幼儿园是幼儿生活的主要场所，幼儿园环境是影响幼儿身心发展的重要因素。幼儿园环境不仅包括设施设备、操作材料和自然条件等物质环境，也包括师幼关系、同伴关系、幼儿园园风等精神环境。二者不是相互孤立的关系，而是有机结合、相辅相成的关系，共同对幼儿的发展产生影响，其中精神环境对幼儿的影响更为广泛。然而，由于幼儿园教师对环境内涵的片面理解，幼儿园环境创设中存在重物质环境创设、轻精神环境创设的做法，这严重影响了幼儿的身心健康发展。

幼儿园教师应该深刻理解环境的内涵及价值，在做好幼儿园物质环境创设的同时，还要重视精神环境的创设，积极为幼儿营造自由宽松、鼓励支持的活动氛围，引导幼儿参与到幼儿园的环境创设之中，与环境进行有效的互动，充分发挥环境的育人功能，促进幼儿的全面发展。

（五）重局部环境创设，轻整体环境规划

当前幼儿园环境创设的主要形式是责任田式的环境创设，幼儿园教师在进行环境创设的过程中，把幼儿园的空间进行了分割，形成了活动室、区角、盥洗室、睡眠室、走廊、户外等几个不同的区域，然后分别对这些区域进行环境创设。看上去每个区域都设计得非常细致精巧，但缺乏对幼儿园环境的整体规划，环境创设比较凌乱，缺乏系统性。幼儿园环境创设必须依据幼儿教育的目标和幼儿园的整体发展目标进行系统规划，使之成为一个整体。幼儿园在制订学期、月、周、日及每一个活动计划时，都应考虑为了达到这些目标，需要有怎样的环境与之配合，现有环境的哪些因素对教育目标的实现是有用的，还需要创设哪些条件，需要幼儿家庭、社区做哪些工作。只有充分考虑并解决了这些问题，才能保证教育计划的顺利实施与教育目标的全面实现①。

二、幼儿园环境创设的原则

（一）安全性原则

安全性原则主要是指幼儿园的园舍建筑、设施设备、活动场地、玩教具等物质条件必

① 杨文．当前幼儿园环境创设存在的问题及解决对策．学前教育研究，2011（7）：64-66.

须要符合国家颁布的相关卫生标准和安全标准，不会对幼儿的身体或心理造成危险或安全隐患，不造成幼儿畸形发展①。

安全的幼儿园环境是幼儿身心健康发展的首要条件，只有在安全的环境里，幼儿的健康发展才能获得保障，幼儿才有可能获得自由快乐的发展。《纲要》中明确指出，幼儿园必须把保护幼儿的生命和促进幼儿的健康放在工作的首位。幼儿的身心发展非常迅速，但身体各部分的机能不够完善。强烈的好奇心使得幼儿对外部世界充满了探究的愿望，什么东西都想摸一摸、动一动，再加上幼儿的自我保护意识缺乏，自我保护能力较差，所以这个时期特别容易出现意外事故，伤及幼儿身心。这就要求幼儿园教师在进行环境创设时必须遵循安全性原则，确保幼儿的身心健康。

贯彻安全性原则，可以从身体安全和心理安全两个方面来考虑。

第一，要确保幼儿身体的安全。确保幼儿身体的安全，应该重点从幼儿园园舍建筑、设施设备以及玩教具等方面来考虑。2016 年 3 月 1 日起实施的《幼儿园工作规程》（简称《规程》）明确提出："幼儿园的园舍应当符合国家和地方的建设标准，以及相关安全、卫生等方面的规范，定期检查维护，保障安全。幼儿园不得设置在污染区和危险区，不得使用危房。幼儿园的设备设施、装修装饰材料、用品用具和玩教具材料等，应当符合国家相关的安全质量标准和环保要求。"幼儿园的桌子、椅子、玩具柜等设施要进行抹角处理，大型器械要派专人负责，定期进行安全检查。环境装饰不宜过于花哨，应确保安全。幼儿使用的玩具、教具要安全卫生，确保制作材料无毒无害。

第二，要充分关注幼儿心理的安全。幼儿对外部世界有着强烈的好奇心和探究欲望，但是探究行为是幼儿在确保心理安全的前提下发生的。心理安全是指个体希望获得稳定、安全、秩序、保障，免受恐吓，内心充满安全感的需要②。因此，幼儿园教师在进行环境创设时，还应该充分关注幼儿心理安全的满足。如果忽视幼儿的身心发展特点，仅仅从成人的视角来创设环境，就容易给幼儿带来陌生感，从而使其产生心理焦虑，这样幼儿园环境对幼儿的教育作用也就无从谈起了。

（二）教育性原则

教育性原则是指幼儿园环境的创设应该具有教育性，符合幼儿园教育目标的要求，充分发挥幼儿园环境的教育功能。

环境是幼儿园课程的重要组成部分，创设幼儿园环境时只有充分考虑环境的教育性，才能保证环境育人功能的发挥。要实现幼儿园环境的教育性功能，就应该做好以下两个方面的工作：

第一，环境创设要有利于教育目标的实现。幼儿园教师在进行环境创设时，应该认真分析幼儿园教育的目标，并结合教育目标进行有针对性的环境设计，发挥环境潜移默化的教育功能。

第二，实现环境与幼儿园课程的巧妙融合。首先，环境要支持课程的开展。获得环境支持的课程才能真正发挥其教育功能。课程实施的过程中，教师应该思考创设哪些环境来

---

① 袁爱玲. 幼儿园教育环境创设. 北京：高等教育出版社，2010：51.

② 刘婷. 幼儿心理安全需要及其满足策略. 西北成人教育学报，2008（11）：133-135.

辅助教学，切实提高教学的效率。其次，环境也能生成课程。良好的环境蕴含着无穷的教育契机，教师要善于把环境中蕴含的教育契机转化成课程，对幼儿施加影响。

（三）适宜性原则

适宜性原则是指幼儿园环境创设要与幼儿身心发展的特点相适应，满足幼儿发展的多种需要，促进幼儿身心和谐健康发展。

幼儿正处于身体、心理迅速发展以及个性形成的重要时期，发展是幼儿在这一时期的首要任务，幼儿园的环境创设应该从保护和促进幼儿身心健康的角度出发，与幼儿身心发展的特点和需要相适应，尊重幼儿的兴趣爱好和个体差异。比如：幼儿天性好奇，有强烈的探索愿望，教师就应为幼儿创设问题情景，使幼儿有发现问题、解决问题、提高思维水平和动手能力的机会；幼儿知识经验少，需要积累感性知识，教师就应多为幼儿提供接触实物、实景的机会①。

贯彻适宜性原则，可以从以下两个方面来考虑：

第一，要适合幼儿的年龄特征。一般来说，小班更加注重情趣，中班更加注重变化，大班则倾向于综合。幼儿园教师在创设环境时应创设符合幼儿年龄特征的环境，以满足幼儿发展的需要。

第二，要适合幼儿的个性特点。幼儿正处在身体、心理迅速发展的时期，这种发展既有共性的特点，也有个性的特点。幼儿园教师应该尊重幼儿在兴趣爱好、能力水平以及学习方式等方面的差异，灵活地设计幼儿园环境，以促进幼儿的个性发展。

（四）参与性原则

参与性原则是指在环境创设的过程中，充分尊重幼儿的主体地位，积极引导幼儿参与环境创设的过程，并与环境发生积极有效的互动，发挥环境的育人功能。

幼儿园环境的价值不仅仅蕴含在环境中，还蕴含在环境创设的过程中，更蕴含在幼儿与环境的互动过程中。因此，幼儿园环境的创设应该尊重幼儿在环境中的主体地位，调动幼儿创设环境的积极性和主动性，创造条件鼓励幼儿在与环境互动的过程中得到发展。

贯彻参与性原则，可以从以下两个方面来考虑：

第一，要积极引导幼儿参与环境创设的过程。当前幼儿园环境创设的过程更多是从幼儿园教师的视角展开的，幼儿关注的和感兴趣的内容往往被忽视，这影响了环境教育作用的发挥。陈鹤琴先生明确指出："通过儿童的思想和双手所布置的环境可使他对环境中的事物更加认识，也更加爱护。因此，做教师的应该学会如何领导儿童运用大脑和双手来布置环境。"尊重幼儿的需要，搜集幼儿对环境设计的意见和建议，调动幼儿参与环境创设的积极性、主动性，使环境创设的过程变成教育的过程，环境育人的功能才能实现。

第二，要鼓励幼儿与环境发生有效的互动。环境只有与幼儿发生互动，才能对幼儿的发展起到促进作用。因此，在环境创设完成后，幼儿园教师还要提供机会鼓励幼儿与环境积极互动，在与环境互动的过程中，幼儿通过实践操作、亲身体验，获取对身心发展有益的经验。

---

① 杨文．当前幼儿园环境创设存在的问题及解决对策．学前教育研究，2011（7）：64-66.

（五）开放性原则

开放性原则是指创设幼儿园环境不仅要考虑幼儿园内的环境要素，同时也要考虑幼儿园外的环境要素，使两者有机结合，协同一致对幼儿施加影响①。幼儿园环境创设应该从空间、内容和参与者等多个方面体现出开放的理念，形成立体综合的幼儿园环境系统，对幼儿持续地发挥教育影响。

贯彻开放性原则，可以从以下两个方面来考虑：

第一，突破传统思维限制，把环境创设从幼儿园内部延伸到幼儿园外部。周围的环境会或多或少地影响幼儿身心的发展，幼儿园内部环境只是其中之一，要想发挥环境育人的最大功能，就应该突破传统思维，融合幼儿园、社区、大自然环境的优势，发挥整体环境的育人功能。

第二，打破传统教材、主题活动的限制，回归幼儿的生活。应选择与幼儿生活经验息息相关的内容，这样的环境更接地气，更能引发幼儿的共鸣，激发幼儿探究的兴趣。

（六）经济性原则

经济性原则是指环境创设过程中，幼儿园应该结合本园实际条件，因地制宜，突出特色，考虑实效，以最小的投入换取最大的产出，勤俭办园。每个幼儿园都应该结合本地区的实际情况和自身的经济实力以及幼儿身心发展的需要，发挥地方资源优势，就地取材。如搜集废旧物品，精心处理再利用，花小钱办大事。

贯彻经济性原则，可以从以下三个方面来考虑：

第一，充分挖掘地方资源优势，降低环境创设成本。相对来说，每个地方都有自己的资源优势，正所谓靠山吃山、靠水吃水，幼儿园应该充分利用好当地的资源优势，就地取材，从而降低办园成本。与此同时，熟悉的材料还容易消除孩子的陌生感，提高幼儿与环境的互动性，可谓一举两得。比如：北方木材较多，可以围绕木材进行环境创设；南方竹子较多，则可以围绕竹制品做文章。

第二，废旧物品再利用，降低环境创设成本，同时提高幼儿参与环境创设的积极性。纸箱、鞋盒、烟盒、酒盒等包装盒，酒瓶、饮料瓶、矿泉水瓶等都可以成为装饰环境的材料。通过搜集整理、二次加工、装饰布置的过程既可以培养幼儿的动手能力，又可以帮助幼儿获得一定的成就感。

第三，提高环境的使用率，最大限度实现环境育人的功能。创设环境的最终目的是激发幼儿的活动兴趣，促进幼儿的身心发展。环境只有与幼儿发生互动，才能发挥其教育价值。所以，环境创设完成后，要给幼儿充足的机会与环境互动，而不是成为一种摆设，浪费资源。

（七）动态性原则

动态性原则是指幼儿园环境创设不是一成不变的，应该根据幼儿兴趣热点的转移、季节的变化、主题活动的开展等及时调整环境布置。我国著名的教育家陈鹤琴曾指出："环境中布置的东西如果长时间一成不变，就会失去教育意义。"瑞吉欧教育工作者更是主张："环境的设计变化必须按照孩子兴趣的变化而变化。"兴趣是最好的老师，环境如

① 张建波. 幼儿园环境创设. 北京：教育科学出版社，2014：36.

果能及时地追随幼儿兴趣的变化，便会激发幼儿不断思考，使幼儿享受探索的快乐和幸福。因为怕麻烦或嫌浪费时间和材料，呆板地一学期甚至一年才改变一次，就失去了环境创设的意义和价值。

贯彻动态性原则，可以从以下四个方面来考虑：

第一，随着自然现象和社会生活的变化而改变。陈鹤琴认为，“自然现象，四时不同。如果依时令，利用每一时季中的特殊自然物来布置，可以使儿童认识各种不同的自然现象，这是很有意思的”。随自然现象和生活变化而调整的环境，能够给幼儿带来丰富的感性刺激，帮助幼儿认识周围环境中的事物，了解事物与事物之间的关联。

第二，配合教育主题的变化而变化。为了满足幼儿不断发展变化的需求和教育主题的变化，在环境的空间布局和材料投放上几乎每隔一段时间就应该进行重新设计和布局。

第三，根据幼儿兴趣热点的转移而调整。

第四，随着幼儿生活经验的拓展而调整。

思考与练习

1. 什么是幼儿园环境？
2. 幼儿园环境对幼儿身心发展的价值有哪些？
3. 试分析蒙台梭利与瑞吉欧教育的环境观之间的异同。
4. 参观一所幼儿园，运用幼儿园环境创设的相关理论评析该园的环境创设状况。

阅读导航

杨文. 当前幼儿园环境创设存在的问题及解决对策. 学前教育研究，2011（7）.

第二章

幼儿园心理环境创设

本章导读

幼儿园心理环境是个复杂的综合体，包括幼儿园文化、教师的教育理念和行为以及人际关系等几个方面。心理环境的创设对幼儿身心发展具有重要的影响，所以，教师应了解和掌握构建幼儿园良好心理环境的策略，为幼儿营造最优质的成长环境。

本章的学习重点是心理环境对幼儿身心发展的价值以及构建良好心理环境的策略。还应该深入实践，了解幼儿园内的文化建设，尝试调查和了解教师的教育理念和行为，观察记录班级内的师幼关系、幼幼关系等，分析幼儿园心理环境创设中存在的问题，以提升自己理论联系实践的能力。

第一节　心理环境及其构成要素

《幼儿园教育指导纲要（试行）》指出，幼儿园必须把保护幼儿的生命和促进幼儿的健康放在工作的首位。树立正确的健康观念，在重视幼儿身体健康的同时，要高度重视幼儿的心理健康。为幼儿创设温馨的心理环境，是对幼儿进行心理健康教育的有效手段。那么，什么是心理环境？心理环境对幼儿身心发展有何价值？怎样为幼儿创设健康温馨的心理环境呢？这就是本章主要解决的问题。

一、心理环境概念

幼儿总是生活在一定的环境之中，环境是影响幼儿身心健康发展的重要因素。这里所讲的环境既包括物质方面的环境又包括心理方面的环境。相对于有形的物质环境来说，无形的心理环境对幼儿身心发展的价值更为突出。

德裔美国心理学家库尔特·勒温认为，心理环境是指“人脑中对人的一切活动发生影响的环境事实，也即对人的心理事件发生实际影响的环境”。也就是说，现实生活世界中的各种因素，对个体心理品质的形成都有独特的作用，客观环境中的各种事物只有为人所感受和体验，才能对人的心理行为产生影响，这些对人的心理产生实际影响的环境因素，在人的头脑中形成的环境印象，也就是我们所说的心理环境。顾荣芳认为，心理环境是指对学前儿童构成影响的心理氛围①。从幼儿园层面来说，所谓的心理环境就是指存在于幼儿周围并对幼儿心理发生影响的一切因素的总和。幼儿园的心理环境主要体现在幼儿园文化、教师的教育理念和行为、人际关系等方面。幼儿园作为群体式的保育和教育机构，其心理环境包括了幼儿生活、学习和游戏的全部空间，特别是幼儿的学习、活动及生活的气氛，幼儿园的人际关系及风气等对幼儿的身心发展起着潜移默化的影响②。

二、构成要素

幼儿园心理环境是个复杂的综合体，主要包括幼儿园文化、教师的教育理念和行为以及人际关系等几个方面。

（一）幼儿园文化

一般认为，幼儿园文化是在社会文化的大背景下，幼儿园领导、教师、职工以及幼儿在长期实践活动中所形成的各种文化形态的总和，是幼儿园自身所特有的，是幼儿园成员共同遵循的理想信念、价值标准和行为规范。幼儿园文化蕴含了幼儿园的办园宗旨、教育理念、园风园貌等因素，体现了幼儿园的向心力和凝聚力，是激励幼儿园成员不断前行的精神力量，是幼儿园持续发展的内驱力，其中精神文化又是幼儿园文化的核心组成部分。

幼儿园应该重视文化建设，尤其是精神文化建设，它是幼儿园心理环境建设的重要组成部分，对幼儿身心发展的影响是潜移默化的、长远持久的。精神文化蕴含了幼儿园发展的核心价值观，体现在教育理念、教育方式以及教育氛围等多个方面。精神文化能形成一种相对稳定的强大的文化效应，潜移默化地影响着幼儿园教师和幼儿的身心发展。

（二）教师的教育理念和行为

教师是幼儿生活学习环境中具有重要影响的人，幼儿园教师的教育理念和教育行为对幼儿身心发展具有重要的影响。教师举手投足之间流露出的教育理念，对幼儿的影响是深远的。教师必须树立科学的儿童观、教育观，努力为幼儿营造积极温馨的心理环境。《纲要》明确指出，环境是重要的教育资源，应通过创设并有效地利用环境促进幼儿的发展。教师的态度和管理方式应有助于形成安全、温馨的心理环境。

（三）人际关系

人际关系是指在社会生活实践过程中，个体所形成的对其他个体的一种心理倾向及其相应的行为。幼儿园里的人际关系主要包括师幼关系、同伴关系和家园关系等。良好的人际关系，有助于形成融洽的心理氛围，对幼儿的心理健康有积极的作用。

---

① 顾荣芳．学前儿童健康教育论．南京：江苏教育出版社，2003：306．

② 王星．论幼儿园心理环境的创设．内蒙古师范大学学报（哲学社会科学版），1997（4）．

第二节　心理环境对幼儿身心发展的价值

随着经济水平的提高，幼儿园的物质环境得到了极大的改善，幼儿园越来越像花园、公园，但有些时候幼儿在这么漂亮的幼儿园里并没有感到轻松快乐，甚至有些幼儿还不愿意上幼儿园。物质环境越来越优越，应有的教育功能却没能发挥理想的作用，究其原因是心理环境出了问题。相对于有形可见的物质环境来说，心理环境虽然是无形的，但它也是可以被感知体验的，对幼儿身心发展有特殊的作用，直接影响着幼儿的自我意识、人格、情绪情感以及社会性的发展。

一、心理环境影响幼儿自我意识的形成

自我意识是对自己的认识和评价。幼儿阶段是个体生命历程中的重要时期，幼儿在1岁左右开始产生自我意识，2～3岁通过与他人比较进行简单的自我评价，4～6岁是幼儿自我意识发展的关键期，有一定的评价参考系，但自我意识的形成主要依赖成人的评价和反馈。幼儿园是幼儿离开家庭、接触社会的第一个环境，这个环境对幼儿的评价和反馈，对幼儿自我意识形成和发展的影响非常大，尤其是对幼儿心理环境的影响。作为幼儿园老师，应该积极为幼儿营造宽松、和谐的心理环境，给幼儿积极、正向的评价和反馈，帮助幼儿形成良好的自我意识。

二、心理环境影响幼儿人格的形成

蒙台梭利认为幼儿具有“吸收力的心智”，对心理环境特别敏感，不同的心理环境塑造着幼儿的不同人格。幼儿园是幼儿感受到的第一个社会心理环境，这一环境的品质和特点决定了幼儿对社会及他人的看法，也塑造着幼儿自己的人格。这个环境是接纳的还是排斥的，是快乐的还是压抑的，是欣赏的还是厌恶的，都会影响幼儿的认知和判断。如果幼儿园的心理环境是鼓励的、接纳的和欣赏的，幼儿就容易形成积极、乐观、开朗、热情、主动等个性品质，否则就容易出现个性缺陷。比如，紧张压抑的心理环境容易导致幼儿被动冷漠的个性；严厉呵斥的心理环境容易导致幼儿自卑和焦虑的个性；讽刺挖苦等心理环境还会给幼儿留下不同程度的心理阴影，影响幼儿个性的健全发展。

三、心理环境影响幼儿情绪情感的发展

良好的心理环境有助于幼儿获得良好的情绪体验。在一个让幼儿感觉到安全、可信的心理环境中，幼儿比较轻松自如，愿意交往合作、探索尝试，更容易形成积极、快乐、热情、友好等情绪情感。相反，一个缺乏安全感的心理环境则会给幼儿带来悲伤、消极的情绪体验。

四、心理环境影响幼儿社会性的发展

宽松、民主、相互激励的心理环境是幼儿良好的社会性发展的基础与前提，有助于幼儿在良好的幼儿园文化和班级氛围中丰富社会生活经验，学习交往与合作的技能，并习得社会行为规范，逐步提高社会性发展水平，享受幼儿园集体生活的乐趣。

第三节　幼儿园心理环境创设的策略

良好的心理环境创设有助于提高教师工作的积极性，也有助于营造和谐的人际关系。幼儿园应该通过文化建设、制度建设，完善教师的教育理念和行为，打造班内积极、有效的师幼关系、幼幼关系，促进幼儿健康发展。

一、注重幼儿园文化环境的创设

成功的幼儿园文化环境，应当融合该园的办学理念，反映幼儿园的办学底蕴，体现该园的主题文化。首先，幼儿园文化环境要体现幼儿园的现实发展水平，体现幼儿园的育人目标，体现幼儿园的价值追求，切忌凭空设想，避免照搬照抄。其次，幼儿园文化环境只有为全体成员所认同，才能对幼儿园成员形成强大的教育导向作用和激励作用。

二、培育科学的教育理念和行为

教师的教育理念和行为是幼儿园心理环境的重要组成部分，是创造良好心理环境的决定因素。教师应该树立科学的教育理念并通过科学的教育行为为幼儿营造良好的心理环境，促进幼儿的身心健康发展。

（一）树立科学的环境观，重视心理环境的创设

传统的环境创设理念往往更多地侧重于有形的物质环境方面的创设，追求豪华美观、色彩缤纷，忽视了心理环境的创设，影响了环境教育功能的发挥。现代的幼儿园教师应该充分认识心理环境对幼儿身心发展的价值，营造积极向上、宽松自由的心理环境，让每个幼儿都有机会参与活动。同时支持、鼓励他们大胆提出问题，尝试发表不同的意见，从而学会尊重别人的观点和经验。

（二）树立正确的儿童观和教育观

儿童观是对儿童身心发展的总体认识，即各种对待儿童观点的总和。教育观是指人们对教育这一事物以及它与其他事物关系的看法，具体地说就是人们对教育者、教育对象、教育内容、教育方法等教育要素及其属性和相互关系的认识，还有人们对教育与其他事物相互关系的看法，以及由此派生出的对教育的作用、功能、目的等各方面的看法。教育观是在一定的儿童观指导下对儿童的态度以及对幼儿实施的教育思想，是在儿童观的基础上产生的。树立科学的儿童观和教育观，有助于幼儿园教师更好地创设心理环境，促进幼儿的身心健康成长。幼儿园教师应该热爱每一个幼儿，以民主的态度来对待幼儿，以平等的心态与幼儿沟通交流，允许幼儿自由地表达个人的观点和想法，允许幼儿犯错误，创设民主、包容的幼儿园心理环境。

（三）注重提高自身的心理健康水平

在幼儿成长的过程中，幼儿园教师的心理健康水平始终是一种“无言之教”，对幼儿身心发展的影响是潜移默化的、持久深远的，是幼儿园心理环境的重要组成部分。然而，面对激烈的社会竞争、繁重的工作任务、低廉的工作报酬以及来自社会各方面的压力，有些幼儿园教师产生了心理冲突，出现了矛盾压抑感，由于缺乏有效的心理压力排解手段，他们的不良情绪爆发出来，使无辜的幼儿成为其不良情绪宣泄的对象，忍受着幼儿教师生理和心理的双重惩罚，这严重影响了幼儿的身心健康。

针对这种情况，幼儿教师应该经常反省自己的教育行为，对自身不良情绪给幼儿带来的伤害有深刻认识，从而自觉调整心态，加强心理修养，提高控制不良情绪的能力，努力提升自身心理健康水平，给幼儿创造一种安全的心理环境。

三、积极营造和谐的人际关系

幼儿园的人际关系主要包括师幼关系、同伴关系和家园关系等。

（一）营造平等的师幼关系

在幼儿园各种人际关系中，师幼关系是最重要的。正如著名教育家赞可夫所说：“就教育效果而言，很重要的一点是看师生关系如何。”平等的师幼关系是创设良好心理环境的基础。在师幼平等的环境氛围中，幼儿才会无拘无束、大胆自主地活动，获得自然的发展。

1. 尊重幼儿的主体地位

传统的教育观念中，教师是教育过程的主导者，幼儿只是被动地接受教育和管理。幼儿不是自己行为的主体，而是教师行为计划实施的配合者，幼儿行动的自由与选择的权利受到限制①。这种传统的观念造成了师幼互动过程中教师作为主导者的地位，教师往往习惯于按照自己的意图和计划来开展活动，较少地顾及幼儿的想法和需求，这造成了事实上不平等的师幼关系，影响了幼儿参与活动的积极性。

幼儿的身心发展处在不断完善的过程中，他们需要成人的照顾和帮助。但是，幼儿与成人是有差别的，他们有自己独特的发展规律和认知特点，对周围的环境非常敏感，随时随地接受来自周围环境的各种刺激。幼儿园教师应该尊重幼儿的主体地位，把幼儿作为其自身发展的主体来看待，承认幼儿是一个身心逐渐发展的、完整的人，有自己独特的发展规律和独特的学习方式，有按自己的兴趣爱好做出选择的能力和权利。幼儿园教师应该把自己的角色定位为幼儿学习活动的支持者、合作者和引导者，努力为幼儿创造一种宽松、和谐的心理环境，促进幼儿积极主动发展。

2. 重视幼儿情绪情感发展的需要

愉快的情绪体验能够促使幼儿更加主动地观察、探索与创造，不愉快的情绪体验则容

① 刘晶波. 师幼互动行为研究. 南京：南京师范大学出版社，2003：260.

易导致消极行为的出现。因此，幼儿园教师要特别关注幼儿情绪情感的需要。首先，要关注幼儿安全感的需要。幼儿园的门卫系统、监控系统等可能会让大人觉得非常安全，而对孩子来说并非如此，幼儿对于安全的感觉和成人大不相同，幼儿心中的安全可能更多的是被人关爱，可以自由地表达自己的想法，自主地选择活动材料。《纲要》指出，“教师的态度和管理方式应有助于形成安全、温馨的心理环境”。教师亲切和蔼的态度、宽松民主的管理氛围能够给幼儿带来安全感，培养幼儿积极稳定的情绪情感。其次，教师还要尽量地采用正面的评价，肯定幼儿取得的成绩，鼓励幼儿改进不足，向更好的方向发展。正面评价能够给幼儿带来积极的心理暗示，促使幼儿行为向好的方向转化，同时还能使幼儿产生良好的情绪体验；而负面的评价则很容易伤害幼儿的自尊心和自信心，使幼儿产生消极的情绪体验。

3. 塑造良好的个人形象

蒙台梭利在《童年的秘密》一书中写道：“儿童是一个热情的观察者，他特别容易被成人的行为所吸引，进而模仿他们。”① 模仿是幼儿学习的重要方式，好模仿是幼儿典型的特点。幼儿具有很强的向师性，他模仿学习的对象主要是幼儿园教师。教师的一言一行、一举一动都会成为幼儿模仿的对象，进而成为调节个体行为的标准。因此，幼儿园教师应该高度重视自身形象对幼儿的感染力，既要呈现给幼儿一个健康的外在形象，如衣着打扮大方得体，不穿奇装异服，不化浓妆等，又要关注自身行为对幼儿的影响，比如举止端庄、谈吐文雅、诚实礼貌、乐于助人、热情大方等，这样的教师更容易被幼儿接受和喜欢，进而形成良好的师幼关系。

（二）构建自由愉悦的同伴关系

自由愉悦的同伴关系是幼儿健康发展的重要心理环境，有利于幼儿形成自尊、自信、活泼开朗的性格，有利于促进其社会化及心智的发展。而同伴交往困难将影响幼儿以后的社会适应，使幼儿出现退缩、孤僻、压抑等心理障碍，甚至逃学、退学、犯罪等行为问题。幼儿园同伴关系主要是通过游戏以及日常交往活动形成的。因此，幼儿园教师要为幼儿创造良好的交往机会，帮助幼儿学习恰当的交往方式，形成自由愉悦的同伴关系。

1. 为幼儿创造良好的交往机会

人际关系是在交往过程中形成的，幼儿的同伴关系也需要通过交往活动才能得到建立和发展。幼儿园教师应该为幼儿提供有利于其交往的活动形式、活动场所以及物质材料，以促进幼儿交往活动的实现。游戏是幼儿园的基本活动，是幼儿同伴交往的重要形式，能在很大程度上满足幼儿交往发展的需要。在游戏中练习交往是最自然的，也是最受幼儿欢迎的。在游戏的环境中，幼儿可以轻松愉悦地与同伴交谈、互动，从而更好地了解和认识彼此，体会人与人之间的关系，学会与他人沟通交流，形成良好的同伴关系。适宜的活动场所和活动材料也是引发同伴交往的重要因素，定期的座位调整有助于促进全体幼儿的相互了解和认识，丰富的物质材料能够支持幼儿持续性的交往活动，这些都会为幼儿建立自由愉悦的同伴关系奠定基础。

---

① 蒙台梭利. 童年的秘密. 北京：人民教育出版社，2005.

2. 引导幼儿准确表达自己的思想、感情

幼儿存在明显的自我中心倾向，还不会进行换位思考，缺乏对他人的情绪情感状态的认知、了解，这就导致幼儿缺乏帮助、合作、关心、抚慰、同情等社会行为。另外，幼儿还不能很准确地表达自己的思想情感，这也在一定程度上影响了幼儿园同伴交往的水平。幼儿园教师应该积极引导幼儿与同伴交流自己的思想和感情，学会观察他人的喜怒哀乐，了解他人的情绪、情感状态，了解彼此的需要和想法，进而产生帮助、合作等社会行为。

3. 帮助幼儿学习恰当的交往技能

同伴交往能力是可以训练的。研究表明，同伴交往训练对 3～4 岁幼儿心理理论发展有促进效果，且不同类型的同伴交往均可以不同程度地促进幼儿心理理论的发展①。帮助幼儿掌握恰当的交往技能，有利于提高幼儿的交往能力，促进幼儿同伴交往活动的深入开展。礼貌的交往用语、和善的面部表情、得体的手势动作等交往技能的运用，能够帮助幼儿结识更多的朋友，体会到交往的乐趣，提高交往的自信心，赢得理解和尊重。比如，在向别人借用物品时，不能简单粗暴地抢夺，应该使用一些礼貌用语，如学会使用“借用……可以吗?”“用一用……好吗?”等与同伴交流。还要学会使用一些常规礼貌用语，如“你好”“谢谢”“对不起”等。这些交往技能可以通过教师精心设计的情景活动而习得，更需要在日常活动中积极练习。精心设计的活动情景能够有效地实现教师的教育意图，有针对性地提高幼儿的交往技能。只有在实际情景中，幼儿通过交往技能的训练，才能真正积累交往的经验。为此，教师要善于在日常生活中强化幼儿的交往技能，如善于把握晨间谈话、洗手、喝水、就餐、散步、自由活动等活动机会进行教育，恰当地运用随机教育和个别教育，帮助幼儿习得更多的交往技能，提高幼儿的交往水平。

（三）构建和谐的家园关系

《纲要》明确指出，家长是幼儿园教师的重要合作伙伴。应本着尊重、平等的原则，吸引家长主动参与幼儿的教育工作。向家长介绍幼儿园的保育教育工作，争取家长的理解、支持和参与。幼儿园心理环境的创设离不开家庭环境的大力支持，构建和谐的家园关系，调动家长参与幼儿园环境创设的积极性，加强教师与家长的双向沟通交流，形成家园教育合力，对于幼儿良好心理环境的形成具有积极的意义。

首先，要加强教师与家长的沟通交流，方便双方了解幼儿在家及在园的表现情况。信息互通的过程有助于幼儿教育的连续性和一致性，提高幼儿教育的效果。

其次，家园双方还应该积极就教育观念和教育方式达成共识，为幼儿发展营造协调一致的心理氛围。家园合作共育的过程也是一个教育思想和观念碰撞的过程，通过这种碰撞，双方都会及时反思自己的教育观念，进而调整自己的教育行为方式，最终达成共识。

幼儿园良好心理环境的创设必须以幼儿身心发展的规律、特点为基础，积极构建由师幼关系、同伴关系和家园关系组成的人际关系，形成多方位、立体化的教育合力，促进幼儿身心健康发展。

① 武建芬. 幼儿同伴交往对其心理理论发展的影响. 学前教育研究，2007（4）.

思考与练习

1. 什么是幼儿园心理环境？其构成要素有哪些？
2. 创设幼儿园心理环境的策略有哪些？
3. 参观一所幼儿园，简要评析该园心理环境的创设状况。

阅读导航

周燕，闵艳莉. 幼儿园文化的创建. 学前教育研究，2012（11）.

第三章

幼儿园户外环境创设

本章导读

户外环境是幼儿尽情游戏的天地，也是促进其学习和发展的多样化活动空间，适宜的户外环境是幼儿高质量户外活动的物质前提和保障。户外环境创设包括庭院设计与绿化、各类游戏区、运动区、种植区、养殖区的设计等。在创设户外环境时应把握好规范性、整体性、多样性、创造性等原则，尤其应遵循因地制宜与安全性的原则。

本章的学习内容较多，在了解了户外环境创设的意义及原则后，应关注户外环境各区域的设计要点以及常见问题部分。如果能结合当地幼儿园的实际情况，对照学习及反思，应该会有更大的启发与收获。

第一节　户外环境创设的意义与原则

户外环境是幼儿园环境的重要组成部分，它对幼儿高质量地学习、成长和生活有着重要的意义和价值。《3—6 岁儿童学习与发展指南》（简称《指南》）中指出：“幼儿每天的户外活动时间一般不少于 2 小时，其中体育活动时间不少于 1 小时，季节交替时要坚持。”因此，可以说户外活动是幼儿在园生活的重要内容之一。而户外环境的创设则是确保幼儿户外活动质量的前提和保障。安全适宜、内容丰富、结构合理的户外环境能够支持幼儿的游戏、运动、探索、创造等活动，促进幼儿身心全面和谐发展，促进其运动、交往、观察、想象、动手操作、生活、自律等方面能力的发展。

一、户外环境创设的意义

越来越多的幼儿园开始重视对户外环境的创设，户外环境的创设对园所品质的提升、课程的建设与实施、幼儿的发展等方面都有重要的意义。

1. 户外环境创设能够提升幼儿园的品牌形象

户外环境是幼儿园整体环境的一部分，其品质、风格及特点能够体现幼儿园的价值追求。高品质的户外环境创设能够提高园所整体品质，凸显园所风格，提升品牌形象。

2. 户外环境创设对幼儿园课程实施有着重要的意义

环境是教育的重要载体和资源，通过科学合理的设计和规划，户外环境可以成为有效的学习环境，成为幼儿园课程实施的物质基础。幼儿的运动、游戏、探索等活动都需要科学适宜的户外环境的支撑，同时良好的户外环境还能够推动、引发、生成新的课程内容。

3. 户外环境创设能够促进幼儿的健康发展

幼儿园户外丰富的游戏环境、多样化的自然环境能够满足幼儿运动、游戏、探索、创造的兴趣与需求，促进幼儿在运动、认知以及社会性方面的发展，还能为幼儿提供观察自然、亲近自然的机会，让幼儿在其中放松身心、滋养心灵，获得自由愉悦的情感体验，这些积极的情感体验会给幼儿留下深刻的印象，陪伴他们成长。

二、户外环境创设的原则

（一）规范性原则

《托儿所、幼儿园建筑设计规范》（简称《规范》）中规定："托儿所、幼儿园应设室外活动场地，并应符合下列规定：每班应设专用室外活动场地，面积不宜小于 60 平方米，各班活动场地之间宜采取分割措施；应设全园共用活动场地，人均面积不应小于 2 平方米；地面应平整、防滑、无障碍、无尖锐突出物，并宜采用软质地坪；共用活动场地应设置游戏器具、沙坑、30 米跑道、洗手池等，宜设戏水池，储水深度不应超过 0.3 米；游戏器具下面及周围应设软质铺装；室外场地应有 1/2 以上的面积在标准建筑日照阴影线之外。"

幼儿园在进行基础建设及后期的户外环境创设时首先应符合以上规范。

（二）整体性原则

在进行户外环境设计时，要结合户外环境设计的目标对幼儿园整个院落进行统筹规划，将各类空间（大的、小的，封闭的、开放的，动态的、静态的）结合活动需要有机整合。同时，各空间中的设施、器械也应以多种形式进行多维度的、自然的连接，以实现游戏活动的自然流动，增加幼儿在游戏过程中的互动，形成"循环游戏系统"，创造统整性的空间关系①。

整体性原则还包括环境设计所运用的材质、色彩、形式等相对统一，与园所环境整体风格相协调。

（三）因地制宜性原则

在进行幼儿园户外环境设计时，要针对本地区气候、资源特点以及幼儿园户外面积、场地特点，结合本园课程取向及户外活动区域类型等，充分挖掘并合理运用现有资源，扬长避短，为幼儿设计适宜的户外环境。例如：农村幼儿园一般面积相对较大，在进行规划时可考虑种植小树林，设置较大面积的沙水区，设计山洞、坡道、沟壑等丰富

① 仙田满．儿童游戏环境设计．台北：田园城市文化事业有限公司，1996.

多样的活动地形和活动区域；山区幼儿园可结合院内地势落差设计坡地、滑道、攀爬玩具等；幼儿园院内如有树林、竹林，可设计小木屋、树屋、竹屋等，为幼儿提供相对封闭私密的游戏场所；户外活动面积较小的园所可设置立体、多层的玩具设施，这样既能扩大活动面积又富有层次变化。有的幼儿园还可以充分利用屋顶平台等拓展活动空间，平坦宽敞的场地适合设置运动区、建构区等，相对曲折私密的空间作为角色区、表演区。

（四）安全性原则

好的户外环境设计最基本的要求是安全。安全的户外环境不仅能减少意外事故的发生，还能引发更多的探索与创造活动，使幼儿更加放松、自信地进行更多富有挑战性的活动。

1. 地面的安全

户外活动场地应减少硬化地面，尽量多采用沙土地、草地、塑胶地，或用木屑、树皮等弹性松软的材料铺设软质地面。需要注意的是，地面铺设材料要有一定厚度，符合相关标准，如《室外健身器材的安全通用要求》① 规定大型运动器械下方应铺设厚度至少为20厘米弹性松软材料，或者至少2.5厘米厚度的弹性塑胶地垫。有研究表明，不符合标准的保护地面对幼儿从高处跌落造成的伤害是有保护作用地面的2倍。

2. 设施器械的安全

首先，设施器械本身质量要符合相关标准，安全耐用。其次，玩具设施要相对开放，有多重出口，以避免冲撞拥挤。再次，如秋千、荡船等动态性器械在设置安装时要保留适当的安全距离，以免发生危险。最后，设施器械结构中的间隙要考虑尺寸适宜，避免幼儿肢体的卡陷，突出部分及螺丝等要做好安全收口，以避免刮伤、碰撞及钩挂。用自然材料制作的玩具器械要保证连接部件的质量过硬，材料的粗糙、尖锐部分要处理光滑，避免钩挂、扎刺等。

3. 检修、使用的安全与安全教育

为防止意外事故的发生，还要加强在使用过程中的检查与维修，建立检修制度，保证定期检修以确保安全。同时还要对幼儿进行安全教育，结合玩具使用中常见的问题制定有针对性的规则，提高幼儿的自我保护能力和安全意识。

安全性对户外环境创设来讲非常重要，它与冒险、挑战、灵活、多样等并没有冲突，我们不能因为关注安全性而在进行环境设计时过于保守，以至于限制幼儿的活动，但也不能盲目追求高难度、挑战性，设置过于冒险又缺乏保护措施的设施器械。

（五）多样性原则

幼儿好奇、好动、喜欢探索，因此，在设计户外环境时应为幼儿提供具有视觉、听觉、嗅觉、味觉、触觉等多种感官刺激，能够引发走、跑、跳、钻爬、攀登、悬垂、荡、摇、滚、滑等多种动作发展，能够支持并引发多种游戏活动的环境，以满足幼儿的发展需求。多样性原则可从场地的多样性和器械的多样性两个方面来考虑。

---

① 中华人民共和国国家质量监督检验检疫总局，中国国家标准化管理委员会．室外健身器材的安全通用要求．中国标准出版社，2011-10-01.

1. 场地的多样性

应根据不同年龄段幼儿的能力和需求，规划不同的层次的场地；根据活动的不同特点设置静态活动区与动态活动区及动静结合区；根据容纳人数的需要设置大型活动区、小型活动区、独处区；根据幼儿的活动类型可设置沙水区、泥巴区、角色区、涂鸦区、运动游戏区、大型玩具区、表演区、建构区、野趣区、木工区等；根据园所地形特点可设置平地、山坡、山洞、草地、洼地、沟壑等。从造型色彩的多样化考虑，可以设置造型多样、富有创意、色彩丰富协调的活动区域，还可以考虑由器械造型设计和摆放所带来的多样的光影变化，如镂空的竹房、木屋等。

2. 器械的多样性

一个功能多样、结构富有变化的玩具器械能提供更加丰富的游戏活动，更能引发幼儿自由探索、创造新的游戏活动。在各类场地上的游戏器械应兼有固定、复杂的设备和简单、可移动的器械，既有可以引发大运动游戏的器械，比如梯子、平衡木、攀爬架等，又有能够引发角色、装扮、建构等游戏内容的设施器械，如木屋、树屋、草房、木船、平台、大型积木以及需要多人共同游戏的跷跷板、荡船等。

（六）创造性原则

独特而有创意的环境对幼儿想象力、创造力的培养有着潜移默化的作用。幼儿的探索愿望得不到应有的满足会抑制他们的好奇心与主观意识的养成。因此，在进行户外环境创设时还应追求场地器械的造型设计与功能设计的创意。例如，有明确功能的器械材料在造型与结构方面应追求创意，在达到预设功能的同时，应能激发幼儿的活动欲望并引发幼儿更有创造性、探索性的玩法。

一般来讲，自然的、无具体预设功能的环境能够支持更广泛的活动和有趣的游戏，而实体具象的模型（具体的动物模型如熊猫、大象等）会抑制创造性游戏。因此，在户外环境中还应设置并投放一些没有明显预设目标的设施材料，如原始的、自然的、废旧的、低结构的、开放的设施材料，像管子、木头、竹子、石头、绳子、网子、轮胎、油桶、旧家具、泥巴、流水、沙子等，不仅能够为幼儿提供更多接触自然的机会，还能引发幼儿的创造与想象。

（七）层次性与挑战性原则

幼儿园的户外环境是为全园所有幼儿创设的，所以应满足各年龄幼儿的需求。在设计时应考虑不同年龄段幼儿的特点、能力及发展水平，因此在同一场地内应设置不同层次的设施与器械，也可以在整个户外环境中设置适合不同年龄幼儿的活动区域，如专门针对托小班幼儿的运动区等。如果器械设施的层次性不足，幼儿为增加游戏的挑战性，可能会不当使用器材并因此受到伤害。

冒险行为是成长过程中非常重要的一部分，优质的游戏环境应具有适宜的挑战性。台湾政治大学汤志民曾指出："游戏场之所以吸引人，主要在于其产生的刺激效果，让参与者在可掌控与不可掌控的边缘激荡，令人兴奋不已，一试再试、流连忘返。"① 因此，适宜的挑战性能够激发幼儿参与活动的兴趣，保持不断尝试与探索的热情，促进幼儿体能、

① 汤志民. 幼儿园环境创设指导与实例. 上海：华东师范大学出版社，2013：153.

智能、游戏及社会性的发展。

第二节　户外环境的规划与设计

幼儿园的户外环境创设应充分考虑园所的现有条件，明确各区域的价值，根据不同区域活动的特点及要求来规划与设计。

首先，幼儿园户外环境要满足幼儿户外活动的基本需求，如游戏的需要、交往的需要、运动的需要、操作的需要、观察探索的需要、亲近自然的需要、审美的需要等。其次，户外环境的地面应质地多样、软硬兼有。一般有水泥、砖石、木质、塑胶、塑木、人造草皮和沙土地、草地以及木屑、树皮等材料构成的地面等。最后，户外环境按功能可划分为游戏区、运动区、种植区、养殖区以及庭院景观与绿化区等。其中，户外各类游戏区域又包括沙水区、泥巴区、角色区、涂鸦区、运动游戏区、大型玩具区、表演区、建构区、野趣区、木工区等。由于幼儿园活动游戏化的特点以及场地面积的限制，一般幼儿园的运动区会与游戏区相融合，有条件的幼儿园会设有独立的运动场地，如操场、小足球场、小篮球场等。

下面将简要介绍户外环境中各区域的价值及设计要点。

一、户外游戏区

（一）户外游戏区的价值

游戏是幼儿的基本活动。对幼儿来说，游戏是最自然、最快乐、最自由的活动。正如陈鹤琴先生所说，“游戏是儿童的心理特征，游戏是儿童的工作，游戏是儿童的生命”。日本著名建筑师、日本儿童环境协会会长仙田满也强调，游戏是儿童生活的全部，或者，至少该是他们生活的重心，儿童通过游戏来学习、交朋友、培养创造力与生活本能①。游戏是幼儿最喜爱的活动，能丰富幼儿积极的情感体验并促进其各种能力的发展。首先，游戏能促进幼儿语言交往能力的发展。游戏过程本身就是幼儿交往的过程，交往语言是在主动参与活动的过程中自然构建的。其次，游戏是幼儿自由、自主、自发的活动。游戏与发现问题、解决问题是融为一体的，幼儿在游戏过程中思考、探索解决问题的方法，从而提高独立发现和解决问题的能力，增强自信心。再次，游戏促进幼儿创造力的发展。游戏不仅让幼儿从外界吸取知识经验，还能让幼儿将丰富想象表达出来，激发幼儿的创造力。最后，游戏能帮助幼儿累积生活经验，促进幼儿认知能力和情绪的发展，使幼儿获得自律和自立。可以说，游戏对幼儿的发展具有重要的作用。

户外游戏环境是幼儿尽情游戏的天地，也是促进其学习和发展的多样化活动空间，它的价值就在于能够支持与引发幼儿的多种游戏，为幼儿提供游戏的机会与条件。游戏环境的品质也决定着游戏的水平，如果没有丰富的游戏环境与材料，有些游戏或许不会被引

① 仙田满．儿童游戏环境设计．台北：田园城市文化事业有限公司，1996.

发，有些探索、发现、交流与合作也不会产生。因此，游戏环境是确保游戏活动质量与幼儿发展的重要基础。从这个意义上说，户外游戏区的环境创设水平及方向体现着一所幼儿园的教育理念与价值追求。

（二）户外各游戏区的设计要点

1. 沙水游戏区设计要点

（1）面积充足。在设计时可根据园所户外面积大小来确定，可设置大型或小型沙水区，或者二者兼而有之。小型沙水区可以是面积较小的沙池，也可以是可移动的沙箱、沙盘等。有条件的幼儿园应尽可能设置更大一点的沙水区，以满足幼儿游戏的需要，增加幼儿互动的机会。另外，沙池宜设置在通风且每天至少有 2 小时日照的地方。日照较强的季节可设置临时遮阴设施。

（2）深度适宜。沙池深度一般为 30～50 厘米，以满足幼儿挖掘与探索的乐趣。

（3）沙质干净松软。以质地松软、易于塑形的细沙为宜，如不易硬化结块的河沙、黄沙、白沙、海沙均可。

（4）造型自然、实用。应根据面积、地形情况，将沙池设计成自然的、有艺术感的像沙滩一样的曲线形状，少用圆形、方形等枯燥单一的形式，摒弃浪费空间、缺乏实用性的、单纯追求装饰变化性却没有美感的程式化形状，如花形、动物形等就相对比较浪费空间。

为避免沙的流失，沙池边沿要高于沙子平面。沙池边沿可以用轮胎、木头、石头等来设计，边沿高度可以与地面齐平，也可以略高于地面，方便幼儿出入，但不宜太高，避免边沿成为幼儿出入沙池的障碍。

（5）沙水结合。沙池要靠近水源，也可在沙池内设置给水设施，如水龙头、压水井、水池、水缸、水车等。在沙池中还可以设置各种形式的水道，可以有固定的，也可以有活动的，可以有地面的，也可以有架空的，可以有木头的、竹子的，也可以有石头的、水泥的、塑料的，从而更好地实现沙水的结合，增加游戏性和探索的空间与机会（见图 3－1）。

图 3－1

（6）立体化设计，与玩具器械结合。在沙池中可以设置各种大、中、小型的玩具器械，如滑梯、攀爬架、木屋、平台、树阵、平衡木、高低不同的树桩等，以实现沙池立体化设计，扩大活动空间，拓展活动内容，增强挑战性，满足更多的游戏需求（见图3-2、图3-3）。

图3-2

图3-3

沙水区应设置玩具材料存放区（架），提供丰富多样的玩具材料。除了传统的玩沙工具，还可提供角色游戏材料、低结构的多种自然材料及废旧材料，如竹筒、竹竿、木块、石头以及锅碗瓢盆等。

（7）做好排水。沙池四壁一般都用水泥抹平，但为方便排水，沙池底部应设置成具有渗水排水功能的基层，如碎石、卵石、夯实的三合土等。

另外，沙池应定期清理维护。应及时清理落叶、树枝、有危险的尖锐异物、动物粪便等。为保证沙质松软要定期翻沙，风沙大、尘土多的地区要根据情况定期更换沙子。

2. 运动游戏区设计要点

（1）面积充足、地势平坦。运动游戏区应满足幼儿奔跑、跳跃、钻爬等大肌肉运动和球类、车类等活动的需求，因此宜设置在宽敞平坦的区域。若运动区与运动游戏区合二为一，根据《规范》要求，还应设置30米直跑道。

（2）地面软化、确保安全。为安全起见，运动游戏区的地面宜采用符合标准要求的沙土地、草地、塑胶地等弹性软化地面。

（3）器械材料种类丰富、数量充足。运动游戏区的器械材料可分为固定的和可移动的两类。固定器械如攀爬架、平衡木、秋千、钻爬网、肋木、球网、球架等，可视场地大小选择设置，科学规划、合理摆放，尽量预留供幼儿奔跑的空间和运用可移动器械进行游戏的空间。可移动器械应种类丰富、数量充足、易于搬运，如各种规格的梯子、架子、平衡凳、滚筒、垫子等，应满足各年龄段幼儿动作发展及游戏的需求（见图 3－4）。

图 3－4

（4）器械存放位置合理、便于取放。区域就近设置封闭或半封闭器械房，存放各类小型的可移动器械，器械房位置及器械摆放方式应考虑场地及器械特点，便于幼儿取放。

另外，幼儿园可以在适宜的位置设计多功能长廊，长廊中可设计攀爬架、爬网、软梯、吊环、吊绳、吊床、钻网、秋千、荡船等，同时，周围可种植具有观赏性的攀爬类植物，使长廊既可以作为运动游戏区域，又兼具遮阴及景观功能（见图 3－5）。

图 3－5

3．角色游戏区设计要点

（1）相对有私密感，空间形式多样。规划角色区时应结合园所户外环境的已有资源，设置在树林、竹林、灌木丛等相对有私密感的区域。在区域中还应设计一些木屋、树屋、竹屋、草房，投放帐篷、废旧木船、汽车等封闭、半封闭的空间，以引发幼儿的角色游戏（见图 3－6、图 3－7）。

图 3 - 6

图 3 - 7

（2）使用能支持和引发角色游戏的辅助设施。区域中应设置可供幼儿游戏使用的辅助设施，如原木、竹排、木墩、石头、车类以及废旧的桌椅板凳、家用电器等。

（3）游戏材料类型多样，数量适宜。在角色区应为幼儿提供多样的材料以支持和引发游戏，如废旧的日常用品，包括锅碗瓢盆、电话、电脑、小型家电、婴儿车等；废旧的服装饰品，包括帽子、丝巾、领带、挎包、眼镜等；还有各类玩具等。材料种类尽量丰富，但数量不宜过多，否则会增加幼儿选择的难度，分散幼儿注意力，耗费幼儿精力，进而影响幼儿游戏。

（4）材料架尺寸、位置合理，便于取放。区域内应设置半封闭材料架，分类摆放，高度适宜，方便幼儿取放。

（5）可设置水源。有条件的幼儿园可在角色区设置水源，这样会激发幼儿游戏兴趣，引发更多的游戏内容和情节。如可能会引发"娃娃家"游戏中做粥、汤、饮料等游戏情节。

4. *表演游戏区设计要点*

（1）要设置表演场地与观看区域。在表演区应为幼儿设置能够进行表演的小舞台。舞台的设计应结合户外环境的整体风格，形式灵活、富有创意和情境感，能引发幼儿表演的欲望。如舞台与木屋的结合，不仅能满足歌舞表演的需要，更能引发幼儿进行故事表演及童话剧表演。此外，小舞台应相对固定、结实耐用，不宜太高，以方便幼儿上下舞台，确保幼儿安全（见图 3 - 8）。

图 3 - 8

（2）提供基本的服装、道具、乐器、音响。基本的服装包括适合歌舞、故事、童话剧表演的各类服装。各类道具包括幼儿自由装扮的废旧丝巾、窗帘、床单、服装、饰品以及镜子、化妆用品等。乐器包括购买的成品乐器和自制乐器。有条件的幼儿园还可提供简单的音响设备。还应设计适宜的架子、橱子分类存放这些物品，便于幼儿自主整理和取放。

5．建构游戏区设计要点

（1）面积充足、地势平坦。建构区应宽敞平坦，以保证幼儿能够有充足的建构空间，满足幼儿的多种搭建需求，如搭建大型作品、联合搭建等（见图3-9）。

图3-9

（2）设置在人流量较少的区域。为保护幼儿的搭建作品，减少对幼儿建构活动的影响，建构区应尽量设置在人流量相对较少的区域，并且尽量避免与运动性较强的区域相邻。

（3）建构材料规格多样、种类丰富、数量充足。建构材料的形状、规格应多样、齐全，数量充足。除了积木以外，还可以有轻质砖、泡沫砖、纸箱、纸盒、纸筒、竹筒等多种类型的建构材料。此外，还可提供植物、动物、人物、景观建筑模型以及标识牌、各类玩具等辅助材料，增加搭建的情境性与趣味性。

（4）材料架位置、尺寸合理，便于取放。材料架的设计要与积木、材料的尺寸相匹配，便于分类取放。材料架的设计高度与摆放位置应方便幼儿取放。

（5）可提供便于搬运建构材料的工具。为方便幼儿便捷地搬运积木与材料，建构区可提供各类小车，如盒子车、拖斗三轮车等（见图3-10）。

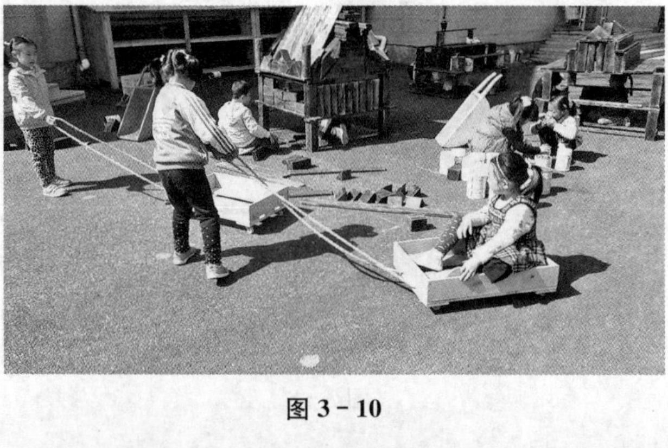

图3-10

6. 涂鸦区设计要点

(1) 设置在相对安静的区域。为了减少对幼儿的干扰，涂鸦区宜设置在相对安静的区域，以利于幼儿的想象与创造。

(2) 为幼儿提供多种形式的涂鸦空间。除了在桌面上的涂鸦活动，还应该为幼儿提供涂鸦墙、地面、画板等涂鸦空间。涂鸦墙可以采用黑板墙、瓷砖墙、铝塑板墙等可反复使用、耐光照、耐水的材料，高度应与幼儿的身高匹配。另外，涂鸦区的树干、玩具、桌椅等都可以成为幼儿的涂鸦空间。

(3) 适合户外的操作台。涂鸦区应该设计一个较大的操作台，一是为幼儿涂鸦操作活动提供足够的空间，二是便于盛放操作过程中使用的工具、材料，三是方便幼儿未完成作品的暂时存放以及幼儿作品的展示。展示台的台面及座位应该用防水、防腐、不易变形的材料制作，如用石材、水泥板、防腐木材、板材、钢化玻璃等制作。

(4) 操作工具种类齐全、数量充足。涂鸦区应为幼儿提供种类丰富、数量充足的操作工具，包括：各类纸张，如绘画纸、宣纸、刮画纸、卡纸、皱纹纸、牛皮纸、纸箱纸等；各类画笔，如毛笔、排笔、水彩笔、马克笔、签字笔、蜡笔、油画棒、油画笔、粉笔等；各类颜料，如水粉、水彩、国画颜料、丙烯颜料、自制植物颜料、染料等；各类辅助工具材料，如盘子、小桶、笔筒、笔架、棉签，以及用报纸、布、蔬果、农作物、废旧玩具等制作的各类涂鸦工具。

(5) 原材料丰富多样。丰富多彩、形式多样的原材料不仅可以丰富幼儿的涂鸦、手工等活动，还能够激发幼儿的想象与创意，提升幼儿对艺术活动的兴趣。原材料一般有自然类和废旧用品类。自然类包括木头、石头、砖瓦、竹子、树枝、树叶、树皮、树根、树墩、果实、秸秆、玉米皮、稻草等，废旧用品类包括废旧电器、桌椅、锅碗瓢盆、玩具、乐器、鞋子、提包、轮胎、油桶、水缸、箱子、盒子、管子、瓶子、车子等。

(6) 设置便捷的水源。涂鸦过程中许多环节需要水，比如，调颜料，清洁台面、笔、颜料盘等，因此，涂鸦区水源的设置是非常有必要的。设置时还需注意水池高度、水龙头的数量等，以满足幼儿需要。

(7) 有艺术氛围。良好的艺术氛围能够对幼儿产生潜移默化的影响和熏染，因此，在涂鸦区的设计过程中，从整个区域的结构形式、整体色调和风格到工具材料的摆放形式，再到作品的呈现方式，以及艺术作品和绿植的点缀都应关注实用性与艺术性的结合，突出美感与创意，营造良好的艺术氛围。

7. 野趣区设计要点

野趣区对幼儿来说有着重要而特殊的意义，但当前幼儿园普遍缺少野趣，也没有专门为幼儿设置野趣区。幼儿园应尽可能利用空间创设自然的、充满野趣的游戏区域，以满足幼儿亲近自然、自由探索、自主游戏的需求。

(1) 面积相对较大、地形多样、植被丰富。有条件的幼儿园可以选择相对较大的空间，利用现有地形变化或专门设计多样的地形，如土丘、坡地、山洞、洼地、池塘、溪流、湿地、沟壑等，种植草坪、花卉、灌木、树木，形成各种自然的地形地貌，让幼儿在感受自然多样性的同时，有足够的探索与游戏的内容与空间。户外面积较小的园所可以充分利用边角、原有绿化用地来扩大野趣区空间，如设计略有起伏的微地形，增加丰富多样的小型游戏设施等（见图 3-11、图 3-12）。

图 3-11

图 3-12

(2) 充分利用已有资源设计游戏设施。幼儿园应因地制宜，充分挖掘、利用现有地形、植被等资源，设置各类有创造性的、充满野趣的游戏设施。如利用坡地设置各类滑梯、滑道、爬道、滑索、山洞，利用池塘、溪流、沟壑设置水车、水坝、水道等玩水游戏设施，利用树木设置树屋、平台、攀爬架、爬绳、爬网、爬梯、爬杆、索道、秋千、荡船、荡木、竹排等设施（见图 3-13、图 3-14）。

图 3-13

图 3-14

（3）专门设计投放充满野趣的游戏设施与材料，如木屋、竹屋、瞭望台、草棚、帐篷、篱笆、枯木、木船、推车、木墩、石墩、石头、竹竿、石槽、石磨、废旧农具以及用原木制作的各种木凳等，这些设施、物品的投放会增加环境中的野趣。

（4）做好边界处理，防止水土流失。野趣区尤其是后期设计建造的野趣区，要注意做好边界的设计处理，以防水土流失。比如，可以用木头、石头、竹子、灌木等作为边界的隔离设计。需要注意的是边界的设计要造型自然，与整个野趣区的设计融为一体。

8. 木工区设计要点

（1）位置选择合适，规划合理。木工区可以选择院内靠墙角的位置，以利用墙壁挂放各类工具。木工区的工具、材料、操作台、储物架等相对较多，在进行空间规划时要充分考虑在操作及取放物品时的需要，合理规划以使空间得到有效利用。

（2）简洁实用的防雨设计。木工区的所有木工工具、制作原材料都需要考虑防水，要设计具有良好遮雨功能的防雨设施。有条件的园所还可以直接在院内建造专门的木工房。

（3）工具设施相对齐全，摆放合理。木工区在设计时要考虑工具是否齐全，是否适于幼儿进行不同类型的操作使用。根据各类工具的形状、大小等，可采用储物架摆放、墙面悬挂、地面摆放等形式放置工具，放置要合理有序，便于收取。

（4）操作台高度适宜，满足需要。设置进行不同操作需要的、高低不同的操作台，以符合幼儿的能力和特点，便于幼儿进行各类木工操作。

（5）操作材料丰富多样。幼儿园木工区操作的材料一般相对较小，但类型要丰富多样，如各类厚薄长短各不同的木板、木条、木块、木棍等，以满足幼儿进行不同制作和练习活动的需要。

（6）设置作品展示区。木工制作成品一般时间较长，常常需要制作多次才能完成一件物品或作品，有时会有许多的半成品和成品需要存放与展示，因此要设置适宜的展示架，让幼儿自主存放和展示。

（7）准备实用的木工服装。幼儿在进行木工操作时会产生粉尘、木屑，会用到粘胶、钩挂等，为保证安全、卫生，要为幼儿准备合适的木工服装、帽子、口罩等。

9. 泥巴区设计要点

（1）造型简洁、实用的泥巴池。泥巴池不必太大，造型宜简洁流畅、边沿光滑。可设置在户外环境中面积较小的角落位置，最好能靠近墙面。

（2）高度适宜的操作台。为便于幼儿玩泥巴，可设置高度适宜、光滑防水的操作台，如水泥台、石台、木板等，也可将泥巴池的边沿设置为操作台。另外，靠近泥巴池的墙面、地面均可作为玩泥巴的空间。

（3）干净细腻黏性大的泥土。泥巴池中的泥土要选择比较干净、细腻、黏性较大的，最好经过过筛处理，保证细腻、安全、无异物。

（4）必要的工具模具。泥巴区主要是为幼儿提供一个接近自然、与泥土亲密接触、自由随性地玩泥巴的空间，为满足活动需要还可以提供一些玩泥游戏的工具、模具，如铲子、水桶、花洒、泥工刀、竹刀以及各类常用的泥工工具和模具等，以方便幼儿进行各类操作，丰富游戏内容。

（5）靠近水源。玩泥巴离不开水，因此泥巴区必须设置在靠近水源的位置，一方面方便幼儿在游戏过程中取水，另一方面也方便幼儿游戏后洗手、冲脚、清洁工具。有条件的园所可设置太阳能等热水装置，为幼儿提供温度适宜的水。

10. 大型玩具区设计要点

大型玩具是多数幼儿园的基本配置之一，可以购买，也可以自行设计制作。购买的成品玩具优点是设计规范、功能多样、色彩丰富，弊端是玩法单一、缺乏个性，不宜引发幼儿的创造性。现在越来越多的幼儿园根据场地情况、课程特点以及园所的整体风格进行富有个性的设计制作。相比之下，自行设计的大型玩具可以结合本园地形、幼儿的运动能力及活动特点，其设计更富创意与挑战，能满足幼儿运动、探索及游戏的需求，从而使环境更富有园所特色。需要注意的是，设计时要关注到科学性、功能性和安全性。

（1）玩具大小与区域面积匹配。在设计制作或者选择购买大型玩具时应充分考虑区域的空间大小，选择与之匹配的型号，不宜过大。可以是独立的大型玩具，也可以是多个中小型玩具的连接与组合。

（2）区域位置应设置在院落边缘位置，不应占据院落中心。该区域宜靠近角落、院落围墙等，院落中心位置应留作集体活动、球类、车类及其他游戏活动使用，以保证场地的合理化使用，减少碰撞受伤的概率。

（3）关注大型玩具的功能、造型、色彩与质量。在选择购买或自行设计大型玩具时，首先应考虑功能的丰富、多样，尽可能使其具备攀爬、钻爬、悬垂、走、跳以及能够为幼儿制造眩晕感的平衡、滑、荡等功能。在设计时还应关注玩具功能的开放性，尽可能引发幼儿更多创造性的玩法，如“麻绳阵”，幼儿在其中不仅能够爬绳、悬垂、摇荡，还可以将绳子两两打结，坐或站在上面荡秋千，或者在多个秋千上行走穿梭等（见图 3-15）。其次，应考虑玩具的整体造型，色彩应富有幼儿情趣，并能与整个园所环境协调统一。需要注意的是，造型色彩不宜过于繁复杂乱。此外，还应明确“儿童化”不代表“卡通化”。“儿童化”是指在环境创设时要考虑到幼儿身心特点、兴趣需要，要从满足幼儿发展需要的角度去设计。一提到关注“儿童化”，很多幼儿园往往会以各种泛滥的动画形象来体现，使整个幼儿园环境趋向庸俗单调。还有非常重要的一点，不管是购买还是自行设计制作，大型玩具都要符合相关标准与规范，保证质量与安全。使用过程中还必须定期检查维护，这是确保幼儿活动安全的基础。

图 3-15

（4）关注与其他区域的关系。根据大型玩具的功能特点，要预留出一定的安全距离，尤其是安装了滑梯、秋千等设施的位置。大型玩具可以与运动游戏区、沙水区相邻或相融，促进区域间的相互关联与结合，引发更丰富多样的游戏。

二、户外种植区、养殖区

（一）种植区、养殖区的价值

陈鹤琴先生曾经指出，“幼儿园需要布置一个科学环境，尽可能地领导幼儿从事浇水、除草、收获种子等工作，并饲养动物等”。的确，幼儿园的种植区、养殖区对幼儿亲近自然、感受自然、认识自然起着重要的作用。幼儿在亲历种植、喂养的整个过程中学习使用工具，学会播种、照料、收获，了解动植物的生长变化，体会到人与动植物和自然环境的密切关系，懂得尊重和珍惜生命，并能力所能及地保护自然环境。因此，幼儿园的种植区、养殖区在科学、环保、情感、能力等多方面都有重要的价值。幼儿生性热爱自然，喜欢亲近生命。为幼儿创设自然的、有生命的环境就是遵从幼儿的天性，让幼儿与自然、与生命联结，以滋养童年，保护灵性。

（二）种植区、养殖区的设计要点

1. 位置宜选在院落朝阳位置，土质良好、面积适宜

在规划种植区、养殖区时要结合园所户外环境的情况，设置在阳光充足的区域。面积的大小要根据园所情况而定，户外面积比较大的园所可以设计专门的种植园、养殖园。户外面积较小的园所，可利用边角区域设置种植角和养殖角，或者与野趣区、角色区等其他区域相融合（见图 3-16）。

图 3-16

2. 整体设计要方便幼儿观察、照料

在进行种植区、养殖区设计时要考虑幼儿的参与性、互动性，预留适宜的通道与空间以便幼儿近距离观察与照料动植物。

3. 动物房的设计要考虑美观、实用、卫生、安全

动物房一般用木质、铁质材料进行镂空设计，以保证通风、便于观察。为保证幼儿及动物的安全，镂空尺寸不宜过大。设计时还应考虑清理的便捷，可以采用双层抽拉式的底部设计，还可以利用水缸、石槽、水池等饲养水生动物。

4. 要有针对性地选择种植和养殖的种类

在选择种植种类时，要充分考虑本地区的气候特点，选择易于成活、便于管理的蔬菜、作物。养殖的动物应考虑形体较小的、性情温和的、便于照料易于饲养的，如兔子、仓鼠、花栗鼠、荷兰猪、松鼠、鸡、鸭、鹦鹉、鸽子、鱼、乌龟等。

5. 设置水源

为方便灌溉、照料和清理种植区、养殖区，如园所有条件，最好设置方便的水源。

三、幼儿园庭院景观

（一）幼儿园庭院景观的价值

幼儿园庭院景观是指幼儿园内具有实用以及观赏作用的庭院绿化及庭院设施。庭院景观是幼儿园户外环境不可分割的一部分，好的景观和绿化能美化环境，同时具有遮阴的作用。幼儿园大面积的、多种形式的景观与绿化能够对幼儿园的小气候有一定的改善作用，能减少暴晒、辐射热，调节气温、湿度，阻隔噪声、尘埃等，也能使整个环境充满自然的气息。

自然景观具有丰富性和可成长性，它能够使幼儿感受四季的自然变化，为幼儿提供丰富的感官体验，激发幼儿探索的兴趣，发展幼儿的想象力、创造力。同时，好的庭院景观能使幼儿在自然的环境中受到美的熏陶，引发轻松愉悦的情绪体验。

幼儿园的景观和绿化本身也能够成为幼儿游戏的内容和空间，如假山、石雕、小桥流水、回廊、草坪、花圃、树木、竹林、灌木丛等，从而使幼儿的游戏更加丰富多彩、趣味盎然。

总之，优质的庭院景观能提升幼儿园整体的教育环境品质，促进环境教育功能的发挥，对幼儿的身心健康发展有积极的作用。

（二）幼儿园庭院景观的设计要点

1. 要关注观赏性与实用性的结合

美感与艺术是景观设计的重要原则，但由于幼儿园景观的特殊价值与意义，观赏性与实用性的结合对于幼儿园景观来说显得尤为重要。所以，幼儿园应摒弃仅从美化的角度去设计景观的做法，将观赏性与实用性有机结合，充分满足幼儿户外活动中游戏、观察、探索、创造、想象等需求。另外，在景观设计时需要关注遮阴功能，可种植高大乔木或利用攀缘类植物搭建遮阴廊架，还可以专门设计与整体景观风格相协调的棚架，如草棚、草房、竹棚、席棚等。

2. 关注植物种类的多样性

绿化植物的选择要考虑本地气候特点，结合四季变化种植。要尽可能选择更丰富的植物种类，做到观花、观果、赏叶、遮阴相结合，水生、陆生相结合。通过植物的姿态、形

状、高度、花期、花色、叶色等的不同，进行合理化配置。

（1）适宜种植的植物类型。

乔木。高大的乔木可以给幼儿提供充足的树下活动空间，树冠具有遮阴功能，同时还可以利用乔木设置树屋、吊床、吊绳、秋千等游戏设施。栽种乔木时树与树之间要留有生长的空间，不宜过密。比较适宜的乔木有龙爪槐、紫薇、樱花、法桐、黄山栾、合欢、五角枫、玉兰、棕榈、苏铁、海棠树、柳树、银杏、女贞、桂花、鹅掌楸、木瓜树、梧桐等。

灌木和小乔木。这类树木较低，幼儿园通常选择开花且具有景观效果的种类，栽种时要根据灌木的特点考虑，整体疏密有致、富有层次。常见的种类有丁香、贴梗海棠、榆叶梅、冬青、月季、牡丹、芍药、黄杨、迎春花、木槿、珍珠梅、红绒球、鸡蛋花、绣球、金叶女贞、紫荆、石楠等。

藤本植物。这类植物具有依附攀爬的特点，比较适合幼儿园的围墙、木长廊以及墙面的立体绿化，具有遮阴、观赏等作用。常见的种类有紫藤、三角梅、凌霄、蔷薇、爬墙虎、爬藤月季、铁线莲、金银花、风车茉莉、葡萄、牵牛花、猕猴桃等。

草本植物。这类植物一般较矮，四季变化丰富，适宜绿化观赏，可栽种在幼儿园的各个角落，建议多栽种些可生长多年的植物。常见的种类有石竹、马齿苋、长寿花、矮脚牵牛、天天开、美人蕉、紫茉莉、绿萝、三叶草、美女樱、波斯菊、多肉等。

草坪。草坪是适合幼儿园的自然、安全的场地类型，可以满足幼儿各种游戏、运动等活动。建议选择抗踩踏的品种，如狗牙根、结缕草、高羊茅、矮生百慕大、马尼拉、夏威夷草、马蹄金等，不论什么品种的草坪都要注意及时养护。

水生植物。水生植物适合种在幼儿园的小水池、小溪以及水缸、不透水花盆中，在种植的时候可以与养鱼相结合，这样更生态有趣，适合幼儿观赏。常见的品种有荷花、睡莲、碗莲、铜钱草、水葫芦、菖蒲、小香蒲、雨久花、纸莎草、浮萍、大薸等。

（2）选择植物时要注意的问题。

《规范》指出："不应种植有毒、带刺、有飞絮、病虫害多、有刺激性的植物。"要根据本地区的气候类型和地质特点来选择适宜种植的种类。

幼儿园的环境是幼儿生活教育的重要载体，教师应引导幼儿积极地参与到对户外环境中所有植物的观察、种植、照料中来，使环境发挥更大的教育价值。

3. 应富有创意，体现儿童化

幼儿园的景观设计不应千篇一律、模式化。从景观的整体设计到植物造型搭配，再到景观小品点缀，都要善用巧思、精心设计。更重要的是，所有的创意与设计都要紧紧围绕幼儿年龄特点及幼儿活动的需要来进行。比如，在高大的树木上设计充满自然情趣的木屋，既让整个景观富有创意，又能充分满足幼儿运动、游戏的需求；再比如，与幼儿园围墙相结合的、上层可供幼儿开展活动的木质攀爬廊道，既有围墙的功能，又能有效地扩大活动空间，还能使园所整体景观富有层次与变化，引发幼儿游戏、奔跑、攀爬等多种活动；此外，充分利用废旧物品如轮胎、自行车、马槽、推车、提包、鞋子、木墩等进行的创意种植，不仅能起到绿化美化的作用，还能让幼儿感受到化腐朽为神奇的趣味，激发幼儿的想象与创造，培养幼儿感受美、创造美的能力。

还需注意的是，景观小品的点缀要与整个景观设计、园所文化协调统一、自然融合，避免成人化、模式化、卡通化。如设置在花坛、水池中幼儿无法与之互动的假山石、模式化的雕塑等，就显得缺乏创意，也谈不上教育的价值。而放置在草坪上的、幼儿可以自由攀爬游戏的、造型质朴有趣的动物石雕，造型自然的石头、木头等，既能成为庭院景观中富有创意的点缀，又能使幼儿与之充分互动，满足游戏活动的需求。

4. 关注整体风格的协调统一

在进行庭院景观设计时要充分考虑整个园所的设计风格，使各部分有机融合、协调统一，避免拼凑式、碎片化、互相之间毫无关联的设计。

5. 重视围墙景观的设计

幼儿园围墙设计在考虑安全功能的基础上，还应关注它作为景观的审美价值。不仅要考虑围墙自身的造型、色彩设计，还要考虑与主体建筑以及整体庭院景观风格的协调一致。如既能保证安全，又有绿化美化作用的围栏设计；与绿篱、攀爬类植物相结合的围墙设计；各种实体形式与镂空形式相结合的围墙设计；结合当地资源采用鹅卵石、贝壳、瓷片镶嵌等方式的围墙设计；各类砖、瓦、石头、木头、竹子创意造型的围墙设计形式；等等。

需要注意的是，围墙不宜设计成易攀爬、可穿越的形式，以确保幼儿安全。

第三节　户外环境创设的常见问题

对于幼儿园户外环境的价值与意义，在《幼儿园教育指导纲要（试行）》《3—6 岁儿童学习与发展指南》中都有清晰地描述。在《托儿所、幼儿园建筑设计规范》等行业标准类文件中对相关内容也提出了具体、明确的标准与要求。越来越多的幼儿园已经认识到户外环境的重要性，并不断努力创设高品质的户外环境。但目前还有许多幼儿园因为缺少环境创设的理念和目标，在户外环境创设中存在各种各样的问题，无法满足幼儿游戏与生活的需求，不能发挥其应有的价值。

一、对户外环境价值的认识不足，不重视

有些幼儿园对户外环境的价值缺乏正确的认识，没有看到户外环境潜在的教育价值，因此，没有将幼儿园户外环境的创设作为一项重要工作去做。比如，有些园所仅仅在户外投放一两件大型的玩具设施，象征性地搞一点绿化，常年不变；还有的园所为了实现所谓的“达标”，仅做最基本的配置，远远无法满足在园幼儿的活动需要。

二、缺乏整体的设计与规划

目前，幼儿园户外环境创设存在一个比较突出的问题是对自己的园所环境创设没有分析与思考，理念目标不清晰，缺乏对户外环境的整体设计与规划，进而导致园所区域规划不合理，缺乏整体性。

比如，有些园所户外环境没有区域规划，户外环境及玩具器械单一，形式新颖、富有创意的设施资源较少，无法使幼儿拥有丰富多样的户外活动，也不能更好地激发幼儿的好奇心和创造力。有些园所在进行户外环境设计时没有结合各区域活动的特点进行整体的规划，致使各区域在面积划分、场地选择等方面存在诸多问题，如运动区域面积过小，角色区设置在过于空旷的场地，建构区与运动区放在一起等，这些都容易对幼儿活动造成影响与干扰，难以使其有效地、高质量地开展活动。

三、忽视现有资源，盲目模仿照搬

因地制宜性的原则是每一个幼儿园在户外环境创设过程中都应遵循的。当前多数幼儿园注重“走出去”，去观摩、学习别人的经验和做法，回来后模仿照搬，却忽略了自己园所的现状，致使许多优势资源被白白浪费，许多存在的问题无法得到改善与解决，园所户外环境不伦不类，没有自己的风格，更无法为本园的幼儿提供适宜的、有品质的活动环境。

比如，北方一所幼儿园场地上有天然的坡地，去南方学习后将坡地推平挖成戏水池。这样不仅浪费了原有地形的优势，还失去了一个更加自然多样的活动场地，更重要的是，大型的戏水池在北方利用率极低，成为典型的“鸡肋”设施。再比如，有的幼儿园院落中有高大的树木，本来可以利用这些大树开展各种活动，如攀爬、躲藏等，还可以制作木屋、秋千、荡船等，将其打造成富有自然特色的游戏区域，同时这些大树还可以为游戏场地遮阴，为幼儿提供更自然舒适的游戏空间，但是这些园所为了设置大型的、平坦无障碍的运动区域将场地上的树木统统铲除，着实可惜。

因此，学习、借鉴很重要，但是能够因地制宜地、巧妙地利用现有资源创设适合自己园所特点的户外活动环境更加重要。

四、缺少自然与野趣，挑战性不足

自然中的万物无一不是幼儿心智成长的秘密导师。现在的幼儿多数缺乏野性与灵性，其最根本的原因就是幼儿的生活环境远离自然。没有自然的元素，幼儿就没有灵性。当前幼儿园户外环境创设中盲目追求“高档豪华”，过度考虑“安全”，致使幼儿在户外活动中脚下踩的是塑胶地面，玩的是“高档豪华”的、高结构的塑料成品玩具，很多幼儿园看不到草地、土地，看不到动物及丰富多样的植物，看不到自然的、低结构的、半成品的玩具材料，看不到开放性的活动设施等，这样远离泥土、远离自然的环境，使幼儿缺少了探索、发现与创造的乐趣。

更多的幼儿园迫于安全的压力，刻意降低活动器械的难度和挑战性，这限制了幼儿的动作、能力，阻碍了幼儿勇敢、坚持等良好意志品质的发展。当然，幼儿园也不能矫枉过正，盲目地追求活动环境的冒险与挑战难度，不能把幼儿园变成冒险性游戏场、“杂技场”。幼儿的户外活动环境不是难度越高、挑战越大越好，而应让幼儿适度冒险，在他们的最近发展区内自由愉悦地探索发现。

五、缺乏美感与创意，没有风格

传统的幼儿园在创设户外环境时往往关注功能性、实用性，而忽视美感与创意。在许多幼儿园里，我们常常能看到大面积的、过于鲜艳的色彩与粗劣泛滥的卡通形象，无序摆放的各种不同质地和风格的玩具设施，千篇一律的、批量化生产的大型玩具，造型单调古板的沙池花坛，形式单一的隔离带式绿化等，它们根本谈不上美感与创意，更没有风格可言。这样的环境既不能满足幼儿的多方面需求，激发幼儿的好奇心与创造力，更缺乏对幼儿的艺术与审美的熏陶。

研究发现，18 岁之前是美学培养的重要时期。在此期间，一个人所接受的所有视觉刺激都会潜移默化地影响他审美观的形成。因此，幼儿在充满美的环境中成长对于他们成年后审美观的形成至关重要。幼儿园的户外环境一定要美，因为它是一种潜移默化的、无声的浸润。我们不应将“美”与“实用”割裂开来。一个自然、亲切、充满艺术与创意的空间，有木头、石头、沙池、草地、流水、土坡、花草树木、小动物、生活用具、劳动工具，有用自然材料制作的充满创意的玩具设施，有色彩淡雅、和谐有趣的景观小品等，这些元素自然有机地放在一起，会让幼儿感到舒适和美好，受到美的滋养与启发。

六、未关注消防通道，造成安全隐患

在幼儿园户外环境设计过程中，很多幼儿园往往为了充分利用空间而忽略院内预留消防通道。消防安全是必须要考虑的重要事项，在玩具设施的设计与摆放之前，首先要保证消防通道的通畅，不能将原有的消防通道、消防门阻塞，造成安全隐患。

第四节　户外玩具与器械配置

在幼儿园户外环境创设中，玩具设施与游戏器械的选择与配备非常重要。多种类型的、适宜的玩具器械能够支持与引发幼儿更多样的活动内容，也能使整个户外环境更加丰富、完善，更富吸引力，同时还能使园所户外环境的整体品质得到提升。

一、户外玩具与器械选择与配备的要点

1. 能引发幼儿多样的创造性活动

户外玩具与器械的配备最主要的目的就是要支持并引发幼儿丰富多样的运动与游戏，引发探究与创造，引发交往与合作。因此，户外玩具与器械的选择与配备应遵循引发性原则，充分考虑不同区域活动的特点和需要，配备适宜的玩具器械，以引发相应的活动内容。在此基础上，还应考虑多投放一些低结构的玩具材料，使同一个玩具材料不局限于特定的活动目的，能够支持并引发多种类型的活动。往往越是低结构的玩具器械越能引发多种类型的活动内容。比如，院落中的木质瞭望台能够自然引发幼儿的攀爬、跳跃活动，同时也能支持幼儿在平台上开展角色游戏及表演游戏（见图 3-17）。再比如，户外活动场地

上自然摆放的大型原木与石头，常常能够激发幼儿丰富的想象与创造，有时成为轮船，有时成为飞机，有时成为房子，有时又成为他们尽情表演的舞台（见图 3－18）。

图 3－17

图 3－18

2. 玩具种类、数量能满足幼儿活动的需要

户外玩具与器械的种类要丰富，尽可能满足幼儿多种游戏活动的需求，如有运动游戏类、建构游戏类、表演游戏类、角色游戏类、沙水游戏类、美工涂鸦类等。需要注意的是，玩具器械的种类要丰富，但数量并不是越多越好，应结合场地面积、幼儿人数的情况，以满足需要为原则。

3. 适合3～6岁幼儿的活动特点与水平

户外玩具与器械的选择与配备应充分考虑不同年龄阶段幼儿的活动特点、能力水平、兴趣需要，满足不同层次的需求。同时在进行玩具器械配备时，要充分考虑幼儿的最近发展区，科学定位玩具器械的难度与挑战，以满足幼儿适度冒险的需求。

4. 因地制宜，经济耐用

玩具器械的配备应力求数量适当、质量过硬、经久耐用。同时，还应因地制宜、就地取材，充分发掘利用当地资源进行开发设计与制作。如竹乡的幼儿园可以用竹子制作竹屋、竹凳、竹梯、攀爬架、滑梯、荡船等，既经济实用又能凸显当地特色。再比如，山区幼儿园可以用枯木制作攀爬架、瞭望台、木屋、廊架等。还应注意的是，在有限的经济条件下，应优先配备活动价值更高的玩具器械。

5. 符合安全、环保的基本要求

安全、环保是户外玩具与器械在选择与配备时必须遵循的最基本的要求，要选择符合国家《玩具安全》标准的玩具器械。在选择与配备时要关注材质的安全，也就是要选择无毒、防腐、结实耐久等符合标准的材料，尽量选择天然的、无污染的材质。玩具的填充物、漆料以及工业化制作的成品设施，如塑钢玩具、塑胶场地等，都必须符合相应的环保标准。设计时要做到尺寸适宜、结构科学合理、承重性能好、无尖锐边角或突出物、视觉穿透性强、无死角等。安装时要注意与周边物体保持安全距离，不同类型的活动器械应按照国家安全标准中的要求设置不同的防碰撞区域。国家颁布的《室外健身器材的安全通用要求》指出，“攀爬类玩具器械防碰撞区域，是指从攀爬器械的边缘向外延伸至少1.5米的周边区域；滑梯滑道出口段延伸至少2米，秋千下方前后延伸的空间至少应有3米”，如秋千等摆动类玩具器械应设置在场地的角落或边缘区域，前后要预留足够的空间；滑梯的出口应避免设置在拥挤的区域中，确保其滑下的着陆区不与其他活动器械的使用区重合。防碰撞区域的地面应为弹性地面，以减少幼儿跌落时有可能造成的伤害。安置玩具器械时，地面应为符合标准的软质弹性地面，还要考虑底部的稳定与结构连接的牢固。此外，在使用过程中必须定期检查维护，发现问题及时处理，确保安全。

二、户外玩具器械的种类

幼儿园户外玩具器械的种类有很多，可从不同的角度划分。

（一）按规模大小划分

按规模大小可划分为大型玩具器械和中小型玩具器械。

大型玩具器械是指固定的、体积较大、占地面积大、功能较多、可供数量较多的幼儿同时玩耍的玩具设施。如幼儿园常见的综合攀爬、钻、滑等多种功能的大型成品塑钢玩具，幼儿园自行设计的大型攀爬架、大型木屋和树屋、大型爬网以及兼具运动、休闲、遮阴、绿化等作用的多功能长廊、综合类玩具设施等。

中小型玩具器械是指体积相对较小、功能相对较少的玩具器械，这类玩具器械有固定的与可移动的两种形式，更加方便、灵活，能够满足幼儿多种不同的活动需求。如瞭望台、小木屋、竹房子、小型攀爬架、小滑梯、跷跷板、秋千、荡船，各类梯子、架子、车子、拱门、平衡凳、体操垫以及各种球类、跳绳、高跷、沙包等。

（二）按区域不同划分

按区域不同可划分为运动区、建构区、角色区、表演区、沙水区、泥巴区、木工区、美工涂鸦区等的玩具器械。（详细内容见本章第二节）

（三）按功能的不同划分

按功能的不同可划分为运动类玩具器械和游戏类玩具器械。

1. 运动类

运动类玩具器械是指能够支持并引发幼儿运动活动的玩具设施与器械，它又可以分为攀爬类，如攀爬架、攀爬网、瞭望台、各种梯子、肋木等；钻爬类，如拱门、山洞、阳光隧道、绳网隧道、钻爬网、用纸箱制作的自制小坦克等；跳跃类，如跨栏、跳马、跳箱、木桩、跳绳、布袋、跳跳球、蹦床等；平衡类，如平衡木、平衡凳、平衡台、独木桥、独角椅、步道、荡桥、摇马、滚筒、脚踏石等；投掷类，如飞镖、沙包、飞盘、套环、吸盘球、铁环以及各种球、球架等；车类，如扭扭车、踩踏车、滑板车、协力车、独轮车、三轮车、自行车（带辅助轮和不带辅助轮）等；球类，如篮球、足球、乒乓球、羽毛球、皮球、大笼球、羊角球、垒球、门球、儿童高尔夫球等；其他综合类的玩具，如呼啦圈、彩虹伞、海洋球、轮胎等。另外，它还包括大量的幼儿园自制玩具器械。

2. 游戏类

游戏类玩具器械是指能够支持并引发幼儿各种游戏活动的玩具设施与器械。一般分为以下几种：

（1）角色游戏类。如木屋、树屋、竹屋、草房、帐篷、废旧木船、汽车等游戏空间；废旧的桌椅板凳、日常用品、家用电器，如锅碗瓢盆、电话、电脑、小型家电、婴儿车、帽子、丝巾、领带、挎包、眼镜等游戏材料。

（2）表演游戏类。如舞台、观众座位、基本的服装、道具、饰品、乐器、音响等，还有可供幼儿自由装扮的废旧丝巾、窗帘、床单、服装、饰品以及镜子、化妆用品、材料架等。

（3）建构游戏类。如规格多样、种类丰富、数量充足的积木；轻质砖、泡沫砖、纸箱、纸盒、纸筒、竹筒等多种类型的建构材料；还有植物、动物、人物及景观建筑等模型以及方便幼儿搬运积木与材料的各类小车，如盒子车、拖斗三轮车等，此外还应设置方便幼儿分类取放的材料架。

（4）涂鸦游戏类。如可供幼儿涂鸦的多种涂鸦空间，包括墙面、地面、黑板、画板以及涂鸦区的树干、玩具、桌椅等；户外操作台、展示台、水源；各类操作工具，包括各类纸张、画笔、颜料、刀剪等；各类辅助工具材料，如盘子、小桶、笔筒、笔架、棉签以及报纸、布、蔬果、农作物、废旧玩具等；自然类、废旧用品类等丰富多样的原材料。

（5）野趣游戏类。如利用坡地设置的各类滑梯、滑道、爬道、滑索、山洞；利用溪流、沟壑设置的水车、水坝、水道等玩水游戏设施；利用树木设置的树屋、平台、攀爬架、爬绳、爬网、爬梯、爬杆、索道、秋千、荡船、荡木、竹排等；还有专门设计与投放的充满野趣的游戏设施与材料，如木屋、竹屋、瞭望台、草棚、帐篷、篱笆、枯木、木船、推车、木墩、石墩、石头、竹竿、石槽、石磨、废旧农具以及用原木制作的各种木凳等。

(6) 泥巴游戏类。如造型简洁实用的泥巴池，高度适宜的操作台，便利的水源，干净细腻黏性大的泥土，必要的工具模具，包括铲子、水桶、花洒、泥工刀、竹刀以及各类常用的泥工工具及模具等。

(四) 按材质类型划分

按材质类型可划分为自然材料类玩具器械和工业材料类玩具器械。

1. 自然材料类

利用木头、石头、竹子、麻绳、藤蔓、砖瓦等制作的各类玩具器械。

2. 工业材料类

用塑料、水泥、钢铁、塑钢、塑胶等制作的各类玩具器械。

(五) 按来源渠道划分

按来源渠道可划分为成品购买类玩具器械和自主设计制作类玩具器械。

1. 成品购买类

幼儿园每年都会有一定的预算，用来购买玩具和游戏材料，如小推车、球、呼啦圈、梯子、平衡木等。

2. 自主设计制作类

幼儿园老师们经常会根据需要利用日常用品和自然材料为幼儿设计和制作户外的玩具，如用布做沙包，用报纸做球，用易拉罐饮料瓶自制高跷等。

第五节　优秀幼儿园户外环境创设举例

近年来，我国幼儿园在户外环境创设方面有了长足的进步。许多幼儿园在正确的办园理念与教育理念的指引下，创设了独具特色的户外环境，为幼儿户外活动提供了科学、丰富、适宜的环境支持。以下将呈现出我国不同地域的三所幼儿园的户外环境创设经验，以供参考。

案例 1

山东省淄博市市直机关第三幼儿园户外环境创设

一、幼儿园简介

淄博市市直机关第三幼儿园是由淄博市市政府办公厅主办的公立幼儿园，创建于1985年，占地3 400多平方米，建筑面积3 176平方米。共有教职工60余名，在园幼儿380余名，拥有多名省特级教师、省优秀教师、省教学能手、省技术教学能手、市特级教师、市优秀教师、市学科带头人、市师德标兵等，多人多次在省市优质课评选等活动中获得一等奖。我园管理经验丰富、师资力量雄厚、保教质量一流，是山东省十佳幼儿园、省级示范幼儿园、淄博市十佳幼儿园、市级示范幼儿园和淄博市基本现代化幼儿园。我园秉承“办有文化的幼儿园，做有灵魂的教育，让老师们满怀激情幸福地工作，让孩子们如烂漫的野花般自由地成长”的办园理念，尊重童年、尊重规律，始终把幼儿的发展放在首位，在管理上、教育上大胆创新，形成了自己独特的园所文化和鲜明的办园特色。

“让环境成为教育的载体和资源”是我园环境创设的宗旨。我园通过创设“真正属于孩子”的环境，给幼儿以浸润与熏染，让幼儿与环境充分互动，充分发挥环境在教育中的价值，促进他们健康和谐成长。

二、户外环境创设理念与特点

1. 户外环境创设理念

为了孩子的，自然、田园、有生命的，是孩子的。

2. 户外环境创设特点

(1) 自然、田园、有生命的。

自然质朴的环境是最适合幼儿的，质朴的环境更贴近生命，更滋养心灵。我们的环境中采用了大量的木头、石头、竹子、麻绳、沙土等自然的材质。这类自然的材料与幼儿之间有一种天然的亲近与和谐，特别容易吸引幼儿，引发游戏与探索，并使幼儿有一种安全、宁静与放松的感觉。身在其中，幼儿的童心与热情会自然流露。

我们还饲养了各种小动物，如兔子、鸡、鹦鹉、花栗鼠、仓鼠、松鼠等。这些小动物都有名字，这些名字是孩子们根据小动物的特点起的。孩子们每天悉心地照顾它们，与它们一起玩耍嬉戏，亲历它们的生命过程。小动物们成为幼儿生活中的一部分，幼儿与它们慢慢建立起了感情，而我们想要的自然教育、生命教育也就自然实现了。

在户外环境创设过程中，我们还特别注重增加野趣，专门为幼儿创设了野趣区。草地、山坡、山洞、能攀爬的大树、随意摆放的原木、布满绳网的树阵……这些都使幼儿园的环境充满野趣。

(2) 空间结构形式高低错落、立体化。

我们的户外游戏区域的空间结构讲究高低错落、功能互补、立体化、有层次，这不仅扩大了活动空间，还使每个角度都具有视觉美感。

(3) 开放性、动态性。

多样的、开放的环境更能激发幼儿游戏的欲望，满足他们的需求。户外环境中多数的玩具都没有固定的玩法，即使有预想的玩法也不会急于教给幼儿，而是等待幼儿自己去探索发现。如一条条从架子上垂下来的麻绳、院中随意摆放的枯树、沙池中的树阵等，教师不做任何讲解示范，完全由幼儿自主探索。

在我们看来，环境创设应成为一项常态的工作，应追随幼儿的游戏活动不断调整、丰富，是一个循序渐进的、动态变化的过程。动态性的环境更能够满足幼儿的需要，使环境真正成为教育的重要载体和资源。

(4) 整体环游结构。

“循环游戏系统”是由日本的仙田满教授提出的。一个看似无尽头、循环往复的游戏线路设计，更能激发幼儿的探索欲望。我们幼儿园的游戏环境也尽量做成了这样的环游结构，使各个区域之间畅通无阻，幼儿可以穿梭于各个户外区域中尽情游戏。

(5) 为了孩子的、是孩子的。

我们的环境创设是为了幼儿生活、游戏、学习、成长的需要而设计的。环境中所有的玩具、器械、活动材料、动物植物、石头木头等没有哪一样是摆给别人看的，环境中的每个区域、每个设施、每件玩具幼儿都可以自由地玩耍，包括创意种植绿化等，这些都能让幼儿受到自然艺术美的熏陶。我们每天都保证幼儿有充足的时间去游戏、去与环境互动，让环境真正属于他们。

我们努力把每个区域创设得更“好”。这个“好”是指设计更有创意，玩法更多样、更有趣、更开放、更动态、更艺术、更有吸引力、更能引发探索与游戏、更丰富。

三、户外区域设置

我园根据多年开展区域性体育活动和户外自主游戏的经验，深入分析整个户外空间的特点和已有资源，结合区域功能要求，将户外活动环境相对划分为大运动区、沙水区、建构区、角色区、涂鸦区、表演区、大型玩具区、野趣区、种植区、养殖区（见图3－19）。

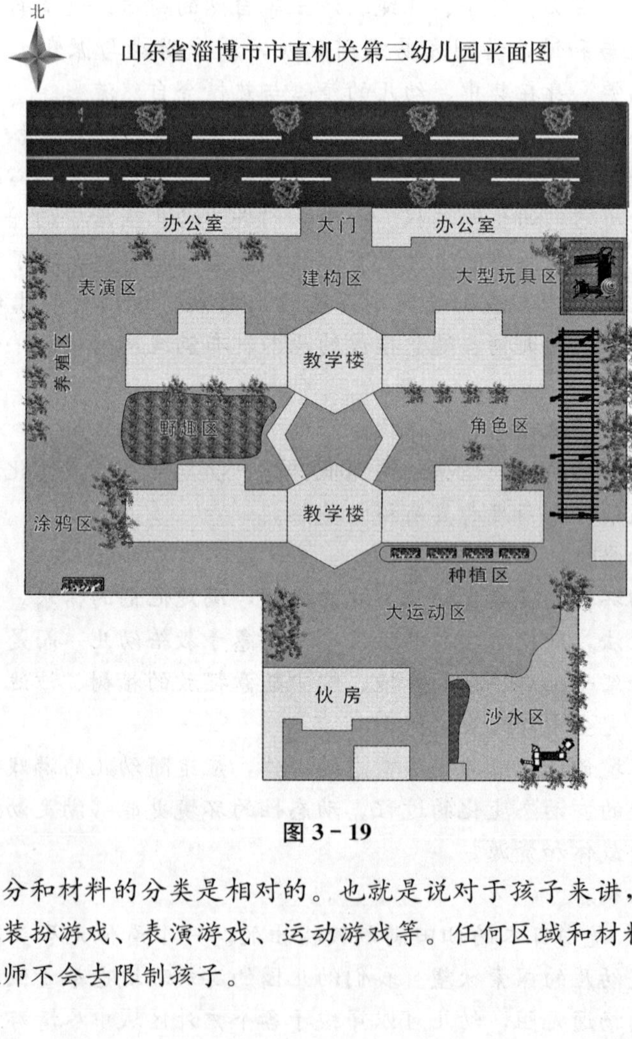

图3－19

游戏区域的划分和材料的分类是相对的。也就是说对于孩子来讲，在角色区可以玩角色游戏，也可以玩装扮游戏、表演游戏、运动游戏等。任何区域和材料都可以引发各种不同类型的游戏，教师不会去限制孩子。

1. 大运动区

(1) 设施与玩具材料。

大运动区的设施、材料丰富多样，数量充足。如轮胎山、木阵、能攀爬的大树；各种型号的梯子、平衡凳、攀爬架、高跷、长条木板、拱形门以及大滚筒、轮胎、垫子、彩虹伞等材料（见图3－20、图3－21）。

图 3-20

图 3-21

(2) 主要功能与幼儿活动。

大运动区能够促进幼儿大肌肉运动，促进身体素质及运动能力的发展。幼儿能够在自主设计运动路线、自由运动、自主解决问题、自己收拾整理器械的过程中增强独立自主意识、交往合作能力、自理能力，同时还能够磨炼勇敢、坚韧、坚持的意志品质，生发运动智慧。

(3) 位置与面积。

我园将大运动区设置在幼儿园南院最大的场地，向光性好，空间宽敞，地面平整安全，约有700平方米。

2. 沙水区

(1) 设施与玩具材料。

沙水区域设置了沙池、压水井、水渠、戏水池等设施；投放了各种玩水、玩沙工具，如小桶、筛子、水壶、篮子、笊篱、水瓢以及竹子、木棍、竹筒、木板等；沙水区中还设置了多种玩具器械，如木质攀爬大玩具、树阵、瞭望台、木屋、石磨碌柱、水缸、石头等。立体的木制水道，曲折穿插、高低变化、层次多变，与辅助材料结合更容易引发幼儿的游戏与探索（见图 3-22、图 3-23）。

图 3-22

图 3-23

(2) 主要功能与幼儿活动。

沙水区是幼儿最喜爱的区域。沙水区丰富的材料有利于引发幼儿自由自主地以各种方式对沙、水的特性进行探究，还可以借助其中的多种设施开展各种游戏活动，如进行修建水渠、运水、引水、沙塑、运沙、寻宝等，进行平衡、攀爬、跳跃类的运动游戏，玩过家家类的角色游戏等。沙水区的活动可以充分满足幼儿探索的欲望，培养其创造力、想象力，使幼儿体验玩沙玩水游戏的快乐，还可以发展幼儿的交往合作能力，培养幼儿的自主意识和自主解决问题的能力等。

(3) 位置与面积。

我园的沙水区设置在幼儿园南院东区，大约 600 平方米。沙池面积较大，且向阳背风，幼儿玩沙玩水的同时还可进行日光浴。

3. 建构区

(1) 设施与玩具材料。

建构区中投放了种类丰富、规格齐全、数量充足的户外积木，存放积木的积木架，运送积木用的三轮车、小拖车、周转筐等，还有各类纸箱、奶粉桶、饮料瓶、PVC 管、竹筒、纸筒以及小型的车辆、动物、植物模型等辅助材料（见图 3-24）。

图 3-24

(2) 主要功能与幼儿活动。

户外建构游戏能够满足幼儿自由自主建构活动的需求，发展幼儿的想象力、创造力、动手能力；能够帮助幼儿了解各种建构材料的性质，理解整体与部分的概念，增强对数量和图形的认识，促进幼儿空间知觉以及思维的发展，提高幼儿的建构造型的审美能力；使幼儿具备专注、坚持、合作、互助等良好的学习品质和行为品质。

(3) 位置与面积。

建构区设置在北院中区面积较大、地面平整、相对安静的场地，大约 400 平方米。

4. 角色区

(1) 设施与玩具材料。

我园为幼儿设置了多种容易引发角色游戏的私密空间，如木屋、竹屋、柳树房子、木船等，投放了各种废旧材料、半成品以及低结构的材料，如竹桌、木凳、木墩、大石头、废旧的桌椅板凳、废旧锅碗瓢勺、小家电、童车、三轮车以及各类筐子、篮子、毛绒玩具、提包、围巾等（见图 3-25、图 3-26）。

图 3-25

图 3-26

(2) 主要功能与幼儿活动。

角色区能够为幼儿提供开展各种角色游戏、装扮游戏的空间与材料，能满足幼儿游戏的愿望，使幼儿感受到游戏的快乐；还能够发展幼儿的创造力、想象力、交往能力、语言表达能力、合作能力等。同时，角色区中秋千长廊上的各种运动设施，如秋千、肋木、爬绳、吊环以及木屋的屋顶等，都可以引发幼儿的运动类游戏，促进幼儿运动能力、身体素质的发展。

(3) 位置与面积。

我园的角色区设置在中院东区，靠近水源，与秋千长廊、竹林等有机融合，占地大约300平方米。

5. 涂鸦区

(1) 设施与玩具材料。

该区域配备了多种多样的美术工具和材料，如各类画笔、刷子、颜料、泥工工具以及用来涂鸦绘画的瓶瓶罐罐、锅碗瓢勺、鞋子皮包、树枝树墩、木片竹筒、桌椅板凳、石头砖瓦、松果等自然材料，设置了黑板墙、乳胶漆墙面等涂鸦空间，还设置了用空心砖与木板搭建的操作桌、材料架、作品展示架等，还有供幼儿调颜料、洗刷工具用的水源（见图 3-27）。

图 3-27

(2) 主要功能与幼儿活动。

户外涂鸦区轻松愉快的创意氛围让幼儿充满兴趣，充分地感受美、欣赏美，自由、大胆地创意与表达美，体验美术活动带来的满足与快乐；同时，能够提高幼儿的自我服务能力。

(3) 位置与面积。

我园的涂鸦区设置在幼儿园南院与中院拐角处，面积大约150平方米。此处相对安静，不受干扰；大树成荫，能确保幼儿即使在盛夏也可以在此活动；区域中大面积的墙壁可以供幼儿尽情涂鸦。

6. 表演区

(1) 设施与玩具材料。

在表演区我们为幼儿设置了充满田园氛围的小木屋及舞台，投放了各种歌舞表演服装、童话剧演出服装、假发等；各种手偶、头饰以及废旧的花伞、纱巾、窗帘、床单等；还有镜子、乐器（有自制乐器，也有成品乐器）、红毯、话筒、音响等（见图3-28）。

图3-28

(2) 主要功能与幼儿活动。

幼儿在这里可以玩装扮游戏、故事表演、歌舞表演、童话剧表演等。他们可以尽情地自由装扮，自己选择确定表演内容，邀请同伴一起表演。这里能够满足幼儿游戏的需求，培养其认真、投入、大方、自信的意志品质；提高幼儿音乐、表演等方面的素质；提高幼儿对美的感受、创意表达能力、交往能力及合作能力。

(3) 位置与面积。

我园的表演区设置在幼儿园北院西区，面积为150平方米左右。

7. 大型玩具区

(1) 设施与玩具材料。

该区域设置了综合大型玩具，包括可以创意拼摆的大型组合类器械和自己设计制作的大型木质玩具等（见图3-29、图3-30）。

图 3-29

图 3-30

（2）主要功能与幼儿活动。

为幼儿提供多种类型的运动空间与设施，促进其身体动作综合、全面发展。

（3）位置与面积。

大型玩具区设置在北院东区，占地约300平方米。

8．野趣区

（1）设施与玩具材料。

我园野趣区的地面全部为土地、草地，还设置了山坡、山洞、沟渠，投放了木墩、木凳、竹梯、爬绳、爬网、帐篷、小推车等（见图3-31、图3-32）。

图 3-31

图 3-32

（2）主要功能与幼儿活动。

野趣区是幼儿特别喜欢的区域，这里为他们提供了亲近自然、贴近泥土、尽情嬉戏的机会；充满挑战、充满野趣的环境让幼儿充分地释放天性，张扬个性。同时，也能够促进幼儿运动能力、交往能力、创造力、想象力的发展。

（3）位置与面积。

野趣区设置在中院西区，面积为400多平方米。

9．种植区

我园的种植区在南院最朝阳的位置。每个班级的幼儿都有他们自己的“小菜园”。在这里，他们亲自播种、照料、收获，自由地去观察、探索、发现。丰收了，他们与老师、同伴一起分享自己的收获（见图3-33）。

图 3－33

10．养殖区

养殖小动物是我园的传统。在养殖区有鸡、鸭、兔子、鹦鹉等小动物，幼儿每天都可以来养殖区观察小动物。我们还经常将鸡、鸭、兔子散养在院子里，户外游戏时间，幼儿可以自由地跟小动物们一起追逐嬉戏。每个班级的幼儿都有机会轮流照料小动物，给它们喂食、清理窝笼。母鸡下蛋了，他们还可以去捡蛋……对动物的好奇与探究、与动物之间的亲密情感、对生命的热爱与尊重，在这个小小的养殖区都得以实现。

我们希望幼儿园的环境能够成为幼儿自由游戏的乐园、投入探索的百草园，成为他们童年里那个可以尽情想象、自由驰骋的冒险岛，成为他们生命中可以源源不断地输送能量的不竭之源。

（山东省淄博市市直机关第三幼儿园　周英供稿）

案例 2

四川省成都市金牛区机关第三幼儿园户外环境创设

一、幼儿园简介

成都市金牛区机关第三幼儿园始建于 1957 年，位于成都市西沿线永陵路 3 号，占地面积8 000多平方米，毗邻前蜀皇帝王建的永陵墓，背靠文化底蕴深厚的著名景区宽窄巷子。现有 18 个教学班，700 余名幼儿，教职工 120 余人。幼儿园曾获得四川省示范幼儿园、成都市首批一级一等园、中国陶行知研究会实验基地、成都市学前教育工作先进集体、成都最美幼儿园等众多荣誉称号，并于 2015 年成立了全国首个“学前教育网校”，面向西部薄弱地区辐射优质教育资源。

幼儿园一直秉承“平和地做智慧教育”的理念，基于儿童核心素养，围绕“做现代中国人”的教育目标，构建了多元化的园本课程，形成了户外、美术、戏剧三大特色课程体系，培育了一批批健康、自信、善思考、会表达、富有艺术气质的聪慧娃娃。通过多年求真务实的教学实践和规范管理，我们力求实现“让孩子的成长像呼吸一样自然”，并将教育文化不断升华。

幼儿园户外有宽敞的生态的山坡草坪、大型沙池、200 平方米的儿童游泳戏水池、鱼池鸽亭、菜地鸡舍、卵石路、碎石坡等，园内绿化率非常高，被成都市政府评为“园林式单位”。现代与自然气息相结合的园内环境与园外丰富的社区环境融为一体，成为幼儿园实施生活教育的理想“课堂”。

二、户外环境创设的理念与特点

教育是为幼儿的美好未来奠基的，课程是实现教育的途径，环境是课程的载体。环境是为幼儿服务的，幼儿才是环境的主人。《幼儿园教育指导纲要（试行）》总则中指出：“幼儿园应为幼儿提供健康、丰富的生活和活动环境，满足他们多方面发展的需要，使他们度过快乐而有意义的童年。”可见，环境是重要的教育资源，我国教育家陈鹤琴先生也指出，知识的宝库在大自然和大社会中，“应该让儿童充分与自然环境和社会接触，接触得越多，接触机会越多，获得的知识经验越丰富，能力就愈加得到锻炼”。幼儿园的环境服务于幼儿教育，户外环境又由于其明显的“户外”属性，让幼儿可以在开放、自由、变化、挑战的天空下自主学习和生长。

我园秉承“让孩子的成长像呼吸一样自然”的理念，创设和开发基于幼儿本位的、幼儿喜欢的、有利于实现他们兴趣愿望的户外环境。从幼儿视角出发，户外环境的设计在满足幼儿使用功能的基础上，更是遵循了幼儿的心理特点，满足了幼儿富于幻想的、多变的需求。从幼儿的根本需要出发，关注幼儿的特殊性，增添童趣与挑战性，积极创设幼儿喜欢并能促进其全面发展的户外环境，充分体现幼儿在环境中的自主性。让户外环境呈现出一种自然的、充满童趣和挑战的状态。

我园在户外环境的创设上凸显开放、多元、共通、包容的特点。“开放”——各个区域全天候开放，不受季节、天气的限制，幼儿可以获得极强的体验感；“多元”——多种多样的区域供幼儿选择，动静结合以尊重幼儿的个体差异；“共通”——八大区域互相连通，幼儿可以在两个或多个区域连续开展活动；“包容”——园内多种多样的自然生态景观与八大活动区域共存共生、互相促进。将参与式生态活动区、自然生态景观、体验学习区相结合，为幼儿的发展提供多种成长的可能。通过对户外环境的多种建构和创设，让幼儿可以自主选择感兴趣的区域，并能在丰富多彩的户外环境中感受无限可能。

三、户外环境的构成

我园户外面积达 1 400 多平方米，在种类繁多的树木等原生态景观的环抱下，分布着涂鸦区、丛林探险区、攀爬区、沙池、小山坡、劳作区、种植园地、饲养区等八大区域。它们之间既相互联系，又彼此不可替代。通过八大户外区域环境的创设既可以满足幼儿运动、游戏、观察、探究、冒险的需要，又可以在提高体能的同时，促进幼儿的想象力和创造力的发展，还可以在活动中发展其合作、竞争的意识，提高其社会性发展水平。

1. 涂鸦区

我们在开阔的户外环境中设置了体验式涂鸦区，突破了以往室内空间的狭小带来的活动和创作空间的限制。户外涂鸦区的创设更加有利于释放幼儿涂鸦的天性，让幼儿在更宽阔的区域内接触更多的材料，创造更多的可能。区域内投放了大量的水桶，石头、粉笔等材料（见图 3－34），幼儿可以在转筒、石头上设计自己喜欢的图案；用水枪、布球、毛笔在涂鸦区喷射、投击，感受水花溅开所带来的艺术美感……孩子们在闹中取静的同时，喜欢涂鸦的天性得到更多的释放，感受美、欣赏美、创造美的需要也在户外开放的环境中得到满足。

图 3-34

2. 丛林探险区

喜欢探险、追求刺激是许多幼儿的共性，我们将使用率极低的游泳池、戏水池变身为丛林探险区，为幼儿的多种游戏创造了条件。丛林探险区主要分为两个区域，一个是戏水区，一个是探险区。

戏水区中，我们建有大型水车和压水阀等设施，让幼儿感知水的流动，感受合作的力量。我们还结合季节和天气的变化，充分遵从幼儿爱玩水的天性，增添了雨衣、雨靴、水枪等用具，让幼儿在适度的保护下大胆玩水，利用水玩各种各样的游戏（见图 3-35）。

图 3-35

探险区中，我们建有迷宫、吊桥、平台、楼道等设施，幼儿可以利用这些设施自然而然地开展“地道战”“碉堡站”“娃娃家”等游戏。为方便游戏过程中传送物品，我们还配备有高空滑轮，幼儿可以感受运用滑轮进行高空运物的便捷，初步了解生活中的物理现象（见图 3-36）。

图 3-36

3. 攀爬区

我们在相对安全的环境里添加了许多充满野趣和挑战的因素。在攀爬区内，我们在墙面上固定了轮胎和软梯，使之变成轮胎攀爬墙和软梯攀爬墙。我们还在大树和攀爬架上添加刻度，激励幼儿向更高处攀爬，满足他们不断挑战的欲望（见图 3-37）。

图 3-37

4. 沙池

我园的沙池面积约为 500 平方米，周围有小水渠，并配有一个小喷泉，沙池周围有“小河”环绕，以方便儿童借助各种工具取水。创建沙池时我们软化了沙池边缘，底部做好防水和引流处理，用一层卵石铺设深水层，上面再以细密的尼龙网状物铺设，防止沙石在玩耍过程中混合（见图 3-38）。

图 3-38

为支持幼儿在沙池的游戏，我们提供了很多低结构材料，如不同直径和长度的 PVC 管、竹竿，剖开的粗竹子制成的挖沙、筛沙工具等。幼儿在做沙雕时不需要去远处取水，可以就地取水。在沙池内，幼儿还可以玩野炊的游戏，将沙石混合、翻炒，并拌上他们捡来的树叶。除此之外，幼儿还可以用工具将混合的沙石分开；将细密的沙子装入不同的器皿，去探索与发现不同种类和数量的东西装入不同器皿所产生的声音的变化；也可以将沙装入布袋内修建“作战”工事。幼儿通过动手操作与实验，建构属于自己的经验，体验完成作品的成就感。

5. 小山坡

小山坡是由一块纯自然的观赏区改造而成的。我园将山坡转变为有沟壑、有滑索以及有简易规整的芭蕉林的围合区。低结构材料的投放带给幼儿活动内容与活动状态的变化。他们可以在小山坡上用投放的纱巾对芭蕉林进行围合，搭建美丽的小城堡（见图 3-39），玩办家家的游戏；可以用砖块、木板，结合沟壑搭建成“军事基地”（见图 3-40），玩“打仗”“射箭”的游戏；果实成熟时他们可以和好朋友一起分享自己摘下的果实。

图 3-39

图 3-40

6. 劳作区

劳作区是为支持幼儿进行参与式游戏而提供的。区域内有种类繁多的可操作的用具，如小石磨、细竹筛、小石臼等（见图 3-41）。幼儿利用这些材料磨豆浆，将花朵树叶舂碎做染料，晾晒蒸煮白果等。通过低结构材料的投放，使幼儿游戏内容更加丰富。

图 3-41

7. 种植园地

种植园地位于劳作区旁边（见图 3-42）。我园每个班都有自己的专属种植园地。区域内巧妙运用屋檐雨水收集系统，让天然雨水通过屋檐最终流入收集缸内，并在大缸旁放置各种浇水工具。在这个区域内，幼儿可以参与选种、播种、浇水、施肥、收获等一系列过程。种植过程中用到的有机肥是幼儿在教师的指导下用落叶杂草制作而成的。幼儿在种植园地中感受植物生长的规律，体验劳动的快乐，了解环保的意义。

图 3-42

8. 饲养区

针对幼儿喜爱小动物的天性，我园搭建了饲养区（见图 3－43）。通过对小兔子的喂养和照顾，激发幼儿的责任心。饲养区的建立为孩子搭建了一座表达爱的桥梁，在饲养区里，幼儿可以亲身体验饲养动物的感受，在体验中获得丰富的感官刺激，促进思维与认识的发展。

图 3－43

我园根据幼儿的需要，结合园所的实际情况进行户外环境创设，八大区域看似分割，实则紧密相连。幼儿可以将在山坡挖到的小蚯蚓带到班级的种植园充当松土的小帮手，可以把种植园结出的葫芦做成小船放在小水渠中顺水漂流，可以把结出的毛豆拿到劳作坊研磨加工成豆浆……在多种多样的可操作环境中，幼儿将区域与区域间的功能自然地结合起来，在体验中收获自信和快乐！

（四川省成都市金牛区机关第三幼儿园　高翔、黄莉供稿）

案例 3

山东省寿光市文正教育集团文轩幼儿园户外环境创设

一、幼儿园简介

山东省寿光市文正教育集团文轩幼儿园始建于 1988 年，原址位于市中心人民广场对面，是寿光唯一一所隶属教育局直接管理的幼儿园，是山东省首批实验幼儿园，先后被评为寿光市十佳幼儿园、潍坊市十佳幼儿园、山东省十佳幼儿园。2010 年 9 月搬迁到城东，总占地面积 13 000 平方米，户外总面积 5 500 平方米，其中绿地面积 2 000 平方米。幼儿园现有 24 个教学班，设大、中、小三个级部，现在园幼儿 1 000 人，教职工 102 人。

二、户外环境创设的理念与特点

文轩幼儿园以“合理利用自然，打造健康舒适的户外环境”为理念，将户外环境分为南、西、中三个大区域。在进行户外环境设计时，我们遵循了以下原则：

1. 多层次、综合性地利用空间

幼儿园里的每一寸土地、每一棵花草树木、每一面墙壁都是幼儿活动的资源，我们都予以充分利用。

2. 尊重园所的原有生态环境

在设计环境时根据幼儿园已有的绿化环境进行布局，力求不破坏已有环境。

3. 关注区域之间的关系，拓宽幼儿游戏内容

在设计户外游戏环境时，我们会综合考虑各区域的联动关系，以便于幼儿之间的互动交往，拓展幼儿的游戏内容。比如，在距离水源近的地方辐射布局茅草屋、泥池等，在“休闲餐厅”附近创设“叮当林”“休闲娱乐区”等，区域的交叉设计可以引发两个或多个区域之间的互动游戏，丰富幼儿的游戏主题。

4. 补足室内游戏短板，满足幼儿全面发展的需求

有些游戏不宜在室内开展，我们把它放在户外进行以满足幼儿的需求。例如，陶泥活动由于受到材料、场地等的限制，在活动室里很难开展，所以我们在“泥池”附近设置“泥巴台”，让孩子们可以自由地进行陶泥塑型，不受场地、材料等的限制。

5. 让教师在不同角度都能观察到幼儿，保证幼儿的安全

文轩幼儿园实施混班、混龄户外游戏，教师的合理站位是保证幼儿游戏安全并顺利开展的重要因素，所以在进行户外区域布置时，我们须考虑教师对幼儿的观察，并将该项作为户外设计的重要标准。

三、户外环境的构成

文轩幼儿园户外环境设计融园林和游乐场于一体，让幼儿在优美自然的环境中乐玩、趣玩、强身健体。我们根据幼儿园已有的户外环境条件进行统筹设置，构建了户外11个大区域（见图3-44）。

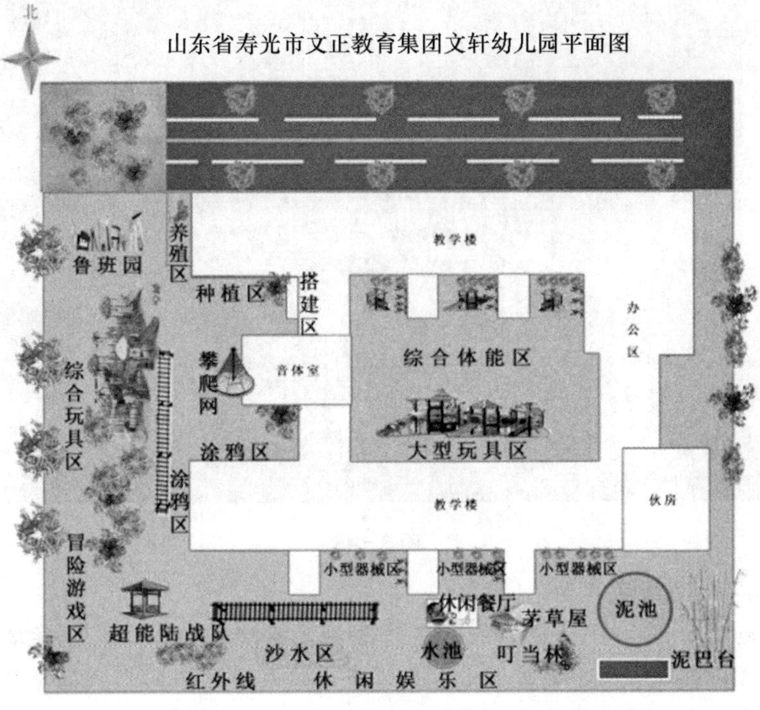

图3-44

1. 以塑胶地面为主的综合体能游戏区

该区占地面积约300平方米，是幼儿早操的场地兼户外活动场地。在场地的四周设有功能不同的大型滑梯，同时存放大量的可组合移动器械，如高低不同的梯子、大油桶、滚子 、轮胎、小推车、汽车和各种自制玩具等。幼儿可以在这里根据游戏主题自由选择器械进行跑、跳、攀爬、负重、钻爬等体能游戏。

2. 具有多种功能的休闲娱乐区

该区占地面积约100平方米，形状不规则，呈带状分散在幼儿园南区，该区种有不同品种的绿植。我们结合该区的特点又增设了“红外线区”“吊床区”“喂动物区”“超级演讲台”等多个子区域。在“红外线区”，我们将红色的绳子拴在树上，错综交叉成不同的高度，并在绳子上系上铃铛，幼儿可以在这里进行钻、跨、匍匐等活动，也可根据情境开展多种探险、寻宝游戏，当幼儿碰到绳子时铃铛就会响起来，从而增加了游戏的趣味性。在“吊床区”，我们在两棵树之间设计了吊床，幼儿可以在这里休息、游戏。在“喂动物区”，我们将院子里的栅栏设置上高度、大小不同的篮筐，幼儿可用自制的报纸球、沙包、皮球等进行投掷。“超级演讲台”是我们把几个较大的树墩放在阴凉的树底下，三面围合式布置，幼儿可以在这里开展讲故事、演讲等活动。休闲娱乐区既是幼儿的休息区，又是兼具平衡、跨跳、投掷、休闲交往的游戏区（见图3－45）。

图3－45

3. 充满挑战的冒险游戏区

该区域占地面积约50平方米，设置了适合幼儿攀爬的轮胎山、轮胎墙，充满挑战的空中滑梯。该区还设置有不同高度、长度的滑道，幼儿通过不同形式的攀爬、升降椅等进行高空滑索。该区在保障幼儿安全的同时，对幼儿的臂力、耐力的提高均有帮助，而且很多玩具具有挑战性，满足了幼儿的冒险需求（见图3－46）。

图 3-46

4. 富有生活情趣的角色游戏区

该区由“茅草屋”“休闲餐厅”“超能陆战队”构成。“茅草屋”占地面积 10 平方米。原始风格的灶台、凉棚为这个区域提供了基本的游戏结构框架，废旧的锅碗瓢盆等生活物品和幼儿园户外的自然材料成为该区材料的主体，幼儿可以根据自己的兴趣开展娃娃家、野餐等角色游戏（见图 3-47）。

图 3-47

“休闲餐厅”占地 15 平方米，弧状的顶棚设计为幼儿创造了舒适的游戏环境。设有多种功能的操作台、烧烤架、果汁冷饮加工处等，还有废旧的锅碗瓢盆、冰柜、自行车等具有生活气息的物品，幼儿可以在这里开展烧烤、送外卖等游戏。

“超能陆战队”占地面积 25 平方米，设有战壕，投放了各种仿真玩具枪、炸弹、炸药包、防弹衣等，幼儿可以在这里玩战斗游戏，不仅能锻炼走、跑、钻、爬、躲闪等技能，也能提高协商、交往能力。“超能陆战队”又精细划分出“战地医院”“炊事班”“兵工厂”。“战地医院”投放了担架、手术台、医生服装等，幼儿可以进行“战地救援”“战场抢救”“照顾伤员”等游戏；“炊事班”有茅草搭建的临时帐篷，可存放各种进行游戏的废旧物品，幼儿可在这里进行野餐游戏；“兵工厂”有废旧报纸、修补材料，幼儿可以在这里制作报纸球、修理战斗器械等，能发展幼儿动手操作能力（见图 3－48、图 3－49）。

图 3－48

图 3－49

5. 可以任意创作、彰显个性的艺术活动区

该区又分为户外涂鸦区和叮当林。“户外涂鸦区”占地面积约 15 平方米。我们借助教学楼楼体特点进行了两维设置，设置了适合粉笔画和水粉画的涂鸦墙壁，并投放了各色颜料，各类刷子、笔。除此之外，废旧报纸、户外的树叶、废旧的小汽车和轮胎、各种形状的石头也成为幼儿创作的材料。在这里，幼儿的创造力和想象力得到了充分的发挥（见图 3－50）。

图 3－50

“叮当林”占地面积约 6 平方米，借助几棵树搭建了一个可供表演的舞台。旁边的木屋成为该区的材料收放处，这在一定程度上减少了户外材料的损耗。另外，该区的废旧生

活材料、竹筒、PVC制成的打击乐器也成为幼儿游戏的主要材料。幼儿在自然的环境中能尽情地进行歌舞、故事表演，这对幼儿的想象力、语言能力、艺术表现力的发展有很大帮助。尤其是置身于大自然中的那种自由自在能带给幼儿不可替代的愉悦。

6. 富有天然吸引力的沙水游戏区

该区精细划分为沙池、水池、泥池、泥巴台等。沙池占地面积约25平方米，靠近水源，三面环树。沙池里有自制的挖掘机、小水桶、铁锹、竹竿以及三通、多通的PVC水管等，可以满足幼儿各种各样的沙水游戏。

泥池和泥巴台相邻，二者占地面积共30平方米，旁边设有工具屋，存放水鞋、围裙、铁锹、水桶、模具等材料。幼儿可以在泥池里和泥、玩泥浆，感受玩泥的乐趣。同时成形的泥也可以很方便地拿到泥巴台上进行塑型（见图3-51）。

图3-51

水池采用环形设计，无论是茅草屋、休闲餐厅、涂鸦区，还是“战地医院”，都可以从该处取水，该水域可以同时满足30多人用水和游戏后洗手的需求。

7. 贴近生活的种植区

该区占地面积约20平方米，可以根据季节的变化种植蔬菜、水果和粮食等不同的农作物。幼儿可以在参与种植、管理和收获的过程中，了解植物的生长过程，体验种植劳动带来的喜悦。

8. 可以进行科学探究活动的养殖区

养殖区位于幼儿园的西北角，占地面积约10平方米，比较安静，适合小动物生活。孩子们每天都可以来这里看望饲养的孔雀，喂它们吃食，并在喂养的过程中，观察孔雀的生长过程，了解孔雀的生活习性，积累生命科学的经验（见图3-52）。

9. 可以进行木工创造的鲁班园

该区占地面积约10平方米，是幼儿园户外的特色区域。我们根据“用地面积不需太大、半开放式、较安静”的原则进行场地设置。立柱式镂空设计保证了采光，增加了通透性，也有利于教师观察孩子活动。该区的木质材料以梧桐木为主，还投放了各种木工工具

图 3-52

和幼儿防护装备。木工坊活动是孩子们非常喜欢的手工活动，在动手操作中，孩子们学习设计、学习测量、学习使用工具、学习分工协作。与此同时，孩子们的专注、坚持、耐心、细致等学习品质也不断养成（见图 3-53）。

图 3-53

10. 充满创意的户外搭建区

该区占地面积约 21 平方米，坐落在教学楼底下，是半开放的空间，投放了大型的碳化积木和泡沫砖等建构材料，还有奶粉桶、易拉罐等辅助材料。幼儿可以在这里进行建筑设计和有主题的搭建。因这里空间场地较大且独立，所以可以将搭建作品留存一段时间（见图 3-54）。

11. 百玩不厌的大型玩具区

幼儿园大型玩具安放于幼儿园的中、西两区。大型玩具区作为幼儿喜爱的区域有着不可替代的作用，它可以锻炼孩子们的攀、钻、爬、平衡等能力。在幼儿进行的户外自主游戏中，这里是幼儿的百变游戏区。这里既是他们玩捉迷藏的“藏身之处”，又是他们游戏

图 3-54

的城堡，还是他们非常喜欢的“私密空间”（见图 3-55）。

图 3-55

幼儿园良好的户外环境必须适合幼儿的年龄特点，要充分考虑幼儿的兴趣和安全，让幼儿感到轻松愉快，这样既能激发幼儿参与户外游戏的愿望，又可以促进幼儿的发展。在户外游戏中，丰富的游戏材料是引导幼儿主动游戏的重要因素，它能够激发幼儿参与户外游戏的积极性，从而促进幼儿身心和谐健康发展。

陈鹤琴先生说过：“小孩是生来好动的，是以游戏为生命的。对孩子来说，游戏就是工作，工作就是游戏。”在幼儿园户外环境的创设过程中，我们希望把游戏的权利还给幼儿，让幼儿在自然的环境中，“童”领天下，趣味无穷。

（山东省寿光市文正教育集团文轩幼儿园　侯庆英、陈萍、杨小伟供稿）

思考与练习

1. 户外环境对幼儿户外活动的开展有哪些作用？

2. 幼儿园户外活动区域一般有哪些？

3. 在创设幼儿园户外环境时应注意哪些问题？

4. 结合一所幼儿园的户外环境实际情况，分组讨论其存在的问题，并设计出简要的改造方案。

阅读导航

美国《公共游戏场地安全手册》. 幼教装备网，2017-04-07.

第四章

幼儿园室内公共环境创设

本章导读

室内公共环境是幼儿园重要的形象展示，也是幼儿园课程和教育教学实施的重要场所。公共环境的创设对幼儿园环境整体品质的提升和幼儿的发展具有特殊的意义。在进行公共环境创设时应把握一定的原则，关注幼儿的需求，统一风格，避免盲目追求高档奢华、过度装饰等问题。

在进行本章学习时，应充分认识到室内公共环境的价值，了解设计中常见的误区有哪些，在了解各区域功能的基础上，把握好设计的要点。可以多走进幼儿园观摩，结合所学内容去发现问题，并给出建议，让学习更具有实践意义。

第一节　室内公共环境的创设意义与创设原则

幼儿园室内公共环境一般是指除幼儿活动室之外的室内环境，包括门厅、走廊、幼儿功能室、办公用房及厨房、餐厅等。在幼儿园整体环境创设中，室内公共环境的创设是不可忽视的重要内容。

一、室内公共环境创设的特殊意义

幼儿园的室内公共环境是幼儿园环境的重要组成部分，也是幼儿在园生活、学习、游戏、交往的重要场所。对幼儿园室内公共环境进行创设能够提升幼儿园环境的整体品质，促进幼儿健康发展。

1. 幼儿园室内公共环境创设能够凸显园所的教育理念与办园特色

幼儿园的教育理念会影响室内公共环境的风格类型和空间安排。幼儿园一般通过建筑、设计、装修、装饰、布置、展示来凸显园所教育理念与特色，这种凸显既要通过醒目的口号、标语来体现，还要通过建筑设计、装饰设计以及内容陈设等来展现。

比如，当我们走进瑞吉欧 Ernesto Balducci 幼儿园，一眼就能看到被他们称为“广场”的幼儿园大厅，大厅四周有四个班级活动室、一个艺术活动室，还有厨房、餐厅、会议室等。幼儿园每个活动室的门都面向大厅，大厅里布置了可供全园幼儿共享的游戏器具和可观察、操作的自然物，这些自然物还起着非常好的装饰作用，全园幼儿都可以在这里活动①。这样的大厅环境为全园幼儿提供了活动的空间和互动交流的机会，使幼儿能够积极主动地参与活动与学习，让幼儿充分感受到主动交流与探索的快乐。这些无不体现出瑞吉欧幼儿园“自由、开放、尊重、互动、合作、参与”的教育理念及特色。

再比如，美国幼儿园大厅比较重视家庭区与咨询区的设计与安排，他们认为，“如果接待者或秘书的办公室有一个可以眺望门口的大窗户，那么当家长或者参观者到达的时候，接待者和家长们之间便会有视觉上的联系，这样家长或者参观者在寻求帮助时心情可能会更愉快……如果幼儿的家长或者参观者进入幼儿园找不到可以问询的人，他们或许会认为没有人关心他们的需要，有可能怀着沮丧的心情离开”②。这样的公共环境设计体现出美国幼儿园对家长心理需求的关注，也折射出美国幼儿园对家长地位的重视以及对家长参与的强调。

2. 幼儿园室内公共环境创设能够凸显幼儿园的课程内涵与幼儿发展状况

我们走进一个幼儿园，通过观察它的室内公共环境就能感受到幼儿园课程的内涵、特点以及幼儿发展的状况。

比如，幼儿园大厅、走廊、窗台上摆放着一些植物和小动物，每株植物都有负责照料它的小主人，每个动物都有幼儿为它们起的可爱的名字，这样的室内环境充分体现出这所幼儿园关注自然与生命、重视幼儿的观察与探索、学习与生活密切结合的课程理念与内涵（见图 4－1）。

图 4－1

① 辛成. 瑞吉欧幼儿园见闻. 早期教育（教师版），2012（5）.

② 李生兰. 我国幼教工作者对美国幼儿园公共环境的评价研究. 外国中小学教育，2013（1）.

再比如，幼儿园童话节主题活动期间，大厅、走廊中设置的“极地特快”车厢上有幼儿、家长及全体教职工创作的一个个风格迥异、各具特色的童话形象，在公共区域的各个角落有幼儿的绘画、泥塑、面塑、折纸、建构作品，还有幼儿园童话剧演出的精彩剧照……这些都能令人感受到这所幼儿园“全员参与、重在体验、贴近生活、关注成长”的课程理念以及在这样的课程背景下幼儿的发展状况（见图4-2）。

图4-2

3. 幼儿园室内公共环境创造有助于幼儿生活、学习、休闲、游戏、互动、交往

幼儿园室内公共环境除了可以张贴、摆放、展示幼儿的作品，还可以利用不同的空间因地制宜地设置可供幼儿操作、探索、创造、交往、游戏的玩具设施及具体的活动区域。比如，在宽敞的走廊和楼梯间设置建构区、角色区、表演区以及可供多人操作的沙盘等（见图4-3）；在高度适宜的墙面设置可供幼儿探索、操作的，互动性较强的各类科学玩具或涂鸦墙；还可以设置供幼儿阅读、休闲、玩耍的休闲区，在休闲区放置摇椅、秋千椅、藤椅、沙发、木凳、地台等。

图4-3

有条件的幼儿园可以充分利用房舍为幼儿创设阅览室、科学发现室、生活操作室、建构室、美术室、音乐室等，为幼儿提供更多学习的活动空间。

二、室内公共环境的创设原则

1. 功能性、实用性原则

幼儿园室内公共空间包括门厅、走廊、幼儿功能室、办公用房等，每个空间都有各自不同的功能需求，在设计时要根据功能的需要进行规划与设计，力求实用，不做概念化的、徒有形式的摆设。

2. 审美性原则

室内公共空间环境创设从前期的装修设计到后期的装饰布置、物品选择都应考虑视觉的美感体验，使人得到美的享受和陶冶。幼儿园室内公共空间环境的设计能体现幼儿园环境的整体品质，同时，它会潜移默化地影响幼儿审美观的形成，因此，遵循审美性原则对于室内公共空间环境的设计非常重要。

3. 整体性原则

设计幼儿园室内公共环境各公共区域时在色调、造型、材质等各个方面要保持风格协调一致，体现统一的设计理念和教育理念。

4. 环保性原则

环保性原则是指进行环境创设时要有环保意识。室内设计可进行简单装修，但应杜绝过度装修。比如，可采用有工业风设计的裸露建筑混凝土框架，这样既环保又有个性。装修装饰的材料、家具用品材质的选择都要符合环保标准的要求，力求减少污染。另外，在公共环境中要尽可能选择使用自然的材料和物品。

5. 安全性原则

在进行室内公共环境设计时要关注到安全的需要，如空间要通畅，各类安全标识要完整清晰，安全设施要设计合理，地面防滑处理要得当，用电设施要高度符合安全要求等。

第二节　门厅环境创设

门厅是幼儿园公共环境中非常重要的一个区域，在进行设计时，门厅的功能性、实用性、审美性、教育性、文化性都是必须关注的。

一、门厅的主要功能

1. 门厅具有缓冲的作用

幼儿园门厅是进入室内的一个缓冲区，可以起到出入过渡、短暂停留及人群分流的作用。

2. 门厅具有展示功能

门厅能集中展示幼儿园的园所文化、园所特色、教育理念等，还可以成为展示幼儿各类活动及作品的空间。

3. 门厅具有氛围营造的功能

门厅的布置在某些特殊的时节可以起到营造氛围的作用，比如，在节日期间举办大型活动时，通过门厅的相关装饰布置，能够凸显活动主题，烘托活动氛围。

4. 门厅还可以兼具接待、晨检、公告等功能

有些幼儿园会在门厅的位置布置一个简单的接待区，接受家长报名咨询等工作。很多幼儿园的晨检活动都安排在门厅。幼儿园面向家长的公告也会呈现在门厅显著位置。

5. 门厅还可设置阅读区、亲子游戏区等

幼儿园的门厅还可以布置出阅读区域或亲子游戏区域，方便入园和离园时家长与幼儿休息等待。

二、门厅环境的设计要点

1. 确保空间通畅

在进行幼儿园门厅环境创设时，从空间规划、装修装饰到物品的布置与摆放，都要考虑到人群分流的基本需求，确保空间通畅、通行方便。

2. 满足功能需要

门厅环境的创设要充分考虑门厅的功能性，要根据功能需要，结合空间结构及面积大小进行合理的设计与规划。

首先，要实现门厅的展示功能。要实现门厅的展示功能就要依据展示的内容来规划设计展示位置与展示形式。如理念性的文字一般是向成人展示的，适宜设置在门厅迎面墙壁或其他醒目的位置，高度适合成人的视线；而儿童作品的展示就需要考虑作品的类型，确定作品是立体摆放还是平面展示，高度要适合幼儿的视线。

其次，要考虑门厅氛围营造的功能。在设计门厅时要设置可供悬挂、粘贴、摆放装饰用品的设施。需要注意的是，这些设施一定要巧妙地与整个门厅的设计融为一体，有创意，不突兀，像门厅顶部的局部网格与孔洞设计等，既有造型的美感，又能够巧妙地满足悬挂的需要。

再次，有的园所的门厅还兼具咨询接待功能，在设计门厅时应考虑设置前台或沙发区等，以便营造温馨、亲切的交流空间；有的园所还需要在门厅进行晨检工作，这就需要设定一个合适的空间，这样既能方便进行晨检，又能保证人员通行顺畅。

最后，门厅空间较大的园所通常还会设置一些可供亲子活动的空间，如阅读区、角色区、表演区等。在设计时要注意游戏活动的特点以及与其他功能区域的相互关系，以确定区域面积及位置安排，既要保证游戏区域间的衔接与互动，又要避免与其他功能区域的相互干扰。

3. 关注幼儿需求

在进行门厅设计时，首先要充分考虑幼儿的心理需求。门厅是幼儿入园的第一个公共空间，温馨的、美的、像家一样的氛围能让幼儿感受到亲切、放松、愉悦，让幼儿有安全感。这种安全感来自心灵的舒适感，而舒适感可以通过自然的材质、淡雅的色彩、柔和的

光线以及质朴、温暖、舒适的家具来营造。如设置有柔软坐垫的藤椅、棉麻材质的休闲沙发区，设置有柔软的羊毛地毯的阅读区，再用鲜花、绿植、艺术品进行点缀等，这些都会为幼儿带来心理上的舒适与安全。这种温馨舒适的环境也会自然地促进幼儿与成人、幼儿与幼儿之间的互动与交流。其次要满足幼儿探索、学习、游戏、活动的需要。在门厅的设计与布置中应根据空间基础条件，尽量设计一些可供幼儿操作、探索的游戏，如科学类的互动墙面玩具、沙盘游戏、桌面游戏等，能够引发幼儿的积极互动交往。

需要注意的是，门厅中家具的尺寸、设施的高度都应方便幼儿使用。

4. 凸显园所文化

幼儿园门厅是展现园所文化与园所风格特色的重要空间，因此，在进行设计时首先应准确地把握园所文化的内涵。其次要选择恰当的方式进行呈现，如将园所文化通过立体、艺术的文字形式呈现在墙面上。这种呈现形式在国内的幼儿园比较常见，但需要注意的是，应多从幼儿的角度考虑，文字的呈现不宜过多；也可将园所文化的内涵通过空间布置、装修材质、物品陈设以及色彩搭配等巧妙无痕、自然而然地呈现出来。第二种方式更适合作为幼儿园门厅设计的思路，因为蕴含在环境之中的文化更能够对幼儿的成长产生潜移默化的影响。

此外，门厅的整体设计是园所风格特点的集中呈现。因此，在设计时应通过设计布局、材质运用、色调选择、家具搭配、物品投放、装饰点缀等方面综合体现园所文化。

5. 保持风格一致

门厅与走廊、活动室及功能教室的风格应保持一致、衔接自然。在进行门厅设计时，应充分考虑门厅与走廊、活动室及功能教室的衔接与过渡。如门厅与走廊的地面、墙面在材质和颜色上应尽量协调一致，过渡自然；墙面装饰品、角落摆放的艺术品的风格要统一；家具的材质、色彩、风格要搭配和谐、富有美感。

6. 注重氛围营造

幼儿园门厅氛围的营造是门厅设计的重要内容之一。氛围的营造与门厅的设计布局、装修的材质、空间的色彩、灯光的设计、家具物品及装饰品的选择等都息息相关。因此，在创设时要精心设计、用心选择，力求创设舒适的、温馨的、美的氛围（见图 4-4）。

图 4-4

第三节　走廊与楼梯环境创设

走廊与楼梯是幼儿园公共环境中重要的行走与疏散通道，应该在保证通畅、确保安全的基础上，再针对其他功能进行设计。

一、走廊与楼梯的主要功能

1. 走廊与楼梯是主要的行走、疏散通道

幼儿园的走廊与楼梯是幼儿园重要的人流通道。走廊与各个班级、功能室、各部门、办公室相连，是最主要的行走通道。同时，幼儿园的走廊与楼梯还具有紧急疏散的功能。

2. 走廊与楼梯具有宣传、展示功能

幼儿园一般都会将班级的家园联系栏、幼儿作品展示区设置在走廊（见图 4－5）。

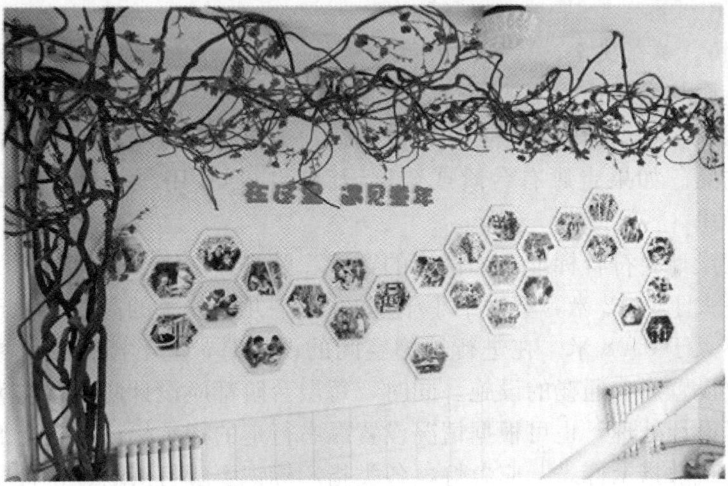

图 4－5

3. 走廊可兼具生活功能

有的幼儿园会在班级门口的走廊区域设置鞋柜、衣橱以及存放幼儿物品的橱柜，因此，这样的走廊又兼具生活功能。

4. 走廊可以成为幼儿游戏、活动、休闲的场所

有些走廊比较宽敞，可以设置阅读区、建构区、角色区、表演区等区域，或者摆放各类沙发、座椅、秋千供幼儿休闲，同时还可以满足不同班级幼儿互动交往的需要（见图 4－6）。

5. 走廊还可以成为幼儿种植、养殖的空间

走廊的窗台、地面可以摆放小型的种植容器供幼儿进行种植活动。一些小型的、适合在室内养殖的动物也可以放置在走廊中饲养，以方便各班幼儿观察照料。

图 4-6

二、走廊与楼梯的设计要点

1. 保证通畅、确保安全

幼儿园的走廊与楼梯作为主要的行走与疏散通道，使用时间段集中，人流量较大，容易造成拥堵。因此，在设计时首先必须确保畅通。如果走廊较窄就不宜设置活动区域，也不宜摆放过多物品。如果走廊有台阶或错层设计，应尽量用缓坡替代台阶，避免造成拥堵，产生安全隐患。

楼梯的基础设计要符合标准，如楼梯的宽度、踏步的高度、儿童扶手的设计等，一般楼梯踏步高度不大于 0.12 米，宽度不小于 0.26 米，儿童扶手的高度不大于 0.6 米，楼梯栏杆间的距离不大于 0.08 米。在进行楼梯空间的设计时，上下楼梯的区域以及楼梯中间的拐角位置不宜设置影响通畅的设施。同时，每层台阶都应设计防滑条与警示条，台阶的棱角要进行圆弧设计处理，也可根据情况设置靠右行走的指示标记。在走廊及楼梯环境中都应安装规范的疏散指示标志、应急灯，各类指示标识要醒目清晰、符合要求。

2. 合理设计，实现功能

因为走廊还可以兼具宣传、展示、生活、游戏、休闲、种植、养殖等功能，所以在设计时要根据走廊的现有条件，因地制宜地规划与设计，既要实现各种功能又要保证方便实用。例如：家园联系栏、幼儿作品展示区要根据内容、对象来确定其位置与形式，力求高度适宜、美观实用；生活区要根据幼儿的年龄、身高、使用习惯等情况来设计，做到分类合理、结实耐用、取放方便、便于清理；游戏、活动、休闲区在设计时要根据走廊的实际情况来确定空间大小、设施尺寸及摆放形式；种植养殖功能区的实现要考虑日照、通风等条件，高度要适宜，便于观察与照料，设计时可以利用窗台、墙面隔板，也可以采用悬挂的形式。

需要注意的是，走廊的空间布置设计要与相邻的室内空间的功能相关联，如美术室外面的走廊可以设计为具有创意的、能够展示各类美术作品的艺术空间；与儿童绘本馆相连的走廊的墙面可以设计一个与儿童阅读相关的宣传、展示板块，用来展示经典的图画书、幼儿自制绘本、绘本美术作品、亲子阅读的图片等；而家园联系栏、衣橱、鞋柜等则要靠近班级活动室门口。

楼梯的转角在空间允许的情况下可以摆放少量体积小的装饰物品，但应以不影响通行为原则。楼梯墙面可以与走廊的展示内容连贯起来，但应避免过于繁复的设计，力求简洁。

3. 有创意、有美感、有风格

走廊作为幼儿园室内公共空间的重要组成部分，面积较大、人流量大，更能体现并传达园所文化、教育理念及环境特点。因此，在设计时关注创意、美感和风格就显得尤为重要。

首先，必须使走廊的设计风格与公共空间的风格协调一致，保证整个公共环境空间的完整统一。

其次，可以结合走廊的结构特点（如走廊的尽头、拐角、墙壁的凹凸部分、比较宽敞的位置等）及幼儿的兴趣需求，巧妙地设计一些有创造性的区域或作品，从而起到增添情趣的作用。例如：在走廊较宽位置，用地毯、休闲沙发、典雅的桌布、别致的艺术品、鲜花绿植等将走廊布置成具有家庭氛围、精致典雅、充满儿童气息的休闲活动区；也可以在走廊墙壁以照片墙的方式呈现幼儿的作品、活动照片及有品质的艺术作品；还可以在走廊的局部用巨幅手绘或整幅美术作品作为装饰，使整个空间有创意、有美感、有风格。

最后，走廊内的各类标识既要规范清晰又要与整个走廊风格协调一致。

楼梯地面与墙面的色调、材质尽可能与走廊等公共空间协调一致，也可适当对楼梯空间进行相对简约的设计与布置，可在凸显风格的同时发挥教育与展示作用。

第四节　功能室环境创设

幼儿园的功能室一般有图书阅览室、美术活动室、多功能厅、儿童厨房、木工房、科学发现室、建构游戏室等。这些功能室空间相对充足、设施配备齐全、活动材料丰富，能为幼儿提供更适宜、更丰富、更多元的活动空间与活动材料，能够让幼儿更加深入地开展各类活动，更加充分地体验、探索、创造、游戏、交往，更有效地促进幼儿的发展。与此同时，全园轮流使用各功能室，能够使各功能室的价值最大化。因此，有条件的园所可以为幼儿设置这些内容丰富的功能室。下面将一一介绍各功能室的主要功能及设计要点。

一、图书阅览室

（一）主要功能

图书阅览室的主要功能是存放图书，为幼儿提供良好的阅读环境，开展小型的集体阅读交流活动及亲子阅读活动等。

（二）设计要点

1. 科学适宜的采光设计

阅览室的光线要明亮、柔和，适合阅读，不宜过强或过暗。阅览室内最好利用自然光，应采用轻薄透明的纱帘，既保证有足够的光线，又避免强烈的阳光直射；室内灯光宜采用柔和的暖光，灯光的亮度、高度要适宜；宜采用高频闪灯或无频闪的灯，必要时还可设置落地灯、台灯。

2. 阅读空间力求舒适、多样、有创意、有趣味

图书阅览室是为了给幼儿提供一个良好的阅读空间，因此空间的设计首先要舒适，可以设置地毯、靠枕、懒人沙发、舒服的座椅等，为幼儿提供舒适的阅读体验。

有创意、有趣味、有变化、多样的阅读空间可以吸引幼儿，激发幼儿的阅读兴趣。可将地台、卡座、沙发、桌椅布置成相对开放的阅读区域；也可设置各种形式的小屋、帐篷；还可利用书橱间隔出来的小空间或者与书橱融为一体的、多种造型的、相对私密的阅读空间；最好还要有便于小组交流或共读的集体活动空间，如局部下沉的空间、围合的沙发区、阶梯式的半围合空间等。这些不规则空间的设计会给幼儿带来自由与放松的愉悦体验（见图 4－7）。

图 4－7

3. 图书摆放合理，取放方便

阅览室的书橱可以造型多样、富有变化，但最主要的是要方便摆放图书，适合幼儿取放。书橱的样式可以有适合书脊朝外的常规摆放的空间，可以有适合封面朝外的微倾式摆放的空间，还可以有适合平面式摆放的空间，也可以在一个书橱上融合多种摆放形式。

书橱的高度要适合幼儿的身高，便于幼儿取放。为了更充分地利用空间，也可以设计相对较高的书橱，为幼儿提供安全稳固的踩凳或小梯子，以方便取放。

书橱与阅读区的距离要适宜，不宜过远，以方便幼儿就近阅读。

4. 营造良好的阅读氛围

灯光、色彩、空间的设计能够影响甚至决定整个阅览室的氛围。因此，还可以通过投放一些可爱的毛绒玩具、绘本中经典形象的玩偶、清新的绿植花卉、有趣的摆件以及悬挂在墙面上的适宜的艺术作品、阅读名言等，来营造温馨、轻松、幽雅、充满书香的阅读氛围。

另外，阅读室的桌椅宜采用自然的木质，保持原色为宜，表面可采用亚光漆避免反光。为减少噪声，桌椅脚可加装软垫，墙面及吊顶采用吸音材料装修，还可以根据需要在阅览室门口设置鞋柜、换鞋凳等，方便幼儿换鞋，以保证阅览室的安静与清洁。

二、美术活动室

（一）主要功能

（1）通过提供丰富多样的美术活动材料和工具，创设适合幼儿的操作空间，让幼儿进行丰富多彩、形式多样的美术活动。

（2）通过多种形式展示幼儿的美术作品。

（3）为幼儿提供体验各类艺术活动、欣赏各类优秀艺术作品的机会。

（4）通过富有创意的空间设计启发幼儿的艺术想象力。

（5）有利于幼儿认识并了解各类美术材料与各类工具的特点及使用方法。

（6）还可作为存放各类备用美术材料、各类工具的场所。

（二）设计要点

1. 区域类型丰富，满足各类美术活动需求

幼儿园的美术活动形式多样，在空间设计时要充分考虑这些活动的种类及特点，可以设置色彩涂鸦区、泥工区、手工区等，以满足不同类型的美术活动的需要。

2. 空间设计富有创意，有艺术氛围

美术活动室的天花板、墙面、地面可以突破传统的方式来设计。如天花板可以采用结构裸露、色块镶嵌、创意吊顶、网格孔洞、垂幔、艺术壁纸等进行设计；墙面可以采用文化砖、文化石、鹅卵石、木片、瓷片及积木、布团、纸筒、纸盒等各类非常规材料进行局部铺贴，可以将网格、麻绳、纸板紧贴墙面悬挂，还可以将墙面设计成黑板墙、手绘墙、作品展示墙等，也可以采用直接裸露基础层的工业风设计；地面要防滑、耐用、耐脏、易清洁，可以用瓷砖、木地板、陶砖、仿古砖等铺设，也可以直接用水泥地面。

空间的间隔可以采用高低不同、错落有致的橱柜以及各种形式的镂空隔断，比如，摞在一起的水泥空心砖，既可以作为隔断，又能够展示幼儿的立体作品，还可以存放美术活动材料及工具。再比如，可以用粗麻绳、麻绳加隔板、矮墙、格栅、竹木材质的屏风等进行间隔。

作品展示及摆放方式也可以富有创意，如利用天花板与墙面进行悬垂、张贴，或者直接将枯树、藤蔓设计为摆放、悬挂、粘贴的展示区。

这样富有创意的环境设计会让美术活动室更具有艺术氛围，更能启发幼儿的想象与创意（见图 4－8）。

图 4－8

3. 橱柜桌椅尺寸适宜，方便幼儿使用

美术活动室的橱柜、桌椅尺寸要适合幼儿的身高，便于幼儿取放材料，也便于幼儿方便自如地操作。

4. 橱柜与操作台的设计要满足功能需求

在设计活动室的橱柜与操作台的时候，要充分考虑其所在区域的情况及用途，结合活动特点满足储物、展示、操作等功能的需要。如储存操作材料的橱柜要根据各类常规材料的尺寸设计不同的规格；美术室的操作台应尽可能大一些，确保幼儿有足够的操作空间；绘画区的操作台中间要设计可以放置颜料和工具的位置，以方便幼儿使用和取放。

5. 关注灯光的科学设计

美术工作室的灯光要满足照明的需要，同时，富有创意的灯饰和恰当的灯光设计还能提升活动室的艺术氛围，如自然风格的藤艺灯、工业风格的铁艺灯等。射灯的运用也会更加凸显作品的美感与特点，营造更加浓郁的艺术氛围。

6. 设置便捷实用的水源

美术活动室的许多活动都会用到水。在设置水源时要考虑水源的位置、高度、数量，尽可能方便幼儿使用。造型要结合美术活动室的整体风格来设计，要富有艺术风格和艺术特点。

7. 关注美术活动室门口空间的设计

美术活动室门口空间的设计也非常重要，一个充满艺术感的、富有创意的入口及周边环境设计，能够彰显美术活动室的风格与特点，能吸引幼儿的注意力，激发幼儿参与美术活动的兴趣，同时也能提升幼儿园公共空间的整体品质。

三、多功能厅

（一）主要功能

多功能厅的设置对幼儿园来说是非常有必要的，能够满足园所内多种集体性活动的需要，如各种表演活动、教学观摩活动、家长活动、亲子活动、教师培训、团队活动、对外交流活动等。

（二）设计要点

1. 设计简洁，保证空间面积的有效利用

多功能厅以集体活动为主，因此，设计力求简洁，减少不必要的造型、间隔，以确保活动空间宽敞、完整。

2. 设计风格大方简约，与园所整体环境协调一致

多功能厅的设计不宜过于繁复，在保证基本功能的基础上力求造型大方简约、色调淡雅柔和，与园所整体环境协调一致。

3. 设计尺寸适宜、功能齐全的舞台

舞台的大小要根据整体面积来设计，比例要恰当，要保证舞台与观众区的面积比的合理；舞台的高度要适宜，方便幼儿上下走动；同时要确保安全，必要的地方设置台阶。舞台上可根据园所实际情况设置各种灯光音响等活动可能需要的设备。

4. 设备功能齐全，位置合理，方便使用

多功能厅应配备基本的影像、音响设备，如投影仪、幕布、交互白板、电脑、音箱、调音台、话筒、话筒架、胸麦等，还可以根据需要设置演讲台、钢琴、舞蹈镜、把杆、黑板、椅子等。设备的存放位置要合理，便于使用和管理。

5. 采用吸音材料设计

为减少噪声，保证良好的音响效果，同时避免对其他活动空间的干扰，有条件的幼儿园可以采用优质的吸音材料对墙面、天花板进行装修。

6. 窗帘美观，遮光性能好

鉴于多功能厅的活动需要，窗帘的设计要考虑美观性与遮光性，可以采用遮光窗帘与窗纱的双层设计，满足不同的活动需要。窗帘的色彩要与整个功能室的色调相协调，宜采用造型简洁的纯色设计。

7. 满足多种需要的灯光设计

多功能厅的灯光设计应满足不同活动内容的需要，宜采用主照明与辅助照明相结合的多控设计。

8. 配备有品质的家具

要选择质量好的家具，材质、款式、色调要与整个环境相协调。简洁而有设计感的家具用品配备会提升多功能活动室的整体品质。

四、儿童厨房

（一）主要功能

（1）创设适合幼儿使用的、种类齐全的厨房设施、厨具及材料，为幼儿提供参与生活实践的机会和场所。

（2）激发并满足幼儿参与生活类活动的兴趣，培养幼儿动手操作的能力以及生活自理能力，发展幼儿自主性。

（3）便于幼儿认识、了解各种厨房设施的功能与特点，同时学习使用常见的厨房用具，掌握其基本的使用方法。

（4）为幼儿提供制作简单食物、摆放食物、布置餐桌等活动的机会，同时让幼儿学习进餐礼仪，培养幼儿基本的生活美学意识。

（5）为幼儿提供交往、合作、相互学习的机会，使幼儿体验共同制作与分享的乐趣。

（二）设计要点

1. 布局合理，功能区齐全

儿童厨房一般要满足洗涤、削切、面点制作、蒸、煮、煎、烘焙、榨汁、泡茶等功能的需要，还要满足分享品尝的需要。因此，设计时要根据功能室的面积、形状以及制作的流程合理地划分区域，以满足活动的需要。

2. 设施配备完善，尺寸适宜

设施设备要根据功能需求来设置。通常需配备操作台、橱柜、洗菜池、洗碗池、置物架、餐桌、餐椅等设施，冰箱、消毒柜、电磁炉、油烟机、烤箱、电煎锅、煎蛋器、煮蛋器、蛋糕机、华夫饼煎锅、榨汁机、打蛋器等电器设备，锅碗瓢盆、儿童刀具、各类砧板、餐具、小石磨以及盛放各类烹饪材料的容器，还要配备幼儿操作时使用的餐服、餐帽、防烫手套以及各类清洁用具用品等。所有设施设备的尺寸、型号、样式要符合幼儿的年龄特点。

3. 电源布局安全合理、数量充足

儿童厨房中的很多活动会用到电源，因此在进行电源布局时要考虑周到。首先，要考虑安全，所有的电源插座高度要设置在 1.4 米以上，最好使用带开关的安全插座（可以减少插拔次数）。其次，要根据电器的使用位置及数量需求，合理规划电源的位置和数量，保证常用电器位置相对固定、电源数量充足，避免后期加装临时电源带来的不便及产生的安全隐患。

4. 水源布局合理，方便使用

儿童厨房的水源设计也非常重要。一般要满足幼儿洗手、洗涤各种蔬菜水果、洗刷餐具等功能需要。在设计时，要根据各功能区的需要来确定位置，保证使用时的便捷。儿童厨房内还要为幼儿提供符合标准的饮用水，可以安装饮水机、直饮机等，有条件的幼儿园可以安装净水设备。

5. 整体风格统一，具有美感

在进行装修装饰、家具配备时要考虑整体风格的统一；在进行基本配备时，要选择有品质、有美感的各类厨具、餐具、工具、容器、桌布、餐垫、窗帘等；还可以在儿童厨房悬挂一些与氛围相融的美术作品，摆放各类精美的绿植、摆件等（见图 4-9）。

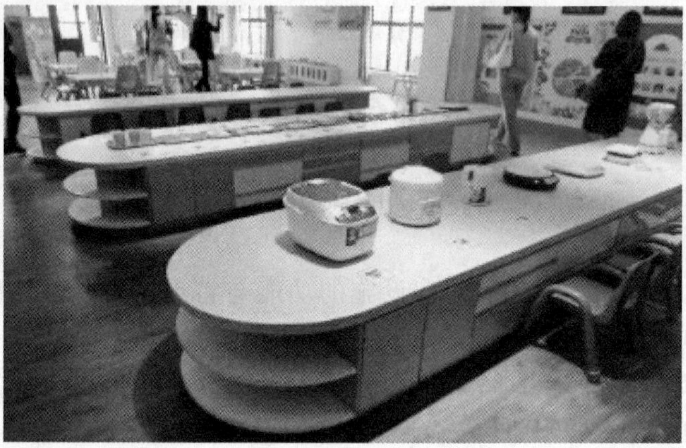

图 4-9

五、木工房

（一）主要功能

（1）配备工具、设备、材料齐全的木工房，为幼儿提供更多生活实践的条件和机会。

（2）让幼儿认识各类木工设施和工具，了解其不同的功能及特点。学习使用各类木工工具，掌握简单的木工技能，进行简单的练习和制作，以满足幼儿动手操作的兴趣和愿望。

(3) 幼儿在自主选择工具材料进行探索、学习与制作的过程中，可以增强耐心，提高动手能力、合作能力、创造能力、解决问题的能力，同时可以在制作的过程中体验创造的乐趣。

(二) 设计要点

1. 空间规划科学、合理、有序

木工房的工具、材料、操作台、储物架等相对较多，因此在进行空间规划时要充分考虑在操作及取放物品时的需要，合理地规划使用空间，同时还要注意室内过道的通畅。

2. 工具设施齐全，摆放合理

木工区在设计时首先要考虑的是工具要相对齐全，不同功能的工具要有型号，以便幼儿进行选取和使用。根据各类工具形状的不同可采用储物架摆放、墙面悬挂摆放、地面摆放等形式放置，摆放要合理有序、便于取放。常用的木工工具有各种规格的锯子、刨子、钳子、斧头、扳手、电钻、锤子、螺丝刀、木工刀、尺子、刷子等，常用的材料有木螺丝、钉子、木工胶、木工砂纸等。

3. 操作台高度适宜、数量充足

根据木工活动的不同要设置较大的木工桌和小型的木工桌，桌子的高度要根据幼儿的身高和设备安装的需要来确定，以便于幼儿操作。大型木工桌可进行较大材料和物品的制作，也可以多名幼儿同时操作；小型的木工桌适宜小型机器和工具，适宜进行单独的操作或两人合作操作。

4. 操作材料丰富多样

幼儿园木工区的操作材料一般较小，但类型丰富多样，包括规格不同的木板、木条、木块、木棍等，可以满足幼儿不同活动的需要。

5. 准备简便实用的木工服装

幼儿在进行木工操作时会产生粉尘、木屑等，为保证安全、卫生，要为幼儿准备合适的木工服装、帽子、口罩等。

6. 设置作品展示区

一般制作成品时间较长，常常多次才会完成一件物品或作品，会有许多的半成品和成品需要存放与展示，因此要设置适宜的展示架，让幼儿自主存放和展示。

7. 设置数量、高度适宜的电源

许多电动工具都需要电源，设计时要考虑不同操作区域的使用情况，应设置位置、数量、高度适于幼儿使用的电源，还要考虑整个木工区线路负荷的问题。

六、科学发现室

(一) 主要功能

科学发现室是专门为幼儿创设的，供幼儿自主地进行科学探究的功能室。通过为幼儿提供符合幼儿认知水平的、种类齐全的科学设施和操作材料，引发幼儿动手操作与探索的兴趣，满足幼儿的好奇心和求知欲。

（二）设计要点

1. 空间面积相对充足，规划合理

科学发现室一般设施、材料较多，因此需要较大的空间。还要根据科学发现室的活动内容及主题对各类区域进行合理的规划，如合理安排区域的位置、面积的大小、不同区域的间隔方式，合理划分地面操作区与桌面操作区、动静的间隔等。

2. 设置能够满足展示、存储等需要的材料架及橱柜

科学发现室材料种类多、数量多，因此要科学合理地设计橱柜及材料架的尺寸与样式，以满足展示、分类摆放及存储的需要，同时便于幼儿取放。

3. 设置与操作内容相适宜的、尺寸合适的操作台

在为幼儿设计操作空间时应充分考虑活动内容的需求、设施操作的特点及幼儿的身高，设置高低宽窄适宜的操作台。

4. 布局合理的电源、水源

科学发现室许多活动内容会用到水和电，水源、电源的合理设置非常重要。电源的数量充足，高度要在1.4米以上，最好选用带开关的安全插座。水源的设置要靠近相关的操作区域，便于使用。

5. 设置种类齐全、数量充足的设备及操作材料

科学发现室应该根据幼儿的年龄特点、认知水平与探索需求配备种类齐全、数量充足的设备及操作材料。具体配置可参考《山东省幼儿园基本办园条件标准（试行）》。

6. 注重营造科学的氛围

科学发现室种类丰富的设施与材料会自然地营造出一种科学的氛围，还可通过悬挂与科学家或与科学知识相关的图片、展示幼儿的操作记录等形式来增强科学氛围。有条件的幼儿园可以配备适合幼儿的、更具现代性和互动性的科学探索设施，进一步营造浓厚的科学氛围。

七、建构游戏室

（一）主要功能

为幼儿提供种类丰富、数量充足的建构材料和相对宽敞的搭建空间，满足幼儿进行多种形式搭建的兴趣与需求，为幼儿提供更多交往、合作、相互学习的机会。

（二）设计要点

1. 保证空间的有效利用

建构游戏室一般有地面建构与桌面建构两个区域，在进行布置时要根据需要和两种建构形式的不同特点以及活动室的面积进行合理划分。地面建构区面积要相对大一些，以满足幼儿进行大型建构、组合建构的空间需要。如果建构游戏室空间不大，可以只保留地面建构。另外，为保证空间的充分利用，各类材料架尽量贴边摆放。

2. 要选择适宜的地面铺设材料

建构游戏室应选择可隔温降噪的地面材料，如木地板、泡沫地垫等，避免幼儿因长时间在地面活动而着凉，也避免建构过程中过多的噪声干扰，同时，也可以保护建构材料。

3. 材料架设计合理、尺寸适宜、方便取放

建构游戏室的材料架要根据建构材料的尺寸及幼儿的身高来设计，以便于材料的分类摆放和幼儿取放。

4. 装修装饰设计要突出建构室特点

在对建构游戏室装修装饰时，可以从造型创意、建构主题装饰画的悬挂以及幼儿建构作品的展示等方面入手，突出建构游戏室的特点，引发幼儿对建构的兴趣，激发幼儿的创意与想象。

5. 活动室门口设计换鞋区域

在建构游戏室门口可设置鞋柜、换鞋凳等，方便幼儿换鞋，以保证建构游戏室的清洁。

第五节　厨房环境创设

厨房是幼儿园公共环境中要求最专业、最具体的空间，因此，应在充分了解幼儿园厨房的设计规范与设计要求的基础上进行设计。下面将对厨房设计要点进行介绍。

一、配备各类功能间，设施齐全且布局科学合理

根据功能需要，厨房需配备齐全的功能间，包括初加工间、烹饪间、白案间、配餐间、洗消间、主食品仓库、副食品仓库、更衣室等。各功能间内根据相应的食品加工需要，应配备齐全的电器设备、各类厨具、储藏柜、储物架、存储容器等。在布局时还要考虑空间的有效利用，保证通畅。各功能间的设施设备要根据加工的流程科学合理地布局，如初加工间要按照货物验收、整理、洗涤、削切等步骤合理地安排区域和设施工具，防止待加工食品与直接入口食品、原料和成品交叉污染。

二、各类标识齐全规范

幼儿园在加工操作时需要的工具类型较多，工序步骤较严格，为了区别使用和定位管理，应用规范的标识进行分类。如不同的刀具、案板、水池、抹布、容器等可通过颜色和文字等进行区分，避免混用造成污染。有条件的园所可按照国际惯例进行区分，如刀具、案板用途区分管理的国际惯例为：生肉类——红色，冷荤、熟肉类——黄色，清真类——绿色，蔬菜类——刀黑色、案板白色。

三、防护设施齐全，符合标准要求

基于卫生安全的需要，厨房要设置防虫防鼠设施，如门帘、灭蝇灯、挡鼠板等。设施的安放位置要符合食品卫生部门的标准。除厨房门口安装高度适宜的挡鼠板外，排水沟、地漏也要设置防鼠设施。

四、洗手及垃圾处理设施要符合卫生要求

按照要求，厨房内配备的洗手设施要采用非手动式水龙头，有条件的尽量提供温水。厨房内的垃圾桶要采用脚踩式或无盖垃圾桶，避免工作人员因接触垃圾桶盖而带来污染。

五、墙面便于清理，地面防滑

厨房的墙面要用无毒无味、不透水、平滑、不易积垢的浅色材料铺贴。厨房吊顶要选用不吸水、表面光洁、耐腐蚀、耐高温的浅色材料装修，便于清洁消毒。进行食品加工和清洁时容易导致地面积水，因此，厨房的地面要有一定坡度并用防滑的材料铺贴。

六、保证通风良好

厨房内要保证通风良好。根据炉灶的规格，应安装吸力大的油烟机，还要安装风扇、风机，以及时排出烟雾水汽，减少污染产生。

七、电源设计合理，满足需要

厨房的食品加工电器较多，要根据规划的位置设计相应的电源，还要预留部分电源，因为将来可能配置更多的电器。同时，伙房内的大功率电器较多，要根据需要设置三相电及相应的保护器，保证用电的安全及用电需求。

八、安全设备齐全，存放位置合理

为保证食品安全，厨房要安装监控设施，同时还要配备符合消防部门要求的灭火设备，并放在便于取放的位置。

第六节　办公区环境创设

幼儿园办公环境一般包括传达室、园长室、接待室、会议室、保健室、财务室、教师工作区、教师阅览室、档案资料室等。各办公室在设计时有许多共性，同时由于功能的不同又有各自的特点。

一、办公环境创设的共性

1. 满足功能的需求

在进行办公环境设计时要充分考虑各办公室不同的功能需求，配备相应的家具物品及

设施设备，并进行合理的规划与摆放，以创设舒适方便的办公环境。

2. 要有风格、有品质

办公环境中所有家具物品的配备在色调、风格、材质、款式等方面应尽量一致，风格宜简洁大方、色彩淡雅、富有设计感。还可通过有品质的艺术品、清新自然的绿植花卉等装饰，营造优雅别致且与园所整体环境相协调的办公环境。

3. 自然地展现幼儿园的文化与特点

在满足功能需求的基础上，各办公区还可以通过环境的布置与设计，自然而然地展现幼儿园的园所文化与特点。如放置统一的有品质的办公用品，或通过幼儿园标识系统等细节体现。还可张贴与周围环境色彩相协调的各类制度规范等，造型要简洁，富有美感。

二、办公环境创设的个性

1. 传达室

传达室的设计应确保视野开阔，便于对园内及幼儿园门口周边区域的监控。合理规划室内空间，监控设备安装位置要合理，便于随时观察，安全器械摆放应便于取放，来访登记区域应通畅便捷，设置必要的收纳空间。传达室是幼儿园的第一道窗口，因此，应特别注意创设出有文化、有风格、整洁有序的室内环境。

2. 园长室

园长室除了具有基本的办公功能，还经常会有一些小型的会议或接待等活动。因此，除了配备基础的办公家具以外还应配备沙发、茶几、座椅等。同时，在确保园长室的设计与园所风格相协调的基础上，还可以通过家具风格、饰品摆放、色调搭配以及办公用品、茶具水具等的装饰来体现园长的品味，从而提升整个园所的文化氛围与美感气质。如喜欢传统文化的园长可以将办公室设计布置成具有传统文化元素的中式风格，偏爱现代风格的园长可以选择简约大方的办公家具以及具有现代感的用品、饰品进行布置。

3. 保健室

卫生保健室的面积一般不少于 12 平方米，自然通风、有阳光、不潮湿，应与班级隔开一定距离。保健室的设计首先要满足基本的功能需求。要规划处置区、隔离室等，如果面积小不能设隔离室，可以在保健室设观察床。还应配备基本设备，包括桌椅、药品柜、保健资料柜、流动水洗手池、诊察床、电冰箱；体检设备，包括体重秤、身高计、国际标准视力表或对数视力灯箱；常用医疗器械，包括镊子、剪刀、带盖方盘、听诊器、血压计、体温计、手电筒、压舌板、敷料、软皮尺、氧气袋等；消毒用品，包括紫外线灯、常用消毒液、高压消毒锅；常用外用药品，包括红药水、紫药水、酒精棉球、烫伤膏、创可贴、风油精等。

另外，保健室在设计时还应通过温暖的色调、舒适的儿童座椅、小床、玩具、图书以及花卉绿植等来营造温馨宽松的氛围。

4. 接待室

接待室是接待外来人员的主要场所，是园所对外交往的窗口，是来访者了解园所的一种途径。在设计时应该更加注重凸显园所的文化、风格与品质。一般通过家具、用品、饰品的风格、色彩、材质、品质以及花卉绿植的布置等来体现。

第七节　室内公共环境创设常见的问题

目前，国内对幼儿园室内公共环境设计已经引起了足够的重视，但在具体实施时仍存在不少问题，具体表现在以下几方面：

一、没有统一风格

缺乏整体的、统一的风格是幼儿园公共环境设计中比较常见的问题。突出表现在：在空间布置以及家具、设施配备等方面色彩浓艳杂乱，缺少整体规划与设计，没有风格或多种风格交叉堆砌，从而使整个园所室内环境杂乱无序、缺少美感。

二、盲目追求高档、奢华，忽视儿童的需求

许多新建的幼儿园经济实力较强，舍得投资，但在设计与布置时没有从儿童的角度出发，盲目追求高档与奢华，如设计造型浮夸，装修繁复华丽，既不实用又不符合儿童的特点，还缺少了教育环境应有的氛围，也造成了无谓的浪费，这是幼儿园环境创设应该摒弃的。

三、过度装饰布置

室内公共环境创设还存在一个突出的问题，即地面、墙面、天花板等所有的空间都悬挂、张贴、摆放了各类物品、作品，较少留白，从而使室内环境凌乱、繁杂、沉闷、压抑。

四、对儿童化的误解

许多幼儿园在设计时都强调儿童化，但对儿童化的理解却常常存在误区，认为要儿童化就要有卡通形象、动物造型，就要颜色鲜艳浓烈，致使幼儿园整个环境低俗化、幼稚化。

五、园所文化的呈现方式存在误区

现在越来越多的幼儿园开始重视园所文化在环境中的呈现，但许多幼儿园仅仅通过在公共空间的各个角落粘贴标语口号的方式呈现园所文化，甚至把荣誉证书、奖牌以及领导视察图片等作为园所文化的主要内容，过于直白、功利，没有实际的意义与价值。

六、忽略办公区的环境设计

很多幼儿园过于注重大厅、走廊等公共空间的设计，忽视办公空间的装饰设计，使整个办公环境简陋杂乱、整个室内环境不够完整统一，这也降低了整个园所的环境品质。

七、不关注细节，缺乏品质意识

许多幼儿园在创设环境时仅关注空间的主体造型设计，却忽视后期的装饰布置，尤其是没有对细节和品质的追求。如在购买各类用品时不追求风格和品质，不同批次不同风格的物品色彩杂乱，致使整体环境品质降低，缺乏应有的风格。

思考与练习

1. 幼儿园室内公共环境的创设重要吗？为什么？
2. 室内公共环境在创设时要把握哪些原则？
3. 谈谈你参观过的幼儿园在室内公共环境创设方面有哪些优点，存在哪些问题。

阅读导航

李生兰．我国幼教工作者对美国幼儿园公共环境的评价研究．外国中小学教育，2013(1).

第五章

班级环境创设（上）

本章导读

班级环境创设包括学习环境、墙面环境、生活环境、区域环境等的创设，各种环境既有其独特性要求，也有共同的要求，其核心是鼓励幼儿自主学习，支持幼儿之间的互动和交往，方便幼儿集体生活。

在学习本章内容时，应了解班级空间规划的基本要求和基本方法，学会巧妙地利用家具进行合理的空间分割，掌握应对各种条件的班级空间规划策略，了解班级墙面环境、生活环境、家园共育环境的创设要点以及注意事项。同时，应该实地观察不同条件的幼儿园，了解幼儿园实际的状况以及现实问题，思考和讨论解决问题的对策。

第一节 班级空间规划

幼儿一日生活的大部分时间是在室内度过，所以，活动室的环境创设非常重要，如何规划会直接影响幼儿一日活动的质量，应该谨慎对待。

一、满足幼儿一日生活基本的活动需求

《托儿所、幼儿园建筑设计规范》明确提出，幼儿生活单元应设置活动室、寝室、卫生间、衣帽储藏间等基本空间。最小使用面积活动室为 70 平方米，寝室为 60 平方米，厕所和盥洗室为 20 平方米，衣帽储藏间为 9 平方米，当活动室与寝室合用时，其房间面积不应小于 120 平方米。所以，幼儿园在设计与建设之初，就应该保证班级有充足的使用面积和进行合理的设计，保障幼儿一日生活中的各个环节的顺利进行。

幼儿一日基本生活由以下几个环节构成：集体教学活动、游戏和区域活动、用餐、饮水、如厕、午睡、户外活动。除了 2 个小时左右的户外活动，其余的活动基本都是在室内完成，所以，班级空间规划应保障这几种活动的顺利进行。

1. 集体教学活动的空间设计

现阶段幼儿园几乎所有的班级每天都会有1～3次集体教学活动，集体教学活动一般需要幼儿集中围坐一起，面向教师、多媒体、黑板或钢琴进行活动。国外很多幼儿园的圆圈时间一般就是我们所说的集体教学活动时间，只是我们的孩子一般坐在椅子上，很少坐在地毯上。

如果班级幼儿人数比较多，每天上课时间长，可用固定桌椅来保障教学空间。如果一天仅有一次集体教学活动，且为15～30分钟，则可以采用动态的形式利用教学空间，即一般将桌椅分散在各个活动区域，只有教学活动需要时才会集中到前面来。有些幼儿园还会采用分组教学，教师会根据需要把幼儿进行分组，让不同的教师分别进行集体教学活动，最好每组单独利用教室进行教学活动，以保证顺利进行。

2. 分组区域活动的空间设计

区域活动是现阶段幼儿园除集体教学活动之外非常重要的一种活动形式，即在固定时间段里（一般每次40～60分钟）幼儿自由选择区域进行自主学习或游戏。教师需要为幼儿的自由选择和自主活动创设良好的活动环境。

现阶段幼儿园的区域空间一般用玩具橱柜分隔，一般有以下几种区域：美工区、益智区、科学区、阅读区、角色游戏区、表演游戏区、建构游戏区等。每个区域位置和面积大小视各个幼儿园具体情况而定，第六章会进行详细阐述。

3. 饮水、用餐活动的空间设计

每日幼儿饮水次数不少于6次，所以，饮水区域的空间设计也很重要。有些幼儿园的饮水机（饮水桶）在盥洗室，以方便幼儿大小便之后洗手、饮水；有些幼儿园因为盥洗室太小，饮水机（饮水桶）放在活动室，这样也可以方便幼儿根据自己的需要随时饮水。饮水空间一般不需要太大，能存放饮水机（饮水桶）以及水杯橱就可以。如果班级幼儿比较多，饮水空间最好大一些，方便幼儿进出。为了避免幼儿拥挤，教师可在饮水区设计进出路线或设计提示幼儿排队的脚印（圆点）图示。

现阶段有些幼儿园有专门的餐厅，幼儿进餐时全部转到餐厅，但大部分幼儿园幼儿是在活动室用餐的。活动室空间较大的班级，可以专门规划一个餐点区域，固定摆放桌椅以方便幼儿用餐。活动室空间较小的班级就需要动态布置活动室空间，上课时把桌椅摆到前面，区域活动时把桌椅摆到各个区域进行自主活动，用餐时则把桌椅相对围合摆放。

4. 盥洗和如厕的空间设计

《规范》指出，幼儿园厕所最小使用面积为12平方米，盥洗室最小使用面积为8平方米，厕所和盥洗应分间或分隔设置。

二、根据幼儿的特征进行空间规划

环境是重要的隐性课程，会影响幼儿的健康发展，所以，规划班级室内空间时应充分考虑幼儿的年龄特征及其对环境的影响，创设人文的、灵动的、多变的、有效的活动室环境。

1. 考虑幼儿的生理特征

幼儿园阶段的孩子一般是2～6岁，在这个时期幼儿身体各方面发展非常迅速。幼儿园室内空间规划应该充分考虑幼儿各方面的生理特征，创设符合幼儿特点和需要的活动室，以更好地促进幼儿发展。

（1）充分考虑幼儿的身高。身高体重是幼儿身体健康发育很重要的评价指标，一般来讲，2～3 岁的幼儿身高是 83～91 厘米，5～6 岁幼儿的身高是 105～120 厘米，所以，活动室、多功能活动室的窗台面距地面高度不宜大于 0.60 米。选择家具时也要充分考虑幼儿身高的特点，选用的开放式橱柜的高度应方便所有幼儿取放玩具和材料，桌椅的选择也应考虑小中大班幼儿的差异。

（2）考虑幼儿的动作、速度、灵活性、协调性、稳定性的不足。在室内空间布局方面，既要考虑幼儿活动的需要，拓展活动空间，也要注意橱柜、桌椅等家具的摆放，在方便幼儿使用的同时，避免造成安全事故。空间布局要留出流畅和安全的通道，让幼儿知道如何穿过一个空间以及到达一个区角的最快方式。避免活动室里有活动死角。

（3）幼儿的神经系统处于快速发育时期，尤其表现为容易兴奋，所以班级空间布局时不宜过于拥挤，否则会导致幼儿较多的肢体冲突。室内摆放的物品不宜太满或太杂乱，不宜有太多色彩鲜艳的装饰物，否则容易导致幼儿过于兴奋、注意力不集中。

（4）幼儿感觉器官的发展尚不够完善，如视觉，很多因素都会影响到幼儿的视力，因此，布局室内活动空间时，尤其需要注意室内采光的问题。

2. *考虑幼儿的心理特征*

设计班级空间时应充分考虑不同年龄幼儿的心理发展特征，创设符合幼儿兴趣和需要的班级空间。尤其应注意以下几方面：

（1）注意幼儿活泼好动、喜欢游戏的特点。喜欢游戏是 3～6 岁幼儿最基本的心理需求，所以，规划班级空间时，不应仅考虑幼儿上课的需要，还应该考虑幼儿游戏的需要，创设适合各个年龄段幼儿的各类游戏空间，支持幼儿在游戏中学习和发展。

（2）幼儿好奇心强，喜欢探究、摆弄物体。因为有强烈的好奇心、求知欲，幼儿会自主学习和探索周围的物质世界，所以，班级的空间设计应有助于幼儿的探索活动，同时避免因为幼儿的好奇、好动而造成安全问题。例如：靠墙的橱柜必须固定，避免幼儿因为攀爬倒塌；玩具橱柜可以带轮子，方便幼儿自己推到合适的位置进行活动；电源插头等必须安置在幼儿碰不到的安全位置。

（3）注意幼儿乐于交往的特性。幼儿的社会性是在交往中发展起来的，喜欢与同伴玩也是所有小孩子的共同特点，所以，班级的空间布局应有助于幼儿的交往和自由走动，尤其是橱柜的隔离应有助于小组幼儿的自由交往，让幼儿享受和小伙伴一起玩的乐趣。

（4）考虑创设隐秘的私人空间。幼儿在享受群体生活的同时有时也需要隐秘的私人空间，所以，布局班级室内空间时可以考虑用帐篷、布帘等创设 1～2 个围合的私密空间，让喜欢安静的幼儿有机会放松自己。

三、家具在幼儿园室内空间规划中的作用和配置

家具是活动室最重要的功能性设施，活动室内主要的家具有桌椅、玩具柜、教具柜、图书架、水杯架等。虽然每一类家具都有它特定的功能，但在幼儿园活动室内的家具设计

上，我们应该力求多样、多变，不要将思维禁锢在其原有的式样上①。

（一）作用

（1）通过家具与建筑的界面连接，可极大地节省空间，丰富室内空间的形态，满足班级活动的需要。如壁橱，就是利用墙壁设计成储藏空间；错层的游戏室，就是在层高较高的建筑物中设计错层的游戏室，让幼儿有机会爬高爬低，开展各种游戏。

（2）通过家具进行空间隔断，以满足幼儿自由选择多种活动的需要。现阶段幼儿园的区域活动需要把活动室分割成几个不同的活动空间，以满足幼儿的不同活动需要。同时采用玩具柜进行隔断，以避免相互干扰。幼儿园玩具柜高度一般在 1.2 米以下，这样既方便幼儿自主取放玩具，又不至于隔断教师的视线，出现安全事故。

（二）配置

1. 桌椅

应从幼儿卫生学的要求以及幼儿园各项活动的要求出发，根据小、中、大班不同年龄幼儿的身高来确定桌椅所需的规格。

小椅子应当每个幼儿一把，个人专用为宜。由于小椅子要经常搬动，为适应幼儿的体力，其重量一般不宜超过幼儿体重的 1/10。最好选用轻便木椅，造型可更童趣化些；或选用金属管骨架木椅，并在四条金属管椅腿下端塞橡皮垫。塞橡皮垫一是防止幼儿拖动椅子划伤地板，二是防止椅腿碰伤幼儿脚面。

桌子一般考虑 4 个幼儿一张，应保证每个幼儿所占长度为 0.50～0.55 米（等于幼儿两个前臂加手掌长）。桌子的宽度一般需 70 厘米左右，方便在桌面上摆放玩具和游戏材料。伴随幼儿身高的变化，桌子的高度也应相应调整。幼儿身高 100 厘米以下时，桌子的高度一般是 44 厘米左右，桌椅高差 20.5 厘米左右；幼儿身高 100～110 厘米时，桌子的高度一般是 48.5 厘米左右，桌椅高差 21.5 厘米左右；幼儿身高 110～120 厘米时，桌子的高度一般是 53 厘米左右，桌椅高差 23 厘米左右。由于幼儿使用的桌子较低，桌子下面不应设抽屉或横撑，以免影响幼儿坐下时下肢的自由活动；除去传统的长方形桌外，幼儿的桌子可选择设计成其他有趣的几何形，以增加桌子拼接的灵活性、趣味性，从而增添活泼感；在布置桌椅时，要注意采光，以保护幼儿的视力；当需要合组进行桌面游戏时，可拼成较大桌面进行游戏。

2. 玩具柜

在选择玩具柜时，既要考虑使用的功能性，也要考虑美观性，使其与整个活动室的风格、色彩相协调，最好统一配备，以避免不同规格的玩具柜和其他家具放在一起形成突出的棱角，从而造成对幼儿的伤害。

玩具柜主要用于存放幼儿的各种玩具和活动材料。由于幼儿手臂较短，因此玩具柜不宜过深，以 0.30～0.40 米为宜；由于幼儿身高较矮，因此玩具柜高度不宜超过 1.2 米。为了便于幼儿自主取放，玩具柜不宜设柜门。

3. 教具柜

教具柜主要用于存放教具、音响设备、教师图书、教案、记录本等，一般可选用多层

① 尹婧. 基于人性关怀视角下的幼儿园活动室环境艺术设计研究. 设计，2016（2）：106－107.

橱柜，有开放的，也有封闭的。也可选用高低柜形式的教具柜，高的部分供教师使用，设柜门；低矮的部分供幼儿使用，不设柜门。

4. 图书架

班级图书架一般选用多层、开放式架子，高度一般不超过 120 厘米，下排距地不小于 20 厘米。幼儿的图书繁多，大小规格不一，配置时要结合图书摆放方式进行选择。开本小的图书放在上面几排，排距可适当小些；开本大的图书放在下面几排，排距可适当大些，以免下栏图书相互遮挡封面。

如果幼儿园班级空间有限，也可以不配置图书架，用固定在墙上的布制图书袋代替。

5. 水杯架

按照幼儿卫生学的要求，每个幼儿应有专用水杯，彼此不可互用。因此，水杯架要有足够的存放小格。由于水杯架要经常擦洗并进行室外日光消毒，因此水杯架要便于搬运。水杯架可临近饮水机（饮水桶），便于幼儿取放。

四、活动室空间设计的几种类型

班级室内空间布局没有固定的形式，教师可以根据自己班级的面积大小、人数、每天要开展的活动的需要灵活设置。现阶段一般幼儿园的班级空间布局会采用以下几种类型：

1. 中心型

中心型，即一天中的大部分时间幼儿是面向教师围坐，呈 U 形或半圆形聚集，教师和黑板、多媒体、钢琴构成聚集的中心点（见图 5－1）。

图 5－1

2. 分散型

分散型，即一天中的大部分时间幼儿是分散在各个区域中自主活动，只有集体教学活动或谈话活动时，幼儿才会向教师聚拢（见图 5－2）。

图 5-2

3. 动态调整型

动态调整型，即每天每时活动室内的布置可能都不一样，教师会根据活动需要随时进行调整。如音乐课时，幼儿可背向窗户环成半圆形，教师则面向窗户，这样，幼儿都可清楚地看见教师歌唱时的口形变化。当进行室内舞蹈或做室内操（天气不好）时，就将桌椅搬至活动室四壁，空出较大场地，便于幼儿活动。当教师讲故事或组织谈话时，全班幼儿就围成U形，教师则在U形开口中央面对幼儿。当分组自选活动时，桌椅将移至各个区域。

有些幼儿园没有固定的寝室，将寝室与活动室合并时，会将活动室内所有家具尽量靠边，腾出地方摆放床。

五、活动室面积过小的幼儿园空间规划难题应对

伴随第一期、第二期学前教育三年行动计划的推进，幼儿园的硬件设施有了很大的改进，但是仍有很多幼儿园存在幼儿多、空间小、各项工作的开展都不便的困难，针对这类幼儿园我们给出如下建议：

（1）严格控制班额，保障幼儿教育的良性发展和保教质量的稳步提升。如果说班级的建筑面积无法改变，那么班级的人数是可以控制的，如果不考虑幼儿的健康发展和教育教学的质量，只是盲目扩大招生，导致班额超大、室内拥挤，无法开展正常的教学活动、游戏活动，就是对教育的不负责任。

（2）立体地利用空间，充分挖掘其教育价值。如果班级面积有限，教师可以充分利用班级地面、墙面、柜面等空间，比如：在地面上设计棋盘，供幼儿玩棋类游戏；在墙面上设置自由墙，供幼儿进行绘画、涂鸦、撕贴等美工活动，拓展幼儿的美术活动空间（见图5-3）；将一些可操作的材料如走迷宫、找图形、按数取物等玩具材料放置在墙面上进行教学活动。

图 5-3

（3）家具、教具、玩具等尽可能一物多用，这样既可节省空间，又可丰富活动。班级活动室占用空间最大的是家具，包括幼儿桌椅和玩具橱柜。面积小的班级在购买家具时，应尽可能考虑一物多用，如幼儿的桌子掀开盖子就是玩具橱，盖上就是操作桌面；幼儿玩具柜有高低之分，高的部分是教师的教具橱，矮的部分是幼儿的玩具橱；幼儿坐的小椅子也可以变成建构游戏的积木。

（4）利用大厅、走廊等公共区域拓展幼儿的活动空间。面积小的班级也可利用走廊、大厅、楼梯间等公共空间，将其设计成幼儿的区域活动空间或者物品储藏空间，以满足各种活动的需要（见图 5-4、图 5-5）。

图 5-4

图 5-5

（5）合理利用窗台和阳台，创设富有活力的班级环境。班级窗户较多，阳光好，教师可以把窗台开辟为种植区或养殖区。如果阳台较大，也可以把阳台扩展成幼儿的游戏活动空间或者科学探索空间。

窗台和阳台若摆放幼儿的手工作品，即可成为孩子们的作品展示区（见图 5-6）。

图 5-6

第二节　活动室墙面设计

活动室墙面环境是幼儿园班级环境的重要组成部分，幼儿每天在活动室的时间占据了在园的大部分时间，因此，活动室墙面环境创设的优劣直接影响着幼儿的健康发展。墙面环境作为幼儿园课程的一部分，越来越引起老师们的重视。

一、活动室墙面的主要功能

1. 教育功能

《幼儿园教育指导纲要（试行）》强调："环境是重要的教育资源，应通过创设并有效地利用环境促进幼儿的发展。"由此来看，幼儿园环境首要的功能是教育，因为幼儿是具有"吸收性心智"的个体，他会自觉地吸收来自环境的各种信息，所以，苏霍姆林斯基强调"一所好的学校连墙壁也能说话"。活动室墙面环境就是幼儿园隐性课程的重要组成部分，教师应该明确教育理念和教育目标，以幼儿原有的知识经验和兴趣为基础，充分挖掘各种教育元素，支持幼儿的互动和自主探索、交流，增强墙面环境的教育功能，从而支持幼儿不断"生长"出自己新的知识经验，获得有效的发展①。

2. 主题教学轨迹呈现功能

现阶段很多幼儿园实施的都是主题综合课程，教师会非常关注班级主题课程实施的过程，进行资料搜集，有意识地将搜集的资料呈现在班级墙面上供幼儿学习、探索、交流、互动、操作，这就是幼儿园老师们熟知的"主题墙"。主题墙呈现了主题活动的轨迹，它的主要功能是引发主题、支持主题、呈现主题、总结概括主题等，不仅有助于主题目标的达成，而且可丰富幼儿室内的活动内容。下面是某幼儿园大班《去旅行》主题活动墙面环境的一部分（见图 5-7、图 5-8、图 5-9）。

图 5-7

图 5-8

图 5-9

① 胡艳秋. 建构主义视角下的幼儿园活动室墙面环境创设. 教育与教学研究，2001 (2).

3. 展示功能

幼儿园活动室的墙面很多时候被教师当作展示墙，展示的内容包括主题活动、幼儿作品、教师作品、活动室规则等。

4. 装饰美化功能

设计精良的活动室墙面会给予幼儿强烈的审美刺激，所以，教师应该不断提高自己的审美水平，让班级墙面环境真正起到美化和审美引领的作用。

二、墙面环境创设存在的问题

1. 过于追求美观，误把墙面环境创设等同于墙面装饰

有些教师会把墙面环境创设的功能狭隘化，一说墙面环境创设就认为是装饰墙面，并花大量时间在墙面上绘画，或做各种各样精美的手工作品悬挂于墙面上，而忽略了环境对幼儿的教育作用，忽略了幼儿与环境的互动。

2. 教师包办，幼儿极少参与

班级环境的主人不仅仅是教师，还有孩子们。在进行活动室墙面环境创设时，不应该只有教师加班加点地忙活，还应该让幼儿积极参与，在参与中学习和成长。

3. 墙面只有单一的美术作品展示，呈现的内容教育价值不突出

有些幼儿园老师会把墙面当成作品展示墙来布置，这也是把墙面环境创设功能狭隘化的一种表现。墙面环境当然可以展示幼儿的美术作品，但不应局限于此，还应将更丰富的课程内容呈现出来。即使是幼儿作品的展示，也不应该仅展示美术作品；即使是展示幼儿的美术作品，也不应该仅展示绘画作品。教师应该注意作品展示本身也是教师教育理念和班级课程内容的一种呈现，内容过于单一的呈现不仅无助于幼儿的发展，而且体现了教师教育观念的落后。

4. 呈现的方式和内容杂乱，缺乏美感

有些幼儿园老师非常注重墙面环境创设的丰富性，以为呈现内容越多越好，但实际上内容过多会给人杂乱无章、花里胡哨的感觉，使墙面失了美感。其实墙面环境就像我们居住的环境，如果堆积、悬挂的东西太多，运用的色彩杂乱、过于刺激，不仅不好看，而且不利于幼儿专注地进行室内活动，从而养成良好的活动习惯。

5. 墙面环境长期不变

很多幼儿园会在学期初进行环境创设，而且组织教师们进行环境创设比赛，然后花大量的时间进行墙面环境布置，之后就不再进行改变，只要领导不来班级检查，墙面环境便一直保持着学期初的样子。

三、墙面环境创设的建议

1. 因地制宜，整体布局，统筹兼顾

每个班级的具体情况是不一样的，有的班级前面的墙是多媒体幕布，后面的墙被叠加的小床遮挡，需要布置的墙面空间很少；而有的幼儿园班级四面墙都需要设计和布置。所

以，教师需要根据班级的具体情况进行整体设计，统筹考虑幼儿园文化、班级课程目标、幼儿主题活动等内容及其相互关系，这样就可以避免风格不统一、内容太杂乱或太单一等问题的出现，从而使墙面环境更好地为幼儿发展服务。

2. 鼓励幼儿参与，体现幼儿的主体性价值

让幼儿参与班级墙面环境布置，一方面可以体现幼儿作为班级主人翁的主体性价值，另一方面可以充分发挥幼儿的创造性，给予幼儿同伴合作、动手操作的机会，促进幼儿各方面能力的发展。

幼儿园墙面上的这点事

有同行来参观，在教室里徜徉，对着墙面驻足。伴随而来的，总有不停闪烁的镁光灯。创设墙面环境，已被幼儿园教师看成是当下最重要的事情，每到调整墙面环境时，教室里、走廊上，纸张和颜料铺天盖地。幼儿园墙面上的这点事，可以成为教师的寻常工作吗？幼儿园墙面上的这点事，可以成为孩子手中忙着、心里想着的事吗？

眼下，我们已经意识到，孩子是教室的主人。于是，墙面上开始挂上了孩子稚朴的作品。但是，幼儿园的墙面仅仅起到美化环境的作用吗？幼儿园的墙面应该同时还是孩子另一个学习“阵地”。

首先，墙面最常用的功能是展示。通常，大家喜欢将孩子成功的作品展示出来，因为这同样也是教师的成功。但是，墙面的展示，到底是教师的骄傲还是孩子的骄傲呢？

我看到一个孩子的抽屉里放着好多张图画纸，孩子垂头丧气地告诉我：“老师说不要了……画得不好。”我给他鼓气：“你可以重画啊，总会画好的！”“可我总是没有丽丽画得好的。”我在一间教室的墙面上，看到一张黑乎乎的全家福。一个男孩对我说：“这是我画的。”看到我不解的神情，他解释：“这是我们一家人一起吃烧烤后拍的全家福。”我大笑起来。这是多么特殊而美好的记忆啊！男孩又指给我看他的其他作品（挂在墙面上的），并兴致勃勃地讲解着。只一会儿工夫，我对男孩有了基本认识：尽管画得一般，他却善于表达，充满自信，是一个健康积极的孩子。我默默地赞许着他的老师：墙面属于每个孩子，一个都不能少。

墙面的展示功能还在于它能展示孩子探索活动的过程，墙面上“幼儿园门前的路”中的幼儿园大门、附近的小店、电话亭等，都是孩子们每天一点点添上去的，等到内容丰富时，教师就可以拿它当集体教学活动的教具。所以，孩子探索过程的记录可以使老师的墙面创设省力不少。

墙面展示在关注孩子的学习过程和学习情绪的同时，不能忽视孩子作品的美好呈现，它直接激发着孩子美好的情感。如有一位园长示意我参观园内的美术实验班和对照班。乍一看，觉得对照班比实验班画得好。仔细比较，才发现实验班画得老练多了。疑惑中，我反复琢磨，发现原来对照班的老师在呈现孩子的作品时，用了与原作相协调的色纸做相框，故而凸显了作品的整体感。我默默地赞许着对照班的老师：作品呈现时的装饰，在尊重孩子原作的同时，还升华了孩子的审美情感。

有时候教室的色彩和形式美既蕴含着教师的审美情趣，又润物细无声地熏陶和影响着孩子们的品味。一个有审美情趣的老师，对孩子而言简直是幸运！

墙面的展示功能还能从孩子的自发观察出发，展示事物的发生和发展的过程；或者记录对社会和生活中的一些新奇事件的独特视角。这时的墙面成了展示孩子稚朴丰富的内心世界的广阔舞台。

其次，墙面还具有资料库的功能。墙面上的图片、示意图、步骤图、行为规范图等是孩子学习的丰富内容和生动材料。它们的出现引发了孩子对事物的探究欲望，唤醒了孩子表现的积极性。

在开展主题活动“海洋里的动物朋友”之前，我用水生动物的图片在墙面上布置了一个“海洋世界”。仅一天的工夫，墙面便成为孩子的聚焦点。接下来的主题探究活动便自然而然地在孩子们强烈的求知欲望和饱满的学习热情中展开了。墙面上的资料为孩子们开辟了又一个学习“阵地”。

墙面还能成为孩子学习的操作材料。尤其是年龄小的孩子，他们往往被墙面上的学具材料吸引。曾经，我和全班 29 个孩子，面对一堵 5 米×3 米的白墙，用了 15 分钟共同策划，用了 30 分钟分小组制作，展示的结果令同事惊叹。在接下来的几天里，孩子们仍意犹未尽，不时地在这堵墙上添“鲜花”，堆“小山”，挖“池塘”，养“鸭子”和“甲虫”…… 墙面在孩子们的手里日渐丰富且童趣盎然。

由此可见，幼儿园的墙面不仅具有展示作用，还具有资料库和操作的功能；它不仅能美化环境，还是孩子学习的另一个“阵地”。

这时，幼儿园墙面上的这点事，成了孩子们手中忙着、心里想着的趣事。

这时，幼儿园墙面上的这点事，也变成了老师既用心又省力的好事。

资料来源：应彩云．云淡风清：应彩云幼儿教学案例随笔选．上海：上海少儿出版社，2015：32-34.

3．选择适宜的呈现内容，能引发幼儿与之互动

班级墙面环境呈现的内容主要有以下几个方面：

（1）园本特色或班本特色。有些幼儿园在建设和发展的过程中慢慢形成了自己的特色文化和特色课程，这些特色可以在班级墙面上得到体现。比如，有的幼儿园的特色课程之一就是民俗文化，那么教师就可以利用当地民俗文化的元素布置墙面环境，使幼儿园墙面环境既有文化的元素，又能构成与幼儿课程的互动。

（2）主题活动轨迹。教师可以在主题课程开展的过程中，把幼儿活动（包括教学活动、幼儿户外探索活动、自主学习活动等）的过程和结果呈现在墙面环境之中，使环境与课程融为一体。

（3）幼儿作品。墙面环境既可以张贴、悬挂幼儿的美术作品，也可以呈现幼儿建构作品的图片、幼儿创意设计的图片、幼儿调查表、幼儿科学观察记录表等。

（4）幼儿问题。幼儿天生具有强烈的好奇心，喜欢问问题，教师可以在墙面环境中特设一个问题栏，让幼儿把自己的问题画下来或用符号记录下来。

（5）多元评价。很多班级活动室有专门的评比栏，通过小红花之类的标识鼓励幼儿形成良好的行为习惯。但评比栏应该谨慎使用，如果使用不当很容易适得其反，使某些幼儿失去信心，或者使某些幼儿过于追求外在的评价，甚至出现讨好教师的行为。

如果教师很想设置评比栏，那么这个评比栏应是多元的、动态的。评比栏不应成为教

师的特权，教师可以每天拿出一点时间组织幼儿自评和互评，慢慢培养幼儿自我审视、自我反思的能力。同时教师应该多鼓励自控能力较差的幼儿，从而促进其健康全面发展。

（6）区域活动内容。一般来讲，靠近活动区域的墙面环境是为这个区域的活动服务的，比如：临近美工区的墙面可以悬挂和张贴名画或幼儿优秀的作品，给予幼儿审美或创作的引领；靠近建构区域的墙面可以张贴有特色的建筑物的图片、建构技能图示、建构作品图片等，为幼儿在这个区域的自主建构提供示范和帮助。

（7）规则提示。墙面环境是一位不说话的教师，有时会帮助幼儿丰富知识经验，有时会给予幼儿活动的指导和示范，有时会给予幼儿行为上的提示。为了帮助幼儿慢慢提高自我管理能力，教师可以和幼儿讨论班级各项活动的规则，并把规则张贴在墙面上。

4. 选择适宜的呈现方式，方便、有效、有美感

不一样的班级在不一样的时段里，呈现的内容以及呈现的方式可能都不一样。呈现的方式也会因幼儿年龄的不同而不同，因资源的不同而不同，因需要的不同而不同。

在幼儿园装修时，一般会对班级的墙面做一些基础处理，这样可以避免更换内容时对墙面的破坏，也可以对墙面的位置和使用做一些必要的规定，保障墙面环境创设的整体布局合理、有效。用于基础处理的材料有很多，常见的有木材、有机板或玻璃、磁性板等。木质的材料功能性最佳，可挂、可贴、可钉，可让版面材料呈现方式多样。网格状的基础墙面也很好用。一般来讲，高度在1.2米以上的空间由教师设计和选择呈现内容，高度在1.2米以下的墙面空间最好交给幼儿设计和布置，即使教师主导设计，也必须考虑其与幼儿的互动。

墙面环境呈现的方式一方面要考虑方便师幼双方，简单、有效；另一方面最好与呈现的内容相吻合，应讲究美感和秩序，给幼儿以美的熏染。

5. 追随幼儿的兴趣和活动经验，创设动态、多元的墙面环境

幼儿园墙面环境是幼儿园重要的教育资源，应通过墙面环境的创设和利用，有效地促进幼儿的发展，让环境与幼儿真正“对话”①。“会说话”的环境一定是能与幼儿构成互动的，伴随幼儿生活和课程经验的改变而改变并不断丰富的。所以，教师不能仅在学期初布置和装饰墙面环境，之后就不再改变，而应该随着幼儿生活的变化、课程的逐步深入，不断呈现能够引发幼儿新的活动兴趣的材料，同时不断调整墙面展示的幼儿的观察记录、美术作品等，课程中的幼儿行走到哪里，墙面环境就应该跟随到哪里，使墙面环境具有动态变化的特点。

墙面环境最重要的功能是教育功能，最本质的功能是对话功能，因此具有真正内涵的墙饰应能引发幼儿的互动，体现一个共同的理念：尊重和信任幼儿，给幼儿以挑战。

四、有关主题墙的思考和建议

主题环境是伴随主题活动开展而产生并在主题活动深入的过程中逐步成熟的、记录和

① 张蓓红. 幼儿园墙饰设计的探索. 教育导刊（幼儿教育），2004（9）：22-25.

呈现幼儿主题活动的物质环境。主题墙是主题环境的组成部分，可以展示幼儿作品和主题探索过程，引发幼儿的互动、交流和交往，促成幼儿的主动学习和自主发展。主题墙应成为引导幼儿关注主题、发展主题、深化主题的引导线。

刘占兰老师认为墙面环境的主题应该与教育活动以及幼儿的学习活动相一致，墙饰可以成为主题活动学习过程和结果的记录。

（一）主题墙面布置的主要内容

1. 主题启动的布置

主题活动的发展往往经历三个阶段，即孕育、拓展与延伸①。在上一个主题活动即将结束，下一个主题活动开展之前，教师可以把与下一个主题相关的元素投放在区域活动材料中或者布置在主题墙面环境中，然后观察幼儿的活动，倾听幼儿的对话，及时捕捉幼儿的兴趣和内在需要的信息，引出新的主题活动。如即将开展的主题活动是“冬天的故事”，教师先在主题墙面环境中悬挂了一些过冬的帽子、手套、棉衣等材料，这些材料会引发幼儿的好奇心，他们经常会过来摸一摸、戴一戴、穿一穿，相互交流的话语中经常会有“天冷了，小宝宝就要穿厚衣服了”“这样的手套我也有，还是花的呢”“我的帽子上面有带子，和这个不一样，早上爸爸骑电动车带着我，冷，就得戴上帽子”等。新的主题就在这样的互动中孕育和萌发了。

启动一个新的主题，其墙面环境布置可以用图片、绘画或手工作品，也可以用实物。

2. 搜集与主题相关的信息资料

每个主题启动和开展的过程都需要一些相关材料，比如“海洋动物”的主题，教师可以和幼儿一起搜集各种海洋动物的图片、图书等，将搜集到的资料布置在主题墙上。孩子们也可以将从海边旅游带回来的海星、海螺、蚌壳等实物材料布置在主题墙上，这些丰富的材料更能引发幼儿的多元互动。

3. 展现主题开展过程的脉络

一般幼儿园的主题活动会延续 3～6 周的时间，这是一个较长的过程，应视幼儿的兴趣和实效确定结束时间和引入新主题的时间。主题墙面布置可以呈现主题孕育、拓展和延伸等各个阶段。

如果主题墙面较大，可以呈现三个阶段主题活动的所有过程性材料，包括幼儿的问题、师幼共同搜集的信息资料、幼儿的作品、幼儿的调查、观察记录等；如果主题墙面的空间有限，可以仅呈现当下幼儿主题活动的过程性材料。例如，在“美丽的春天”的主题活动中会有很多幼儿的活动轨迹保留下来，若当下的次主题是“春天的花”，那么，主题墙上可以是幼儿观察记录的春天的花，也可以是幼儿创作的春天的花；当进入下一个次主题“春天的小动物”时，教师可以借用《春天的电话》这个故事，创设一个主题墙面，让幼儿添画上各种小动物，再给它们编上不同的电话号码，画面上的动物可以从最初的 3～5 个，慢慢增加到几十个，只要幼儿喜欢就可以不断添加……这样生动的主题墙，不仅不需要教师费心劳作，而且幼儿会很主动地参与，同时也能引发幼儿与墙面环境之间、幼儿之间的不断互动。

---

① 秦元东，陈芳，等. 如何有效实施幼儿园主题性区域活动. 北京：中国轻工业出版社，2013：102.

4. 展现幼儿的作品

主题墙上可以呈现幼儿的美工作品，除此之外还可以呈现幼儿在主题活动期间进行的调查、观察记录与表征作品等，同时还可以呈现幼儿做的活动计划、活动设计、产品设计等。只有主题活动丰富多彩，呈现在主题墙上的内容才可能丰富多彩。

（二）主题墙环境创设应注意的问题

（1）主题墙是开展主题课程的结果，而非故意为之的特设环境。很多教师在教育实践中存在“如何创设主题墙”的疑惑，或者每个月都要花费很大的力气去创设主题墙环境。其实，只要主题课程在开展，主题课程的内容和形式丰富多元，那么，主题墙自然就会有丰富的内容呈现，不需要教师花专门的时间凭空创设，或加班加点去制作。

（2）主题墙的环境是为主题目标服务的，所以应围绕主题目标和主题活动过程创设主题墙环境。主题课程的实施需要教师明确每个主题的目标和内涵，预设的活动和生成的活动都要把主题目标和幼儿的兴趣与需要有机结合，主题墙的结构设计、内容、呈现方式都要为主题目标和幼儿的发展服务。

（3）合理设置主题墙环境和区域环境，使两者相互补充、相互联系。主题墙和区域环境不能完全分开，有时候主题墙的内容可以在邻近区域的墙面上布置，以满足幼儿自主学习和探索的需要，共同形成主题环境。教师需要打破班级主题墙仅为墙的一部分的思维定式。其实，主题墙环境可以在班级的很多墙面上体现，可以在1.2米以上的区域体现，也可以在1.2米以下的区域体现。1.2米以上的区域可以展示搜集的信息资料、幼儿的作品等，1.2米以下的区域可以设为幼儿参与操作和互动的区域。

（4）主题墙应是动态的，随幼儿的活动变化而变化，并逐步丰富。主题墙不需要在主题一开始就布置得满满的，教师要善于留白，留下呈现幼儿后面持续活动的过程和结果所需的位置。幼儿园主题活动是动态的过程，主题墙的环境创设就必然是动态的、变化的过程，是伴随主题开展逐步走向丰富的过程。

（5）主题墙应是互动的，是“幼墙互动”“幼幼互动”“师幼互动”“家园互动”的有机媒介。主题墙作为“会说话”的环境应表现出它的互动性，这种互动不仅表现在环境可以吸引幼儿，引发幼儿的操作活动、表征活动、探究活动，还表现在主题墙会引发幼儿之间的互动交流。教师也可以借助于主题墙组织幼儿进行小组或集体的谈话活动。围绕主题墙展开的设计与制作的活动也是“幼幼互动”和“师幼互动”的一种表现。在此过程中，若能把家长吸引过来，参与材料的搜集和环境的布置，效果会更好。

（三）主题墙案例：大班：我要上小学了

“我要上小学了”主题活动的目标是帮助幼儿认识小学，了解小学生的生活，熟悉小学的环境，为幼儿进入小学做好准备。

主题墙上可以布置周围小学的照片，或者是小学生活动尤其是少先队员戴红领巾的照片；幼儿对于小学的疑问；幼儿参观活动、访问活动的照片；幼儿的作品，如折纸书包、多功能铅笔盒；主题过程中亲子互动或家园合作的照片；等等（见图5-10、图5-11、图5-12）。

图 5－10

图 5－11

图 5－12

案例

主题名称：我要上小学了

次主题一　小学，您好

环境设计

1. 布置“问题树”墙饰，搜集幼儿有关小学的疑问。在树干中心设置可固定夹子或粘贴处，便于幼儿将自己的新问题展示在“问题树”上，已经解答的问题可分别展示在树枝上。

2. 预留“我眼中的小学”主题表征墙。

3. 创设角色游戏区“小学”“文具用品商店”等。

次主题二　准备好了

环境设计

1. 保留“问题树”的外形，取名为“本领树”，凡是幼儿学会的新本领，都以图画或照片的形式呈现出来，并将这些绘画或照片挂在树枝上。将“问题树”的资料整理装订，起名为“小问号”，投放到阅读区。

2. 预留“明星墙”，用于评价及时完成任务的小朋友。

次主题三　再见了，幼儿园

环境设计

1. 将“本领树”变为“友谊树”，幼儿可以把对好朋友、老师的祝福、想念用符号、绘画等形式表现出来，并把绘画等挂在友谊树上。同时将“本领树”的照片、图画整理装订成册，起名“我们的本领大”，投放到阅读区。

2. 设立离园倒计时牌，由值日生每天在牌上（塑膜）填写数字。

3. 预留“我们在一起”主题墙。

4. 搭建温馨小屋，供幼儿与好友说悄悄话。

资料来源：山东省幼儿园课程指导教师用书（大班下）. 济南：明天出版社，2014.

五、家园联系栏

每个幼儿园都非常注重家园共育的工作，密切与家庭的联系与互动，所以，几乎每个班级门口都会有一个家园联系栏。教师期望通过这样一个栏目帮助家长了解幼儿园的教育工作，了解幼儿的发展，从而使家长支持和协助班级教师的教育工作，形成教育合力。

（一）家园联系栏的主要内容

1. 需要家长了解的幼儿教育理念和家教策略

有些教师会通过各种途径获取一些幼儿教育先进理念和先进教育方法方面的文章，并把这些文章打印出来，张贴在家园联系栏中，希望家长接送孩子时能够阅读。但这种方式可能会缺乏实际效果，因为幼儿的父母在接送孩子时都比较匆忙，打印出的文章很难吸引家长的目光。如果有些材料或文章必须要家长看到，教师最好打印出来，让幼儿带回家，或者通过班级微信群、QQ 群、班级微博等途径向家长推荐这些材料或文章。教师也可以将一些教育理念凝练成几句话放在家园联系栏，但字体要大，只有这样家长才会留意，才可能会真的起到作用。家园联系栏也可以定期向家长推介优秀的图书或视频资料，以帮助家长更好地调整自己的教育理念和教育方法，培养自己的孩子。

2. 班级教育工作信息

每个家长把孩子送进幼儿园之后，都很想知道自己的孩子在幼儿园里的状况和表现，包括吃了什么、玩了什么、开不开心等。所以，教师应该把相关信息通过各种途径传递给家长。

（1）每日作息时间表。作息时间表具有相对稳定性，一个学期内变化很少。作息时间表可以让家长一目了然地了解幼儿在幼儿园一整天的活动安排，包括户外活动、游戏、教学活动的时间和内容等。

（2）周计划。周计划是教师精心设计的每周课程内容，一般包括每天的教学活动、户外活动、区域活动、生活活动等。周计划可以让家长大致了解幼儿在幼儿园每天“学到了什么”。

（3）营养食谱。很多幼儿园会把每周的营养食谱固定在一个所有家长接送孩子都经过的地方，如放在班级门口的家园联系栏里，以供幼儿家长随时了解。

（4）特殊活动概要或图片速递。有时教师会把幼儿比较有创意的活动内容或图片呈现在家园联系栏中，比如将春季的植树、运动会、观看皮影戏、重阳节参观养老院等活动的内容和图片呈现在家园联系栏中让家长了解。

3. 活动通知

因为幼儿年龄小，有时候很难准确传话给家长，所以，教师可以把近期需要家长支持和配合的工作以通知的形式简明扼要地呈现在家园联系栏中，让家长在接送孩子时一眼就看到。

（二）家园联系栏的设计与呈现方式

班级门口的家园联系栏一般设在走廊，这样方便家长走过时看到。家园联系栏的大小不一，视具体情况而定，一般为长1.2～1.5米、宽0.6～0.8米的长方形。幼儿园可以先对墙面做一些基础处理，以便教师粘贴通知。家园联系栏的观看对象是家长，所以，其高度应在1.2～2米之间。

很多教师会花费很大功夫装饰家园联系栏，如装饰花花绿绿的花边、可爱的卡通小动物、萌萌的表情图等，赏心悦目当然很好，但是应从成年人的审美视角考虑。

家园联系栏的内容可以以文字的形式呈现，也可以以图片的形式呈现。若是文字的形式，文字不要太多，字号不能太小。

家园联系栏若空间比较大，也可以分成几个部分，如教育新视野区、今日速报区、精彩瞬间区、通知区等。

第三节　生活环境创设

一、盥洗室环境创设要点

1. 空间规划合理

一般的盥洗室面积较小，但使用频率比较高，因此在设计时合理地规划很重要，应满足盥洗、饮水、清洁、收纳等多种功能需要。在规划各功能区时应考虑动线流畅，避免过多交叉。如毛巾应紧邻洗手池，水杯架应紧邻饮水机，盥洗区与饮水区应有一定距离。

2. 整体风格清新淡雅，与室内其他空间协调一致

盥洗室内的各类设施、物品以及墙面、地面的色调应协调统一，有美感、有品质。可在适宜的位置摆放小型的绿植进行点缀，营造清新舒适的氛围。

3. 洗手池尺寸与水龙头数量适宜

洗手池的高度与宽度要与幼儿身高相匹配，一般高度为0.5～0.55米，宽度为0.4～0.45米。水龙头数量应根据班级幼儿总人数来设置，还应采用防溅水龙头，并将冷热水

标识清楚，方便使用。洗手池上方应安装尺寸、高度适宜的梳洗镜。皂液器、肥皂盒应简洁美观、方便实用。

4. 毛巾挂钩高度适宜、间距合理

毛巾挂钩设置要靠近洗手池，其高度应根据幼儿的身高来设定，不宜过高。毛巾挂钩的间距要保证毛巾之间不会互相碰叠，以预防交叉污染。如果采用毛巾架，最低一行距地0.5～0.6米，最上一行距地不大于1.2米。

5. 水杯橱设计合理，标识符合幼儿年龄特点

许多幼儿园将水杯橱设置在盥洗室内。由于盥洗室面积一般不大，幼儿水杯较小，因此，水杯橱应尽可能简洁轻薄，少占空间，可采用墙壁悬挂的方式。为保证卫生，水杯橱应采用一杯一格的间隔设计，还应有橱门或布帘遮挡。水杯橱内还应根据幼儿年龄特点设计相应的标记，方便幼儿对应取放。一般小班可采用简洁可爱的动植物形象、几何图形等进行标记，中班可采用数字、图形等进行标记，大班可以直接以幼儿的名字为标记。

6. 因地制宜设计收纳空间

盥洗室内一般需要收纳各类清洁用具、消毒用具以及各类日用杂物等，设计合理充足的收纳空间非常必要。在设计时要因地制宜，充分利用洗手池下方、盥洗室墙壁等位置，设置橱柜、吊柜，以满足分类收纳、安全存放的需求。

7. 地面防滑设计

盥洗室的地面常有水渍，应采用防滑的材料铺设，必要时在洗手池、饮水机、盥洗室门口等位置设置防滑垫，以确保幼儿的安全。

二、卫生间环境创设要点

1. 空间规划合理

根据空间布局规划蹲便池、挂便池的合适位置，分区安装。一般厕位的平面尺寸不应小于0.7米×0.8米（宽×深)。蹲坑式便池应选用儿童规格，数量合理，高度适宜，以方便幼儿使用。沟槽式的便池宽度一般为0.16～0.18米。为保证卫生，不建议选用幼儿坐便器。有条件的幼儿园可实行男女分厕。

2. 便池隔板、扶手高度适宜

厕位之间宜设置架空隔板，一般不高于1.2米，隔板上要装0.35～0.5米的扶手。

3. 安全、防滑设计

厕所应采用防滑的材料铺设，以确保安全；设计时尽量减少台阶，厕所内的柜子、池子、台阶等都要做圆弧设计处理。

4. 厕纸盒、垃圾桶简洁美观、方便实用

厕纸盒要选择便于取放的样式，安装高度要适宜幼儿，垃圾桶要选择不带盖的样式。

5. 采光、通风良好

一般厕所多在建筑的阴面，因此要安能保证有充足采光的灯具。厕所要保证通风良好，并安装换气设施。

6. 拖布池位置合适，拖把分类挂放

拖布池一般设置在厕所内的角落位置，要有一定深度，避免污水外溅。每个班通常有活动室拖把、寝室拖把、厕所拖把，要做好标记挂放，专室专用，保证卫生。

7. 营造轻松温馨的如厕氛围

厕所整体风格应清新淡雅，与室内其他空间协调一致，宜采用浅色瓷砖，花色不宜过于复杂。各类物品应与墙面、地面的色调协调统一，有美感、有品质。可在适宜的位置摆放小型的绿植、挂画进行点缀，营造轻松温馨的如厕氛围。

8. 设置清洁柜

有条件的幼儿园可在卫生间内设清洁柜存放清洁用具，这样既可以保持卫生间整洁，还可以防止幼儿随意动用。

9. 根据具体情况设置洗浴设备

在寄宿制幼儿园或南方炎热地区，须在卫生间设置洗浴设备。

三、寝室环境创设要点

1. 关注睡眠氛围的营造

睡眠室的设计风格应与其他室内环境协调一致，墙面、天花板宜造型简洁，不宜有过多的装饰及图画。整体色调宜柔和、淡雅、温馨。窗帘要选择具有遮光功能的材质。

2. 床铺摆放合理，有效利用空间

幼儿床要尺寸适宜，一般小床宽度不小于 0.6 米，长度不小于 1.35 米。独立的、空间较大的睡眠室可采用单层固定床铺，摆放时应预留宽度适宜的通道，通道宽度不小于 0.6 米，保证出入通畅。许多幼儿园的寝室还兼具活动室功能，幼儿床铺可选择双层或抽拉式三层固定式床铺，也可选择可叠放的活动式床铺，以有效利用空间。双层床的高度一般不超过 1.3 米，离窗户要有足够的距离，一般不少于 1.5 米，上铺护栏的高度要保证幼儿翻身不会翻落床外，吊扇下面不能放双层床。气候条件适宜的地区可采用架高的地铺，一般离地不小于 0.2 米。

3. 消毒灯安装符合要求

紫外线消毒灯的安装高度与数量应根据寝室空间情况来设计，符合相关部门关于幼儿园消毒灯安装的标准。消毒灯的开关要与照明灯的开关分开设置并保持一定距离，要设置在离地 1.7 米以上，并加开关盒盖，盒盖上要贴上醒目的标识。

4. 要保证通风

寝室在设计规划时要保证自然通风，如果通风条件不好可加装换气设备，如新风系统、换气扇等，以保持空气清新。

思考与练习

1. 根据幼儿生理和心理的特点分析规划班级空间时应注意什么。
2. 墙面环境创设为什么要强调“互动”？如何体现“互动”？

3. 观摩一所幼儿园的班级环境，比较小中大班的空间规划和环境创设的不同，交流这种不同的原因和结果。

4. 在一个班级观察半天，记录幼儿与班级环境互动的情况，分析环境创设的适宜性。

阅读导航

姚岚，唐建. 幼儿园室内空间色彩场景的构建. 现代装饰（理论），2012（2）.

第六章

班级环境创设（下）

本章导读

现阶段幼儿园班级环境创设最重要的任务之一就是区域环境的创设。区域活动具有自由选择和自主活动的本质特点，教师要为幼儿的自主游戏、探究、学习和交往等活动的有效开展合理规划室内空间，并提供丰富、有效、适宜的区域材料，激发幼儿游戏和学习的兴趣，满足幼儿自主活动的需要，以更好地促进幼儿的全面发展。

学习这一章时，需要先弄清楚区域活动的本质特点与意义，然后弄清楚班级区域空间规划的要点、选择与投放区域材料的基本原则与注意事项，再明确幼教实践中不同种类的区域活动的特点和区域环境创设的要点。还需要深入幼儿园了解各类幼儿园在区域环境创设方面可借鉴的优秀经验，也需要对现阶段幼儿园区域环境创设存在的问题有较理性、清晰的认识，并与老师、同学一起探讨有效的应对策略。

第一节 区域活动的本质特点与意义

2016 年颁布的《幼儿园工作规程》第 30 条明确提出："幼儿园应当将环境作为重要的教育资源，合理利用室内外环境，创设开放的、多样的区域活动空间，提供适合幼儿年龄特点的丰富的玩具、操作材料和幼儿读物，支持幼儿自主选择和主动学习，激发幼儿学习的兴趣与探究的愿望。"这段话主要包含了以下三层含义：(1) 幼儿园应根据自己的客观条件因地制宜地创设多样的区域活动空间，并且这些区域活动空间对幼儿是开放的，幼儿可以根据自己的兴趣自由选择。(2) 这些可以自由选择、自主活动的区域活动空间需要有符合幼儿年龄特点的丰富的玩具、操作材料和幼儿读物，这些都是重要的教育资源，不应该成为摆设。(3) 区域环境的创设与集体教学环境的创设完全不同，区域环境的创设强调幼儿的自主活动，所以，无论是空间布局还是玩具、材料、图书的选择与投放，都应有利于幼儿主动的探索活动、交往活动、操作活动、游戏活动等。

一、区域活动的本质特点

区域活动就是把班级环境根据发展功能划分为不同的空间，填充丰富的玩具、材料或图书供幼儿选择和开展各种各样的活动。区域活动最本质的特点有：

（1）有准备的环境。教师根据班级实际状况规划区域空间，根据幼儿发展的目标、幼儿的需要和兴趣选择和投放材料，供幼儿进行自主的操作活动、游戏活动和学习活动。

有准备的环境不是简单意义上的堆放材料，不是把材料布置在橱柜上就行了。蒙台梭利强调“环境是第三任教师”，教师要为幼儿创设“有准备的环境”，这也是教师非常重要的教育职责，能体现教师的专业素养。教师应该根据《指南》的教育目标，确定每个年龄段幼儿需要掌握的关键经验，再结合幼儿的兴趣和需要以及学习特点，选择适宜的、具有趣味性和操作性的材料投入其中，以引发幼儿具有发展意义的操作活动、交往活动、体验活动。

（2）幼儿自由选择、自主的活动。在区域活动中，幼儿可以自由选择自己喜欢的区域，自己决定跟谁玩、玩什么、怎么玩。幼儿只要不破坏环境、不吵架、不打架，没有安全问题，教师一般不会给幼儿太多限制，反而会尽可能鼓励幼儿的自主活动，以发展幼儿的自主意识和自我管理的能力，让幼儿通过与他人、与材料的互动获得实实在在的学习和发展。

（3）教师的间接指导。区域活动强调的是幼儿的自由、自主活动，所以，教师的主要任务是为幼儿创设适宜的环境，提供适宜的材料，引领幼儿的活动，或者通过与幼儿的共同游戏间接实现对幼儿的指导。

在区域活动中也会有教师的直接指导，比如组织幼儿进行活动前的谈话、活动后的分享交流等。在幼儿活动过程中，教师尽可能采用间接指导的方式，并注意适时、适当、适度，避免因指导过度或指导不当。

二、区域活动的意义

区域活动与教学活动是两种性质不同、功能不同的活动。教学活动通常是教师预设的高结构活动，可以更好地体现教师有目的、有计划的引领。区域活动是幼儿自由选择的低结构活动，可以更好地体现幼儿的自主学习与自主发展。这两种类型的活动都是幼儿园课程的重要组成部分，可以在幼儿园一日生活中并存。但是，过去几十年我们的教育过于看重教学活动的价值，而忽略了区域活动的价值。

现阶段区域活动的核心价值主要表现在以下几个方面：

1. 自由选择的主体性活动体现了对幼儿的尊重，符合以儿童为本的教育理念

《纲要》《指南》《规程》倡导的以儿童为本的教育理念尽管已经深入人心，但在教育实践中，在以集体活动为主要活动模式的幼儿园一日生活中，尊重幼儿的兴趣和需要，尊重幼儿的发展差异很难落到实处。而区域活动是个别化的自由、自主的活动，幼儿可以在相对宽松和自由的氛围中自由交往、自主操作。在区域活动中教师的指导更多地表现为活动前的环境创设和活动过程中的观察与隐性指导，所以，这种低结构的活动模式有助于幼

儿按照自己的发展节律、兴趣爱好选择符合自己需要的活动，促进幼儿主体意识的发展。

2. 有助于改变幼儿教育小学化倾向，让幼儿园课程更贴近幼儿

尽管教育部三令五申，幼儿教育小学化倾向仍然在很多地区不同程度地存在着，这种倾向与社会文化教育传统有关系，也与竞争日趋激烈的社会现实关系密切。

尽管区域活动不可能从根本上消除小学化倾向，但从某个角度讲，区域活动的推行有助于改善现阶段的幼儿教育现状，有助于教师在实践中落实《纲要》《指南》《规程》中的先进理念，让幼儿园课程更贴近幼儿的天性，让幼儿在快乐的童年生活中获得有效和有益的发展。

3. 把幼儿从被动的学习状态中解救出来，凸显其主体价值

强调幼儿的主体地位并不是幼儿教育的新观念，但综观幼儿教育现状，我们不得不承认，这仅仅是一种教育理想，在实践中仍能看到许多的教师满足于“我讲你听、我说你记、我问你答”的教育教学模式。而区域活动恰恰相反，它能凸显幼儿作为活动主体的价值，强调幼儿的自由、自主和自选，所以，区域活动中幼儿会有更多的机会以“主人翁”的姿态展现自己，这样不仅有利于幼儿知识经验的建构和社会性的发展，更有利于幼儿自主性的发展，凸显其主体价值。

4. 保护幼儿的创造性，发展幼儿的各种能力

创造性和自由程度是成正比例关系的，越是自由的氛围越有助于幼儿自我的展现，有助于其创造性的表达和表现。在幼儿园的活动区域，投放适宜的材料，放手让幼儿进行自由交往和操作，让幼儿有机会遇到真实的问题，引发幼儿的认知冲突，有助于幼儿提高自我学习的能力，提高发现问题、解决问题的能力，提高交往的能力和认知的能力，提高创造的能力。

第二节 班级区域空间的规划

教师在进行班级区域空间规划设计时，首先需要确定班级区域的种类和数量，再根据班级的空间因地制宜地进行规划，从而更好地促进区域活动的开展。

一、区域种类和数量的选择

因为分类的角度不同，幼儿园区域的类型也不同。通常大家是按活动内容进行分类，如分为建构区、表演区、阅读区、美工区、益智区等。在笔者的《小区域　大学问：幼儿园区域环境创设与活动指导》一书中，根据区域活动的性质，把区域分为三种，即常规区域、主题区域和特色区域[①]。

近些年，笔者在幼儿园反复与老师们进行研究探讨，对幼儿园所有区域活动进行分析，发现幼儿无论在什么位置，从事的活动不外乎以下三种：一种是游戏倾向的活动，一

① 董旭花，韩冰川，王翠霞，刘霞. 小区域　大学问：幼儿园区域环境创设与活动指导. 北京：中国轻工业出版社，2013：9-11.

种是学习倾向的活动，一种是生活技能模仿倾向的活动。通常游戏倾向的活动多是幼儿喜欢选择的活动，这种活动比较热闹，更富有创造性和变化性。学习倾向的活动一般是教师根据教育目标投放材料，通过控制材料支持或引导幼儿的活动，因而目标性更强，活动的规范性更强，更具有学习和技能练习的成分。学习性的区域相对来讲比较安静，有一定的规则，讲究秩序，对于幼儿的智能和精细动作发展有益，也有助于幼儿良好学习品质的形成。在生活技能模仿倾向的活动中，教师会投放一些与实际生活相一致的活动材料，引导幼儿进行相关的生活模仿、体验活动，如做水果、拌蔬菜沙拉、磨豆浆等。

由于区域的种类比较多，每个班级不可能，也没有必要把所有的区域活动都开发出来，这就需要教师进行取舍。每个年龄班的教师在选择区域类别的时候需要考虑以下几个关键要素：

（1）班级阶段性发展目标。区域活动强调幼儿的自由选择，不是让教师放任不管，教师应创设有准备的环境鼓励和支持幼儿进行自由选择。幼儿园课程不论以何种形态出现，都是教师有目的、有计划地对幼儿施加影响的一种形式，如果以放风筝来做比喻，可以说在区域活动中，教师的线放得更长，幼儿自由的空间更大。但是，教师仍需要考虑本班幼儿近期发展的目标，根据目标达成的需要，设置相应的区域，投放相应的材料，以促成幼儿的自主学习和自主发展。如大班的幼儿即将升入小学，幼小衔接教育成为大班很重要的教育内容，大班的阶段性发展目标核心就是培养幼儿具备良好的学习态度、学习能力和学习品质，为幼儿适应小学的正规学习活动做好准备，此时益智区、科学区、建构区等都成为非常必要的区域。

（2）幼儿的兴趣、需要和已有经验。在区域活动中没有教师的强制，如何达成幼儿发展的目标？那就需要教师设置幼儿喜欢的、能和幼儿的已有经验对接的区域。如小班的幼儿刚刚离开家庭，不同程度地存在分离焦虑感，如果在小班设置娃娃家之类的安抚情绪情感的区域，就会对接幼儿已有的家庭生活经验，更好地满足幼儿的需要。

在幼儿园实践中一直存在热门区域和冷门区域之说。所谓热门区域就是幼儿都喜欢，争抢着要去玩的区域，通常游戏性区域更容易成为热门区域。所谓冷门区域就是幼儿不太喜欢的区域。

从幼儿发展目标的达成角度来看，既应该设置游戏类的较热闹的区域，也应该设置自主学习类的较为安静的区域。一般来讲，年龄越小的班级，游戏类的区域应该越多。教师还应该通过材料的调整尽可能让区域活动更符合幼儿的兴趣和需要，也可以上午下午各安排一次区域活动，让创造性游戏类区域活动和自主性学习区域活动分开进行，从而避免选择上的困扰和相互干扰。

（3）地域资源、社区资源的可利用情况。近几年教师外出参观学习的机会越来越多，很多老师会注重对别的幼儿园环境创设的观摩，拍摄很多它们区域环境的照片，希望回到自己的幼儿园之后模仿学习和复制。这是一种好的现象，但是每个幼儿园都有自己的特点，有很多区域活动在设置时需要考虑材料的地域限制，如果没有周围自然和社区资源的支持，有些区域活动很难持续下去。

（4）主题课程的目标和核心内容。现阶段很多幼儿园运行的是主题课程，教师在考虑区域种类的选择时，还要考虑主题目标的需要。设置主题区域或者开展主题性区域活动，更有利于主题目标的达成，促进幼儿在融合课程中的整体发展。

另外，每个班级需要设置几个区域，区域数量要根据班级孩子的数量、班级空间的大小、玩具材料的多少来确定，通常每个班级的区域数量不少于5个。

二、班级空间的规划

1. 班级空间的合理分割

（1）根据区域活动的性质确定其位置与面积。通过研讨确定本班区域的种类和数量之后，教师首先要考虑每个区域的位置与面积大小。通常阅读区需要安排在光线充足的地方，科学区有些实验需要光、电、水等，所以，科学区尽可能临近水源、光源、电源，如果不能临近，教师应该有相应的解决对策。益智区和阅读区最好在一个相对安静的地方，方便幼儿专注地活动。建构区需要宽敞的地面或桌面，美工区需要较大的操作台面。

教师还需要根据班级空间的具体情况、材料数量、容纳的人数确定每个区域空间的大小。班级空间狭小的幼儿园，不一定非要摆出每一种区域，可以把玩具橱柜靠墙，等区域活动需要间隔的时候再拖出橱柜或桌椅。

（2）根据区域之间的关系确定其位置关系。哪一个区域与哪一个区域相邻，并不是无所谓的小事，教师应该根据它们之间的关系确定其位置关系，如娃娃家的爸爸妈妈喜欢带娃娃去看病、购物、理发，那么娃娃家与小医院、超市、美发店相邻就非常合适。

（3）动区与静区的划分。在幼儿园的区域活动中，一般来讲社会性交往的区域（娃娃家、小医院、美发店、宠物店、餐厅等）和表演游戏区域比较热闹，幼儿活动范围比较大，来来往往，说说唱唱，属于动区。而益智区、阅读区、科学区、美工区等相对安静，属于静区。如果班级有专门寝室，可以把动区与静区隔离，分别安排在活动室和寝室。如果班级寝室和活动室是一体的，那就只有把动区安排在走廊，或者每天两次区域活动时间，学习性区域活动和游戏性区域活动分别安排在上午和下午进行。

2. 区域的开放性与封闭性

开放即区域门口没有任何围挡，封闭即区域周围有围挡。开放有助于幼儿交往和互动，封闭有助于幼儿安静专注地进行活动。开放和封闭是相对而言的，教师可以根据区域活动的目标、本班幼儿的活动状况、空间状况进行完全开放、半开放、封闭等不同的设计。

3. 巧妙地、立体地、动态地利用空间

如果班级的空间不足，人数相对较多，可以考虑立体地利用空间，把某些需要较大操作空间的材料竖起来或上墙，这样就能节省空间。还可以动态地调整使用空间，中大班幼儿有能力根据需要随时调整每个区域的位置和空间大小，同一个空间在不同的时间段里活动的内容可能是不一样的。

第三节　区域材料的选择与投放

材料是人类用于制造物品、器件、构件、机器或其他产品的物质。延伸至幼儿园的区域活动，材料是指能够引发和支持幼儿开展各种各样活动的物质，包括游戏材料、学习材料、阅读材料、探究材料、艺术活动材料等，具有操作性和互动性等特点。

幼儿园区域环境创设最关键的要素就是区域材料，丰富的、有品质的材料是保证区域活动质量的前提。对教师来说，材料是教育目标和教育内容的物化体现；对幼儿来说，材料是主动建构经验和认识周围世界的中介和桥梁。所以，材料的合理选择和投放是开展区域活动的前提和保障，也是教师专业素养的综合性体现，教师应该给予足够的重视。

一、如何选择材料

区域活动的材料一部分需要直接购买成品材料，尤其是益智玩具、建构玩具等，很多高品质的玩具教师自己很难做出来，所以，幼儿园应该每年都有玩具、图书预算，为幼儿购买一部分好的玩具、图书。当然老师也可以为幼儿做一部分，也可以请家长帮忙搜集一部分，自然材料、废旧物品等都可以成为幼儿园区域活动的玩具和材料。在这个过程中，教师一定不能忘了幼儿的存在，幼儿不仅是环境的享受者，也应该成为环境的建设者，对幼儿来讲，参与环境创设本身就是学习和成长。在选择材料时，教师应该重点考虑以下几个要点：

(1) 安全的材料。在幼儿分散的自由自主活动中，教师很难把注意力分配在每个幼儿身上，所以，区域活动的材料更需要注意安全问题，这里的安全既包括材料本身的安全，也包括材料使用的安全。

(2) 适宜的材料。材料要适合幼儿的发展目标、发展特点和水平，适合幼儿已有的经验、兴趣和需要等。强调适宜的材料并不否认材料应有的挑战性和引领性。有些教师会把区域活动简单地理解为教学活动的延伸，仅仅为了复习巩固学过的知识经验，这是对区域活动肤浅化的理解。即使是幼儿不熟悉、略有难度的材料也可以投放区域，以供幼儿自主探究，获得新发现。

(3) 丰富的材料。材料的种类和数量要充足，才能满足幼儿不同的兴趣和需要，也才能让幼儿有自由选择的可能性。但是，丰富的材料并不是越多越好，材料有时候过多反而可能会导致幼儿不专注，或者导致核心经验的游离，让幼儿的探究活动没有方向。

(4) 操作性强的材料。区域活动的材料不是摆出来观赏的，而是让幼儿参与互动的，只有材料具有较强的操作性，才能满足幼儿反复探索和游戏的需要。

(5) 自然环保的材料。不仅要选择安全、无毒、无害的材料，而且应尽可能多地选用自然环保的材料。购买玩具时，必须选择具有 3C（CCC）安全标记的正规厂家生产的玩具。

二、如何投放材料

当班级材料不多时，教师会一股脑儿地把所有东西摆上橱柜，不考虑如何投放的问题，只有材料多的时候才会考虑先投放什么，后投放什么。其实不然，选择材料体现的是教师对材料的分析和把握、对幼儿兴趣和能力的把握，而投放材料则体现的是教师对幼儿最近发展区水平的把握。

（1）有层次地投放材料。有层次地投放材料，简单地说就是按照材料操作的难易程度有顺序地投放材料。一般来讲，幼儿年龄越大，材料的挑战难度就越大。因为自主性学习材料目标更突出，操作要求更严格，玩法更具有程序性或者更规范，所以，学习性材料比游戏性材料更需要考虑层次性的问题。

另外，因为班级中幼儿的发展存在个体差异，所以材料在投放时必须考虑不同发展水平的幼儿的不同特点，以满足他们不同的需要，因此，投放材料时要难易结合、层层递进。

（2）整齐、有序地投放材料。区域活动材料，尤其是自主性学习区域的材料最忌讳的就是把很多无关的材料乱七八糟地堆砌在一起，应该注意有序地摆在大一点的托盘或者筐中，再摆放在橱柜上，便于幼儿自由取放。

（3）按照材料构成的活动投放材料。仓库里的材料通常是先进行分类，再分门别类进行存放。可是，班级区域材料不同于仓库里的材料，在投放时为了更好地引发幼儿有价值的活动，就需要考虑材料的内在逻辑构成的活动属于哪一类，更适合哪几种材料组合在一起（见图 6－1）。比如，若要引发幼儿在科学区探究如何让小灯泡亮起来，就需要把干电池、电线、小灯泡放在一个筐中供幼儿探究，而不是电池一个筐，电线和小灯泡一个筐（见图 6－2）。

图 6－1

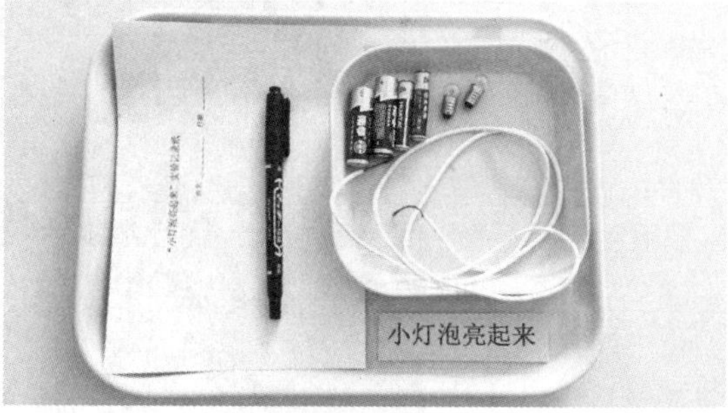

图 6－2

（4）不断地调整材料。幼儿园教师经常会在实践中遇到，材料投放后幼儿玩了几天就不感兴趣了，替换掉材料成本太大，很难做到，那该怎么办？教师要学会运用回归、重组等方法让材料焕发生机。所谓回归，即幼儿玩了一段时间之后，教师收起来，过一段时间再重新投放。所谓重组，就是材料与材料的重新组合，重新组合的材料会引发更有趣的操作活动。如美工区的毛笔与宣纸，毛笔不仅可以用来在宣纸上画画，也可以用来在陶瓷盘、T 恤、树枝等材料上涂鸦。

（5）逐步补充、更新材料。应该伴随幼儿园课程的开展、幼儿活动内容的不断丰富而逐步补充、更新区域材料，否则很难适应幼儿的需要和兴趣。

（6）设置方便幼儿取放的收纳盒和提示标识。班级环境如果想要丰富而不杂乱，收纳是很关键的一点。幼儿园要为每个班级配备足够的橱柜，有高有低，既有开放的橱柜供幼儿自由取放，又有封闭的橱柜供教师收纳暂时不用的材料。区域材料中体积较大的材料，如娃娃、汽车、水枪等可以单独摆放在橱柜中，体积较小的材料一般先收整在筐里或托盘中，再投放在橱柜中，筐（托盘）的大小根据材料的体积或数量来决定，这样既方便幼儿收整，也能保证班级环境的整齐有序（见图 6－3、图 6－4）。

图 6－3

图 6－4

在区域活动刚开始阶段，教师一定注意引导年龄小的幼儿学习收整的方法。教师可以在筐的边缘和橱柜相应位置粘贴一样的图案，作为幼儿收整物品时的提示标识（见图 6－5）。

图 6－5

三、目前幼儿园区域材料选择与投放存在的问题与对策

（一）材料选择与投放存在的问题

每个幼儿园区域活动开展的状况不一样，存在的问题也有很大的差异，普遍存在的问题如下：

1. 材料种类单一、数量不足

既然区域材料是开展区域活动的基本前提，那就首先要保障幼儿进入区域之后有材料可玩。有些幼儿园区域活动中材料太少，无法支撑幼儿的自由选择，经常出现幼儿争抢材料的现象，或者老师为幼儿分配材料，分到什么幼儿就玩什么。也有些幼儿园材料够多，但教师不投放，锁在橱柜中，一是为了保护材料，二是因为整理太麻烦。这两种现象都不利于幼儿在区域活动中的发展。

区域活动的材料要丰富多样，不仅数量要多，种类也要多，这样才能支持幼儿多种多样的探索活动。比如科学区，如果仅有60个放大镜、100个干电池、100块磁铁，从数量上来讲材料并不少，但仍构不成幼儿丰富的探究活动，所以无法支持幼儿的自主性学习活动，仍然不是好的区域环境。

2. 材料投放盲目，缺乏专业思考

现阶段很多幼儿园教师在投放材料的时候表现得较为盲目，有什么就投放什么，教师满足于材料多，却很少思考这么多的材料到底对幼儿的发展起了多大的作用。

投放什么材料、为什么投放、怎样投放关系到幼儿后面的发展，所以，区域活动对教师的专业水平要求较高，需要教师在投放之前认真思考材料的性质和特点、幼儿的发展水平、幼儿的兴趣，思考哪些材料可能诱发幼儿的活动、活动对幼儿发展的价值、幼儿可能面临的问题、教师的应对策略等，经过这一系列的思考之后再投放材料可以避免材料随意投放导致的无效等问题。

3. 一些材料的可操作性比较差，其意义不大

环境美观是很多幼儿教师非常关注的，区域环境中的材料是为了支持幼儿的探究活动、游戏活动。有些教师一遇到重大活动就会加班加点地布置环境、丰富材料，甚至会制作一些好看却不让幼儿动的材料，这样的材料在区域中基本属于无意义的材料。区域活动最基本的一点就是通过教师投放的材料引导幼儿与环境中的人、物、事进行互动，从而建构自己的知识经验，促成自身的发展。那些操作性差的材料无法引发幼儿的互动，对幼儿来说没有多大的意义。

4. 材料无助于幼儿的自主操作

有些幼儿园区域活动的材料只有在教师的指导下幼儿才能进行操作，所以，教师会感觉进行区域活动很累，既要制作材料、布置环境，又要指导幼儿开展活动，还要管理班级纪律。出现这样的问题，既与教师对区域活动的理解有关系，也与材料的投放有关系。区域活动不同于教学活动，区域活动中的幼儿是自由选择、自主活动的，只有区域材料操作难度适宜，幼儿掌握了材料使用的方法、遵守了区域活动规则之后，幼儿才可能自主、有序地进行活动。所以，教师放手让幼儿玩的同时，要考虑幼儿是否了解材料、是否掌握了玩法和规则，尤其是在自主性学习活动中。

5. 材料投放年龄层次不明显，小中大班基本一致

笔者走过一些幼儿园，发现从小班到大班，区域种类一致，投放的材料也基本一致，这是一个很明显的问题。不一样的年龄段，发展目标不一样，发展水平和已有经验不一样，兴趣爱好也不一样，那么，支持幼儿自主活动的区域材料怎么可能一样呢？要解决这个问题，就需要教师认真观察和理解幼儿发展的年龄差异，研读《纲要》《指南》中每个

年龄段幼儿的发展目标，再根据幼儿的最近发展区和兴趣，选择和投放适宜的区域材料。

6. 材料投放杂乱无章

有些幼儿园区域材料太多，收纳橱柜又不够，所以会出现材料杂乱摆放的现象。如果区域材料摆放太过杂乱，幼儿很难找到适合自己的有效材料，开展有价值的活动，尤其是学习类区域活动。所以，材料整齐、有序的投放非常重要，如果材料太多，可以把暂时不用的材料先收起来，不一定完全开放所有的材料。

7. 材料更新补充较慢

有些幼儿园每年区域活动的材料都一模一样，基本不更新和补充。笔者一方面能够理解教师工作的辛苦，另一方面也为幼儿的发展担忧。幼儿的课程和生活每天都会发生变化，所以，幼儿也是一个每天都在发展变化的个体。幼儿园区域活动的材料应该随着课程的开展与幼儿经验、兴趣的变化不断调整、补充更新。

(二) 解决现阶段区域材料存在问题的对策

目前幼儿园区域材料投放存在的问题，归根结底与教师的专业发展水平直接相关，很多教师还是信赖传统的教学方式，缺乏用材料推动幼儿学习的观念。此外，无论是职前教育还是职后教育，很多教师都缺乏对幼儿自主活动和活动材料的研究，因此，也缺乏材料分析的意识与能力。解决这个问题的对策如下：

(1) 通过培训和学习，转变教师的教育理念，逐渐形成以幼儿为本的教育观念；相信幼儿具有自主学习和自我成长的力量。

(2) 投放材料之后，教师应该对幼儿使用材料的状况进行持续的观察与分析，并根据幼儿的操作情况，不断调整材料。

(3) 通过园本教研，提高教师分析区域活动材料的意识和能力。

第四节 创造性游戏区域环境创设

创造性游戏区域是指角色游戏区、建构游戏区和表演游戏区，创造性游戏区域符合幼儿的心理特点和需要，是小中大三个年龄班必设的区域。幼儿教师需要了解每个区域的特点，给予幼儿必要的指导，有针对性地引领幼儿在其中的发展。

一、角色游戏区环境创设

(一) 幼儿角色游戏的特点与类别

角色游戏是幼儿按照自己的意愿扮演角色，运用语言、动作、表情、想象等，创造性地再现社会生活的一种游戏，是幼儿时期最典型、最有特色的游戏形式。在角色游戏中，幼儿可以充分发挥其想象力，创造性地模仿现实生活，这种游戏既为幼儿提供了再现人与人之间关系的机会，又为幼儿适应社会、丰富社会经验、提高交往能力打下良好的基础。

理解角色游戏的基本特点是探讨角色游戏区域环境创设的基本前提。角色游戏比较全面地反映了游戏的基本特点，与结构游戏等其他种类的游戏相比，它的突出特点是：

1. 与幼儿的社会生活经验密切联系

苏联现代游戏理论的主要代表人物艾里康宁认为，角色游戏是“一种发展了的活动形式，幼儿在这种活动中充当成年人的角色（职能），并在专门设置的游戏条件下概括地再现成人的活动和他们之间的关系”。角色游戏的主题、情节、角色、规则等来自幼儿生活。幼儿自身社会经验的丰富程度也会直接决定游戏内容的情节变换。比如，偏僻山区的孩子们可能会玩警察抓小偷的游戏，但很少会玩交警、红绿灯的游戏。

2. 富有创造性的假想活动

假想活动是角色游戏得以进行的重要支撑。角色游戏过程是创造性想象的过程，幼儿可以在角色游戏中自由地发挥其想象力和创造力，因而他们对角色游戏的兴趣最为浓厚，角色游戏的主题、角色、情节也十分新颖、多样。创造性想象表现在许多方面，主要有：一是假想游戏角色，即以人代人。幼儿可以扮演他们感兴趣的各类社会角色，如银行经理、快递员、宠物店美容师、照相馆摄影师、超市管理员、医生、病人等。二是假想游戏材料，即以物代物。幼儿以一种物品代替其他物品，例如将一把普通的椅子想象为马、桌子、床、汽车、电脑、电视等。三是假想游戏情节，即情景转换。幼儿通过游戏动作转换游戏情景，例如幼儿本来坐在椅子上假想开车，结果又从椅子上下来，仰面躺在地板上，双手在空中摆来摆去，假想车坏了，自己在修车等。

3. 游戏主题和内容受环境和材料的制约

幼儿的思维具有直观性和形象性，年龄小的幼儿很少先做游戏计划，再寻找替代物创设环境进行游戏。幼儿通常是看到什么就会立刻进入想象的游戏之中，如幼儿看到锅碗瓢盆就会进入做饭吃饭的游戏之中，看到汽车就会进入开车、修车的游戏之中，看到白大褂、听诊器就会进入看病的游戏之中，等等。所以，班级游戏环境的创设和材料的提供极为重要。

根据游戏的内容，幼儿的角色游戏可以分为生活模仿游戏和职业体验游戏两大类。

（1）生活模仿游戏。

生活模仿游戏是幼儿通过模仿家庭中的不同成员，再现生活中人物的动作和语言，体验与周围其他人、事、物的关系的角色扮演活动。此类游戏不但可以使幼儿获得安全感和心理慰藉，还能够再现幼儿的生活经验，创造性地表现幼儿的想象和情感，比如娃娃家就是小班角色区创设的首选。刚入园时，幼儿在娃娃家的游戏里可以得到情绪上的安慰，缓解与家长分离的焦虑。有些教师认为娃娃家只适合在小班开设，实际上，娃娃家这样的角色区一直到大班都可以保留，不过材料和玩法要随幼儿年龄的增长而变化。

（2）职业体验游戏。

职业体验游戏是幼儿对将来社会生活的预演，为他们适应以后的成人社会、遵守社会规则、理解人与人之间的关系、习得合理的行为方式提供了一个重要的途径。在这种游戏中，幼儿通过各种“工作”体验成人的生活，在参与中学习社会知识。比如在医院、理发店、餐厅、超市、银行、邮局、警察局、小学等角色游戏区，幼儿可以扮演医生、理发师、营业员、收银员、柜台工作人员、快递员、警察、教师等角色，并在角色扮演中满足社会交往的需要。

教师可以根据幼儿的年龄、兴趣和生活经验，设计不同的角色游戏区，如娃娃家、餐厅、理发店、银行、超市、烧烤店、糖果店、蛋糕房、交通岗、小学等，然后选择和投放不同的角色扮演材料。可以说，对于社会上存在的职业和生活、工作场所，只要幼儿感兴趣，就可以在班级创设相应的角色游戏区①。

（二）角色游戏区环境创设要点

角色游戏区的环境主要包括游戏空间、玩具和游戏材料，它们是幼儿进行角色游戏的物质条件，会使幼儿产生遐想，能有效激发幼儿游戏的愿望和兴趣。

1. 创设相对固定和宽敞的游戏空间

有条件的幼儿园可以设置专门的角色游戏室，也可以在户外开辟一个相对固定的空间支持幼儿角色游戏的开展。同时，每个班级应该设置1～3个角色游戏区，也可以在走廊和大厅等公共空间创设不同的角色游戏区，各班资源共享，这样不仅可以物尽其用，而且还可以扩大幼儿社会交往的范围，促进幼儿个性的良好发展。

角色游戏区相对来讲属于较为开放的区域，因此，所占面积较大，而很多幼儿园班级活动室面积较小，幼儿人数较多，所以满足所有幼儿活动所需的区域空间就显得极为重要。有些幼儿园一天有1～2次区域活动时间，每次1个小时左右，所有区域同时开放。这样的幼儿园，每个班级一般会有1～3个角色区，剩余的空间给其他的区域活动用。在这种情况下，教师就要考虑充分利用班级所有空间，综合规划班级活动室、寝室，甚至可以合理利用卫生间、走廊等空间创设区域环境，以解决幼儿多、空间不足的问题，满足幼儿区域活动和游戏的需要。比如：如果寝室的床可以折叠或堆放，腾出来的空间可以设置娃娃家、小医院、悄悄话小屋等角色区；卫生间如果比较宽敞，可以设置消防局、宝宝游泳馆等角色区；走廊比较宽的话，可以设置邮局、快递公司、交通岗等角色区。

2. 提供丰富多样的玩具和材料，支持幼儿开展丰富多彩的游戏

丰富的玩具和材料可以激发幼儿游戏的兴趣，满足幼儿的游戏需要。幼儿游戏主题的确定、游戏情节的发展以及游戏中的交往都与游戏材料关系密切。教师可以为幼儿提供部分逼真的玩具，如娃娃、餐具、听诊器、注射器等。随着幼儿年龄的增长，上面这些高结构游戏材料可以适当减少，多增加一些低结构的游戏材料，如纸片、毛线绳、小石头、树叶等，以更好地促进幼儿以物代物能力的提高。老师也可以和幼儿一起自制玩具，这不仅有助于及时补充游戏材料，增加玩具的数量，提高幼儿游戏的兴趣，还可以充分调动幼儿的积极性、主动性、创造性，提高幼儿的自信心。

由于玩具材料的种类对于幼儿的游戏具有某种定向的功能，所以玩具材料的种类和数量的选择，以及不同材料的搭配非常重要，教师要通过观察幼儿游戏的内容和游戏的过程，不断对游戏材料进行调整，以更好地支持幼儿的游戏发展。

现阶段幼儿园角色游戏区在材料提供方面存在的最大的问题是材料过于逼真。很多教师感觉困惑，不知道在角色游戏区里投放的材料到底该真实一些，还是虚拟一些。谈到这个问题，我们需要回归到什么是角色游戏才可以弄明白。角色游戏是幼儿按照自己的意愿扮演角色，运用语言、动作、表情等，创造性地再现社会生活的一种游戏。根据这个描述性定义，我们可以了解幼儿角色游戏的基本特点：一是角色游戏具有社会性，与幼儿的社

① 董旭花，王翠霞，阎莉，刘霞．幼儿园创造性游戏区域活动指导．北京：中国轻工业出版社，2014：2-3.

会生活经验密切联系，是幼儿对生活的创造性再现；二是角色游戏具有假想性，具有特殊的真实和想象的特点。角色游戏是象征性游戏的一种，而象征性游戏突出的特点是情景转变（把游戏现场假想成家庭、超市、医院、战场等）、以人代人（把自己和伙伴假想成各种人物）、以物代物（用简单、常见的材料替代真实的物品）。

如此说来，伴随替代性物品的假想性角色扮演活动才是角色游戏，如果幼儿用真实的物品进行活动，只能是生活体验，而非游戏。比如，幼儿用真的碗盛真的饭来吃，就不可能被称为游戏，而幼儿在娃娃家用一个纸盒子当碗模拟吃饭，那就是小孩子们的娃娃家游戏。

当然，生活体验活动有其特别的意义和价值，但不属于游戏的范畴。

对于年龄小一点的幼儿来讲，有时候需要游戏材料更逼真一些。形象相对逼真的玩具和材料有利于幼儿更快地进入游戏情境，更快地确定游戏主题和游戏内容。比如，在娃娃家投放小碗、小勺、小壶，可以让幼儿用这些材料模拟真实生活，如做饭、炒菜。幼儿年龄越大，对于角色区材料的真实性要求越低，甚至有时可以以虚代虚了（手里什么都没有，幼儿照样可以表演吃饭、吃西瓜、喝饮料、穿衣服等），这也是幼儿象征性思维发展的具体表现。

（三）角色游戏区环境评价

班级角色游戏区环境创设评价表如表 6-1 所示。

表 6-1　班级角色游戏区环境创设评价表

幼儿园：________　班级：________　时间：________

评价指标		标准分	得分
空间布局 30 分	区域的空间面积是否能够满足幼儿开展游戏的需要	10	
	是否能够充分利用地面、墙面等立体空间，为游戏创设适宜的环境	10	
	区域空间是否根据幼儿的意愿和需要经常进行动态性变换或调整	10	
材料投放 60 分	主体材料是否承载着区域当前的教育目标，能否为幼儿的当前发展需要提供支持	15	
	材料数量、种类、配置等是否满足当前角色游戏活动的需要	15	
	能否随幼儿的游戏需要和经验提升而不断投放新的材料	15	
	是否注重幼儿操作材料的良好常规和习惯的培养	15	
区域墙饰 10 分	墙面环境是否可以为幼儿游戏提供必要的支持，如范例图片、主题情景图等	10	

资料来源：董旭花，王翠霞，阎莉，刘霞. 幼儿园创造性游戏区域活动指导. 北京：中国轻工业出版社，2014：7-9.

二、建构游戏区环境创设

（一）幼儿建构游戏的特点

建构游戏是幼儿使用各种建构材料，如积木、插塑、沙石、泥、雪、金属材料等，通过想象构造物体形象的游戏。因为幼儿建构的物体形象大多为周围的建筑物，所以，此游戏又称建筑游戏。建构游戏先是由简单的拼搭开始，随着幼儿社会生活经验的丰富和认知能力、动作技能的发展，幼儿建构游戏的水平不断提高，有时还可以与角色游戏、表演游戏相互穿插进行。幼儿借助对社会的认知和自己的想象，通过堆砌、排列、组合等各种操作活动进行建构，因此，也有人认为幼儿在结构游戏中扮演的角色就是“工程师”和“建筑师”。

幼儿阶段建构游戏的突出特点表现为：

（1）建构游戏是一种素材玩具游戏，具有无限的变化。材料是建构游戏的物质基础，离开了游戏材料，建构游戏就无从谈起。建构游戏的材料是由各种建构元件（如积木块、胶粒、插塑、石子等）组成的，这些材料本身只是没有意义的各种零部件，通过幼儿的动手操作，这些无意义的元件便被组合成一个整体，并借助幼儿的想象被赋予了多种意义，产生千变万化的形象。例如，不同形状的插塑经过幼儿的拼搭、镶嵌组成了小汽车、火车、花园、高楼、人物、动物等。

（2）建构游戏与幼儿空间知觉和思维能力等认知能力密切相关。建构游戏不仅要求幼儿具备一定的操作技能，还要求幼儿具备一定的空间知觉和以想象力为基础的象征能力。幼儿在操作建构材料的过程中感知物体的大小、形状、方位等，从感知中获得表象，将认识由具体上升为抽象，然后进行再造想象，从而发展空间知觉和象征能力。这种建构游戏对于幼儿理解物体的数量关系、空间关系、逻辑关系都具有重要影响。

（3）幼儿的建构游戏从无意义的操作和简单的重复动作慢慢发展到有目的、有计划的建构，操作越来越熟练，作品越来越完整。建构游戏与其他游戏的显著区别就在于幼儿通过操作进行各种构造活动。最初幼儿在游戏中进行的多是简单的堆砌和拼搭行为，动作简单重复，然后在成人的引导下慢慢学会命名，赋予建构物形象和意义。在构造过程中，垒高、铺长、铺平、围合、镶嵌等建构技能也越来越丰富，越来越熟练，建构的目的性和计划性也越来越强。中大班幼儿已经能先制订建构计划，根据建构计划选择材料，持续完成一件作品。建构的主题和内容也越来越丰富。

（4）伴随年龄的增长，幼儿在建构过程中的合作越来越多，水平越来越高。合作也增添了建构游戏的吸引力，使同伴间相互学习。小班幼儿的建构游戏更多体现为独自地、较盲目地摆弄材料，幼儿之间交往少，但是中大班的幼儿越来越喜欢同伴间共同游戏，他们慢慢学会在游戏之前协商建构的计划，进行分工，共同完成一个建构作品。同伴交往越来越多，彼此之间有语言交流，也有动作模仿，还有矛盾争执，但这并不妨碍幼儿对于共同建构游戏的喜爱。

（5）性别差异在建构游戏中表现较为突出。在幼儿园小中大班的建构游戏中，积木类的建构游戏性别差异最大，男孩选择的多，女孩自愿选择的比例基本在30%以下。笔者走过很多幼儿园，看到很多班级的积木区常常仅有男孩。拼插一类的游戏材料因其外形多样、色彩鲜艳、建构技能较简单，女孩选择的比例会高一些，但平均也不超过50%。这种差异与性别兴趣有关系，也可能与空间智能、思维能力发展的差异有关系，需引起幼儿园教师的充分关注。

（二）建构游戏区环境创设要点

1. 创设与拓展幼儿建构游戏的空间

按照材料的不同，建构游戏主要分三大类：一类是积木类的建构，一类是插塑类的建构，还有一类是石子、沙子、雪、树枝、玉米棒等自然材料或纸盒、纸板、木板之类的废旧物品材料的建构。也有很多幼儿园把自然材料和废旧物品材料作为补充材料投放，供幼儿自由选择。无论是哪一类材料的建构，都需要一个适宜的空间作为基本保障。一般来讲，拼插、镶嵌一类的塑料玩具的建构可以在桌面玩，也可以在地面玩，而积木一类的建构游戏最好在地面进行，地面最好铺设地垫。如果活动室空间不足，可以利用寝室、走廊、户外等空间拓展幼儿的建构游戏空间。

2. 提供符合幼儿年龄特点的丰富的建构游戏材料

（1）提供适宜的成品建构材料。因为小班幼儿建构作品简单，更喜欢垒高和铺长的建构游戏，所以，提供积木时，小班可以数量少一些，积木的形状和种类也可以少一些，中大班幼儿的作品复杂，需要的积木数量和种类都需要更多一些。如果提供的是拼插、镶嵌一类的塑料玩具，小班可以提供大小适中并便于操作的材料，同一种类的材料，数量要多一些，避免幼儿因相互模仿而争抢玩具。中大班可以提供有一定难度的、精细的、创作余地更大的、种类各异的材料。

（2）广泛搜集自然材料和废旧物品材料进行建构。除了购买的各种成品建构游戏材料，幼儿园还可以为幼儿提供一些废旧物品材料和自然材料。中大班幼儿可以参与材料的搜集、设计和制作，幼儿设计和制作游戏材料是游戏的组成部分，这样既丰富了游戏主题，又能发挥幼儿的主动性和创造性。

（3）及时补充建构材料。伴随幼儿经验的丰富、兴趣的变化和认知水平的发展，幼儿园的建构游戏材料也需要不断补充和适当更新。

3. 关注建构游戏区域的墙面环境创设

墙面环境对幼儿的建构游戏有很大的影响，所以，如果建构游戏区有一面或两面墙，教师应该关注墙面环境对于幼儿建构主题的确定、建构内容的丰富、建构技能的学习等产生的影响，以更好地规划墙面的内容和形式。墙面环境创设可注意以下几点：

（1）墙面环境可以帮助幼儿丰富经验、拓宽视野，引发建构兴趣和主题。如建构区墙面张贴一些著名建筑物或周围建筑物的图片，也可张贴教师、幼儿优秀建构作品的图片。

（2）墙面环境可以以隐性的方式指导幼儿学习和提高建构技能。如小班幼儿热衷于垒高，喜欢垒“高楼”，但垒高的方式单一，教师可以利用图示呈现多种层次的垒高方式，给幼儿指导（见图 6－6）。

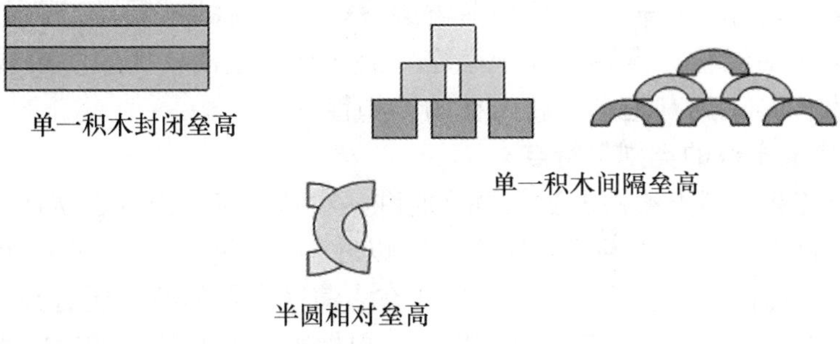

图 6－6

资料来源：董旭花，王翠霞，阎莉，刘霞．幼儿园创造性游戏区域活动指导．北京：中国轻工业出版社，2014：69．

(3) 建构区的墙面可以展示幼儿建构的作品。为了激发幼儿持续建构的兴趣，教师可以用图片的形式保存和展示幼儿每一天的作品，并鼓励幼儿向小伙伴讲述自己的作品，让建构区墙饰成为幼儿之间互动的良好媒介。

(4) 建构区的墙面也可以以图文并茂的形式呈现区域规则，以随时提示幼儿，从而提高幼儿的自律能力。但并不是所有的区域规则都要呈现在墙面上，教师应根据班级幼儿的具体情况来确定。

(三) 建构游戏区环境评价

班级建构游戏区环境创设评价表如表 6－2 所示。

表 6－2　　班级建构游戏区环境创设评价表

幼儿园：__________　班级：__________　时间：__________

评价指标		标准分	得分
空间布局 30 分	面积是否足够大，能否满足 6～8 名幼儿操作的需要	15	
	是否避开人走动的地方，位置适宜	5	
	地面是否采用平滑、硬度较高、没有裂痕的地垫	10	
材料投放 50 分	是否配备标准积木，且数量充足	15	
	是否投放适合幼儿年龄特点的、多种类型的插塑玩具，且数量充足	15	
	是否根据需要投放卫生、环保的各种废旧物品材料和自然材料	5	
	是否能够根据游戏的需要，提供动植物、交通工具等成品玩具作为辅助材料	5	
	是否能够科学合理地归整材料，方便不同年龄段幼儿游戏时取放	10	
区域墙饰 20 分	是否为幼儿游戏提供必要的示范、提示、欣赏、分享的支持，引发幼儿与之互动	10	
	墙面环境是否具有动态性，能否根据幼儿的游戏及时进行调整	10	

资料来源：董旭花，王翠霞，阎莉，刘霞．幼儿园创造性游戏区域活动指导．北京：中国轻工业出版社，2014：63-65.

三、表演游戏区环境创设

表演游戏是深受幼儿喜爱的一种游戏，它是幼儿以故事为线索展开的游戏活动[①]。表演游戏和角色游戏都属于象征性游戏，是幼儿园创造性游戏的典型类型，这两种游戏都是幼儿运用语言、动作等进行的角色扮演类游戏，但二者的不同在于角色游戏主要表现的是幼儿的社会生活经验，内容来源于家庭生活和社会生活，而表演游戏反映的是幼儿熟悉的文学艺术作品，具有艺术性和内在的结构性。

(一) 幼儿表演游戏的类别与特点

幼儿的表演游戏不同于戏剧表演，简单地讲，戏剧表演更强调表演性，而表演游戏更强调游戏性，更自由自主，甚至随心所欲，所以才会吸引孩子们。从以上的概念描述来看，表演游戏更多指向故事表演游戏，但幼儿在表演区进行的游戏还有很多是幼儿热衷的音乐歌舞游戏、“秀”一类的装扮展示游戏等。根据教师参与幼儿游戏的程度又可以把幼

① 刘焱．儿童游戏通论．北京：北京师范大学出版社，2004：502.

儿的表演游戏分为幼儿自由的表演游戏、教师指导的主题表演游戏两种，前一种幼儿自主的成分更多，后一种教师介入的成分更多。

幼儿阶段的表演游戏主要表现为以下几个特点：

（1）游戏性和趣味性是幼儿参与游戏的主要动力来源。尽管表演游戏是幼儿的艺术活动之一，但游戏是这项活动最本质的属性，而好玩永远是幼儿参与游戏的主要动因，所以，教师切不可过于要求幼儿按照故事情节进行表演，或者过于要求幼儿动作标准等，以防扼杀了幼儿参与游戏的积极性和主动性。

（2）伴随幼儿语言的发展和文学经验的丰富，幼儿表演游戏的主题、情节越来越完整，表现力也逐步提升。小班幼儿的表演游戏以模仿为主，一般游戏主题模糊、情节零散。但随着幼儿年龄的增长，尤其是语言表达能力的提升和文学经验的丰富，幼儿的表演会越来越“有模有样”，表演的内容越来越贴近文学作品，幼儿的表情、动作也越来越形象和生动，对道具的使用也越来越灵活，并具有一定的创造性。

（3）伴随幼儿社会性的发展、交往能力的提升，幼儿表演游戏中的交往与合作逐渐成为游戏的重要组成部分，游戏的目的性、计划性、协作性也越来越强。幼儿园的表演游戏极少是幼儿个人的游戏，一般都需几个幼儿一起合作完成，所以交往协作就成为游戏重要的组成部分。伴随年龄的增长，幼儿的游戏也会逐渐摆脱盲目性和随意性，游戏的目的性会越来越强。幼儿会在游戏之前协商表演什么、如何分配角色等，在游戏过程中协商如何进行表演、如何利用材料等，出现矛盾冲突时，也会从简单的告状行为逐渐演化为自主解决矛盾冲突，合作的意识和能力也越来越强。

（4）幼儿表演游戏的开展依靠服装、道具等材料和环境的支持，服装、道具等方便幼儿以物代物即可，不要求太过形象和逼真。幼儿的思维具有直观性和形象性，环境和材料对于幼儿游戏的开展具有重要影响。但是表演游戏不同于戏剧表演，过于逼真、新颖的材料反而可能会转移幼儿的注意力，影响幼儿的游戏，所以游戏材料宜简单、有效。

（二）表演游戏区环境创设要点

1. 规划表演游戏区的空间

（1）表演游戏区需要较大的空间。其一，通常孩子们比较喜欢表演游戏，所以选择的会比较多；其二，表演时孩子们会有较多肢体动作，有时会走动，甚至跑动，所以需要较大的空间；其三，表演游戏区有时还需要小舞台、化妆间或化妆台、服装架、道具橱柜等，这也需要较大空间才能保证正常开展游戏活动。

（2）表演游戏区面积如果较大，还可以划分为几个不同的小区域，如故事表演区、乐器演奏曲、歌舞表演区、装扮区、道具制作区等。

（3）表演游戏区需要与益智区等相对安静的区域间隔开。表演游戏区的孩子们容易兴奋，会比较吵闹，所以，尽量不要让表演区与图书区、益智区、科学区等较安静的区域相邻，否则，表演区的嘈杂声会严重影响安静区域幼儿的专注学习和探索。

如果班级有单独的寝室，可以考虑把像表演区这样的动区与静区分别安排在活动室和寝室。如果班级寝室与活动室一体，面积又不够大，可以考虑把表演区设置在门口走廊里。表演游戏区域有一定的噪声属于正常现象，教师不要过于敏感和过于控制幼儿。当幼儿比较兴奋，吵闹声音比较大的时候，教师可以适时提醒幼儿降低声音以免影响他人。教师也需要运用策略激发幼儿投入表演中，减少因为等待、无所事事等带来的吵闹和喧哗。

2. 投放适宜的服装、道具等表演材料

丰富、适宜的表演材料是吸引幼儿参与表演游戏的重要因素，所以，好的表演游戏区一定具有数量充足，类型、功能多样的游戏材料。如高结构材料像孙悟空、猪八戒等人物的面具和服装等，可以帮助幼儿尽快确定表演游戏的主题和内容，而低结构游戏材料像彩纸、丝带、布条等又有助于幼儿以物代物的假想游戏。

幼儿在表演之前很喜欢进行装扮，所以，需要为幼儿准备化妆用的镜子、化妆品道具（不应该提供真的化妆品）、假发、丝带、项链、发卡、头花、帽子、墨镜等。通常支持幼儿故事表演游戏的材料是故事中人物的服饰、面具、武器或工具，故事主要场景的布置材料等，支持幼儿进行歌舞表演游戏的材料是小舞台、话筒、乐器、“华丽”服装、音乐播放器等。

对于表演游戏区的材料，幼儿园可以出资购买一部分，让教师、家长搜集和制作一部分，也可以让教师和幼儿一起设计和制作一部分。教师可以引导幼儿根据表演主题和内容的需要，用平时搜集的各种废旧材料，如饮料罐、纸盒、泡沫板、快餐盒、旧挂历等自己动手设计制作各种各样的道具。比如，把几个纸盒挖洞组合成大灰狼的头饰，在大果冻盒上着色做成机器人头盔，用易拉罐拼制成木偶台上的小椅子、小桌子等。这一过程既能提高幼儿的动手能力，又能激发他们的创造性和参与游戏的积极性。

另外，表演游戏属于象征性游戏的范畴，强调的是假装的游戏，以人代人、以物代物仍然是游戏的重要构成，因此，场景和道具应简单、实用。可以运用生活中常见的材料如纸盒、纸条、树叶、石子等代替，也可以以虚代实，不一定每个游戏都要准备非常多的游戏材料。

3. 关注墙面环境对表演游戏的支持

如果表演游戏区临近一面或两面墙，教师可以考虑利用墙面环境创设激发幼儿的表演兴趣，这样有助于幼儿更快地确定游戏主题。例如：为了鼓励幼儿进行与近期学过的故事有关的表演游戏，教师可以在表演区墙上张贴故事画面或故事人物画面；为了鼓励幼儿进行与本地传统音乐或传统剧种有关的表演游戏，教师可以在墙面上张贴舞台演出的剧照；为了支持幼儿进行节奏乐的游戏活动，教师可以把幼儿喜欢的音乐的节奏图谱布置在墙上，或者把打击乐器挂在墙上；等等。

表演区的墙面环境在布置时应注意美感，营造艺术气息，不要大红大绿，也不要杂乱无章。

（三）表演游戏区环境评价

班级表演游戏区环境创设评价表如表 6-3 所示。

表 6-3　　班级表演游戏区环境创设评价表

幼儿园：＿＿＿＿＿＿　班级：＿＿＿＿＿＿　时间：＿＿＿＿＿＿

评价指标		标准分	得分
空间布局 30 分	区域空间的位置、大小是否满足幼儿进行表演的需要	15	
	整体布局是否具有艺术气息，是否能激发幼儿的表演欲望	15	

续前表

评价指标		标准分	得分
道具及材料投放50分	道具和材料是否形象、生动，是否能引发幼儿的表演欲望	10	
	道具和材料的数量、种类是否充足，是否能满足不同角色的表演需要	20	
	是否有满足幼儿自制或创意需求的半成品材料和替代材料	10	
	道具和材料是否方便幼儿取放、使用	10	
区域墙饰20分	墙饰、背景是否与近期的表演内容相匹配，并随着内容的变换及时更换	10	
	是否有当前或以往表演的记录或展示，以满足幼儿自我欣赏的需要	10	

资料来源：董旭花，王翠霞，阎莉，刘霞．幼儿园创造性游戏区域活动指导．北京：中国轻工业出版社，2014：128-129.

第五节　自主性学习区域环境创设

幼儿园作为保教机构存在的主要价值不仅在于满足幼儿游戏的欲望，还在于促进幼儿在感知、操作、体验中发展，这也是教师专业性的具体体现。幼儿园区域活动不仅能吸引幼儿，而且富有价值，其中很多活动蕴含着丰富的学习要素，能带给幼儿更多学习和发展的机会。

把幼儿园活动区域按照性质划分为创造性游戏区域和自主性学习区域，并不是把幼儿的学习与游戏对立起来。幼儿的游戏与学习经常是一体的，游戏中有学习，学习中有游戏，但是在具体的幼教实践中，教师必然会面临区域材料投放和区域活动过程指导的诸多具体问题的困扰。把区域划分为创造性游戏区域和自主性学习区域，更便于教师厘清这些具体问题。

一般来讲，在创造性游戏区域，无论是材料投放还是活动过程，教师都不会有太多的预设，也不会有活动流程和操作要求。每次幼儿活动时并没有具体的发展目标和活动流程，孩子们按照自己的意愿进行创造性活动。而自主性学习区域则不同，每一种材料在投放时教师都有较为明确的目标，活动材料的操作也都有较为具体的操作流程和要求，但幼儿也可以在一定范围内有自己的探究和创造。

所以，教师只有明确每一种区域活动的性质、特点和关键经验，才可能明晰区域材料的投放和区域环境创设的要点，为幼儿发展提供最佳的保障。

一、益智区环境创设

（一）益智区活动的特点与类别

益智游戏属于幼儿园规则性游戏的范畴，通常是成人设计的、利用各种益智玩具或操作材料进行的、具有明确发展目标的学习活动，它需要幼儿在智力上做出一定的努力，以生动有趣的游戏形式进行，从而在愉快的活动中发展幼儿各种能力，促进幼儿身心全面发展。

幼儿园益智区通常是利用橱柜间隔一定的空间，投放各种益智玩具和操作材料供幼儿自由选择和自主操作。尽管益智区属于自主性学习区域，具有明确的目标指向和具体的活动设计，但“自由选择、自主活动”的本质不能改变，教师应该允许幼儿自由选择玩具材料，进行自主的学习活动。如果幼儿对于操作材料不熟悉，教师可以先介绍，也可以先教会孩子们，再投放在区域中。

如果幼儿园没有特设的数学区，也应该把数学操作的材料投放在益智区。

1. 益智区活动的主要特点

（1）益智区活动具有明确的目标和活动设计。益智区的活动大多是成人设计的游戏活动或操作活动，主要目标指向感知觉、空间知觉、思维能力的发展以及知识经验的丰富等，幼儿进行的是有明确目标指向的探索活动，活动过程一般有较具体的操作要求。

（2）益智区活动以桌面的益智玩具和材料的操作摆弄为主。益智区的环境布置主要由益智玩具和操作材料构成，益智区的活动主要是指幼儿在桌面上进行的操作活动或者摆弄活动，通过对材料的操作和摆弄，幼儿可探究知识，获得概念，提升思维能力。

（3）益智区活动需要幼儿付出智力上的努力，具有一定的挑战性。如果说创造性游戏具有相当多的娱乐性，那么可以说益智区活动作为学习性区域活动的典型代表，具有相当多的学习、探索成分。所以，益智区活动需要幼儿付出智力上的努力，即需要动脑筋、想办法才能完成操作活动，不是随随便便想怎么玩就怎么玩，而且益智区活动需要幼儿专注、投入，对于培养幼儿专注、坚持、独立思考的良好学习品质具有很大的作用。

（4）益智区活动更多的是幼儿自主探索或者2～3人小型合作。上海的幼儿园开展的“个别化学习活动”就是我们所说的自主性学习活动。“个别化”一词典型地反映了益智区的学习性活动以幼儿的个别探索和学习为主，伴有2～3人的小型合作学习活动，如2～3人一起玩的棋类游戏等。

2. 益智区活动的主要类别

益智区的活动内容丰富，按照活动功能和玩具材料的不同可以分为以下几种：

（1）发展感知觉和观察力的活动。如通过“看一看、听一听、闻一闻、摸一摸、尝一尝”等辨别物体，或者通过辨别两个物体或两幅画面的异同来进行感知觉训练。

（2）发展注意力、记忆力的活动。如两个幼儿一起进行的观察物体的位置和形象的活动，先让幼儿观察，再遮盖起来猜想，看谁说得对又快。

（3）发展分类能力的活动。生活用品、玩具、图书、植物种子、树叶等都可以供幼儿分类，分类活动有助于幼儿认识物品。

（4）操作智力玩具的活动。益智区通常会投放很多成品的智力玩具，幼儿通过操作智力玩具，如魔方、磨尺、海盗迷宫（见图6-7）、五颜六色空间思维拼板（见图6-8）等，发展幼儿的手、眼、脑协同活动的灵敏性，增强其逻辑分析能力和思维的敏捷性。

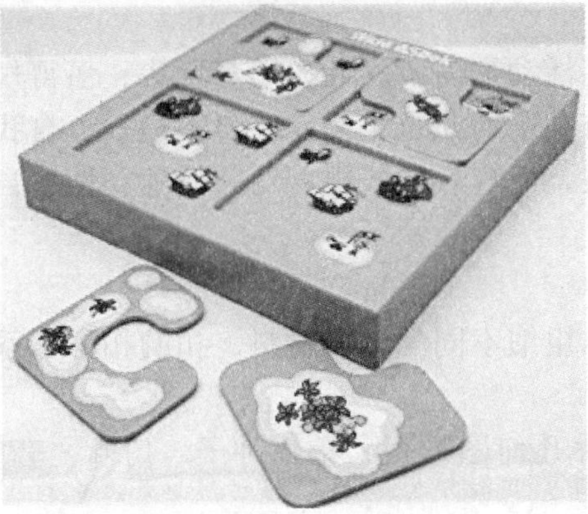

图 6-7

图 6-8

（5）棋类游戏、扑克牌游戏。幼儿园中大班可以玩很多棋类游戏，除了传统的五子棋、跳棋、象棋之外，教师可以根据飞行棋的原理自制很多棋盘，设计适合幼儿玩的棋类游戏。扑克牌可以玩比大小、分类、数数、加减运算等益智游戏。

（6）数学学习游戏。教师可以根据数学学习进程适时设计一些数学游戏，投放操作材料，供幼儿在感知、操作中学习，如蒙氏数学学习玩具。

（7）传统益智游戏。如挑棍儿、打卡、弹珠、拾石子儿等。

（二）益智区环境创设要点

1. 规划益智区活动空间

（1）益智区的空间在设计时首先要考虑用玩具橱柜隔出一个相对封闭的空间，力求安静、不被打扰，保障幼儿专注的学习活动。

（2）益智区玩具和材料较多，需要多层玩具橱柜，开放式投放，方便幼儿选择和取放。

（3）益智区的活动大多是在桌面上操作，所以需要提供宽敞的操作桌面，避免拥挤，避免相互干扰，也避免材料混杂。

（4）如果空间充裕，可考虑划分成几个小区域，如感官操作区、拼图区、棋类区、数学区等，每个区域摆放 1～2 张桌子。

2. 投放适宜的益智玩具与材料

益智区的玩具和材料的品质决定了幼儿在益智区是否能获得真正有益的发展实效，所以，教师必须关注益智区材料的投放。

对益智区材料的几点要求：

（1）适宜性。益智区的材料通常具有一定的智力挑战，正因为这种挑战，才有助于幼儿智力的发展，但是要注意材料应适合各个年龄段幼儿的发展水平和已有经验，不能跨度太大。

（2）层次性。益智区的材料一方面要伴随幼儿经验的拓展和思维水平的提升而不断进行调整，另一方面还要考虑不同发展水平的幼儿的不同需要，投放难易程度不同的操作材料，以满足幼儿不同层次的需要。

（3）趣味性。要保障益智区对幼儿的吸引力。让幼儿愿意选择，并进行自主的学习活动和探索活动，就需要关注区域材料的趣味性，好玩的材料孩子们才会喜欢。

（4）可操作性。有些幼儿园老师会在益智区投放很多作业单（如口算题、连线题等），这样的材料因为不具备操作性很难吸引幼儿。

(5) 便于幼儿自我检查与纠错。益智区的很多活动都需要幼儿先学会玩法、懂得规则才能进行，这就要求益智区的活动材料应尽可能有利于幼儿自主操作、自我检查、自我纠错，这样不仅能更好地促进益智区活动的有序开展，而且有助于提升幼儿的独立性、自主性以及发现问题、解决问题的能力。

益智区玩具与材料举例：

(1) 感官和精细动作练习的材料，如嗅觉瓶、粗细不同的触摸材料、扣的扣子、系的带子、编的辫子、串的珠子等。

(2) 分类、对应与排序等活动的材料，如各种几何图形板、植物种子、树叶、套娃、长短小棍、各色珠子等。

(3) 图形与空间知觉练习的材料，如拼图、迷宫、七巧板、几何图形板、镶嵌板、小型积木盒、俄罗斯方块等（见图 6－9）。

图 6－9

(4) 数数与运算的游戏材料，如扑克牌、旅行棋、豆子、珠子、数字卡片等（见图 6－10、图 6－11）。

图 6－10

图 6－11

（5）时间认知的材料，如钟表模具、沙漏等。

3. 关注益智区的墙面环境创设

如果益智区靠近一面墙，墙面上的布置有以下几方面参考：

（1）互动操作墙饰。教师可以把需要幼儿操作的益智区活动材料张贴、悬挂在墙面上，这样既可以节省空间，又可以增加某些活动的趣味性。如贴墙砖游戏，教师提供各种几何图形拼板，请幼儿选择适宜的拼板把固定的空间摆满，然后计算所运用的几何图形的种类与数量（见图 6-12）。

图 6-12

（2）呈现游戏玩法或者操作步骤图。为方便幼儿自主操作和学习，教师可以把某些游戏的玩法或者操作步骤图张贴在墙面上，供幼儿参考。

（3）呈现幼儿的某些创造性探索或玩法，给幼儿更多示范引领和创造的提示。有些操作材料具有多种玩法，为鼓励幼儿不断深入、不断挑战，教师可以把某些幼儿的操作成果张贴在墙上，以激励其他幼儿。

（4）呈现区域活动规则。有时教师可以根据需要把规则以图文并茂的形式呈现在墙面上以提示幼儿，帮助幼儿自我约束，提升自控能力。

（三）益智区环境评价

班级益智区环境创设评价表如表 6-4 所示。

表 6-4　　班级益智区环境创设评价表

幼儿园：________　　班级：________　　时间：________

评价指标		标准分	得分
空间布局 30 分	区域空间是否相对安静，空间的大小与进区人数是否相适宜	10	
	是否有充足的桌面操作空间，以及部分地面操作空间	10	
	区域布置是否能根据需要进行动态变换或调整	10	

续前表

评价指标		标准分	得分
材料投放 60 分	材料的种类是否丰富、全面，数量是否充足，是否随幼儿的兴趣和经验不断调整	20	
	材料是否适宜，是否对幼儿有吸引力	10	
	材料是否有助于幼儿自主学习、自我检查	10	
	材料是否有层次性、有挑战性	10	
	材料投放是否有目的性、计划性	10	
区域墙饰 10 分	能否与区域中的活动和材料相互补充、相得益彰	5	
	能否对益智区的活动起到支持、推动的作用	5	

资料来源：董旭花，刘霞，赵福云，韩冰川. 幼儿园自主性学习区域活动指导. 北京：中国轻工业出版社，2014：109.

二、科学区环境创设

科学区是指在活动室的一角或阳台布置一个空间，投放相应的材料供幼儿进行自主的科学探究活动。《指南》在科学教育领域尤其强调“幼儿科学学习的核心是激发探究兴趣，体验探究过程，发展初步的探究能力”。所以，幼儿园科学教育应该为幼儿创设充分的条件，让幼儿亲历探究和发现的过程，初步体验科学与科学研究的真谛。

小班科学探究活动更强调趣味性和生活性，所以小班的科学区可以单独设置，也可以和益智区、玩具吧、沙水区结合起来设置，小班的科学区活动应该更多地体现玩中做科学的特点。中大班应该专设一个科学区，投放充足的操作材料，以满足幼儿的好奇心和自主探究的愿望。

（一）科学区活动的特点与类别

科学区的活动因为具有自主性、操作性、探究性、神秘性，让幼儿亲历科学家研究的过程，所以能激发幼儿的探究热情和学习的积极性，帮助幼儿形成科学的思维方式，了解研究问题的方法，形成尊重事实、探索求知的科学态度。

科学区的活动具有以下特点：

1. 科学区的活动与幼儿好奇心密切相关

科学区的创设和提供的材料能够引发幼儿的好奇心，同时又能够满足幼儿的好奇心，激发幼儿探究的欲望，因此，科学区成为幼儿科学学习的“加油站”。

2. 科学区的活动强调探究性，没有标准答案

科学区在投放一些材料时会强调材料的使用方法，有些必须按照步骤进行操作，不可以随意摆弄，否则会有危险。随意摆弄也不符合科学强调的严谨性、准确性。但是，很多科学区的活动具有探究的无限空间，比如“颜色的变化”，不能只根据教科书强调的三原色的变化进行机械的记忆。颜色的变化是奇妙无穷的，应该指导孩子们在科学区不断探究，反复进行实验和记录，从而获取新的发现。

3. 科学区的活动强调“做科学”，而非“读科学”“讲科学”“演科学”

科学区创建的关键是投放丰富的、适宜的实验或操作材料，幼儿在“做”中学习，并

亲历科学探究的过程，满足其探究欲望。

4. 科学区的活动与生活密切相关

幼儿的科学是与生活密切相关的经验层次的科学，所以，科学区的探究活动也是较浅层次的、具有生活趣味的活动。

科学区的活动一般可以分为两大类：

1. 实验操作活动

科学区一般会在活动室的一角摆放幼儿实验操作的用具和材料，供幼儿进行自主的实验探究活动，这是科学区最吸引孩子们的地方。

2. 自然观察活动

科学区还有一部分曾经被称为“自然角”，一般是在阳台或者向阳的窗户附近。在阳台或者向阳的窗户附近种植植物或者饲养小型动物，供幼儿进行观察活动或照料动植物的体验活动。这样的活动可以让幼儿在室内就感受到生命的成长变化，观察到动植物成长的全过程，培养幼儿的责任心和生命意识。

（二）科学区环境创设要点

1. 规划科学区活动空间

班级科学区的空间选择和设置应因地制宜，一般中大班最好有专门的科学区，以适应幼儿日益增长的好奇心和求知欲。如果班级面积较大，可以根据幼儿的兴趣和近期主题教学活动的需要将科学区再划分成几个小区域，如角色区、沙水区、光影区、电磁区等，这样可以给幼儿较大的操作空间，避免不同的实验操作之间的相互影响。如果班级空间有限，那就需要把材料按照活动类别投放在橱柜中，区域活动时幼儿寻找附近的桌面进行实验操作。

科学区空间规划时应注意以下几点：

（1）科学区的活动需要幼儿安静专注地进行实验操作或观察活动，所以，科学区最好独立且安静，与表演区、音乐区等有点吵闹的区域隔开一定距离。

（2）科学区中的很多实验操作活动需要水、电、光等条件，所以，科学区最好临近水源、光源及电源，如果不能临近，教师应设法帮助幼儿解决实验所需要的水、电、光等问题。

（3）科学区的材料比较丰富，所以需要简易、方便的储存空间整齐有序地摆放操作材料，并方便幼儿自主取放。

（4）科学区的实验操作活动基本都在桌面上进行，所以需要较宽敞的操作桌面，避免拥挤。

2. 投放适宜的玩具与材料

材料是科学区环境创设的关键要素，材料的数量与质量直接关系到幼儿在科学区的活动方向和活动品质，所以，教师应该在科学区材料的选择与投放上下功夫，使之真正起到支持幼儿科学探究活动、培养幼儿探究兴趣的作用。

科学区材料选择与投放应注意以下几点：

（1）符合幼儿的年龄特点与发展水平。科学区的材料和益智区的材料一样，因为具有自我学习的特点，所以应注意难易适度，符合幼儿的发展特点和发展水平，与幼儿的已有经验和兴趣相吻合。

（2）材料丰富，能满足全班幼儿近期的兴趣和需要。幼儿园科学教育的内容广泛，涉及客观世界的方方面面，再加上这个阶段的幼儿好奇心强、兴趣广泛，所以科学区的材料应该尽可能丰富，从而满足全班幼儿的需要。但是，材料也不是越多越好，一般来讲，最好每段时间有1～3个关键主题，围绕主题不断丰富科学区材料。

（3）材料的构成能支持幼儿的探究活动。科学区的材料在投放时应特别讲究，最好将每个探索活动作为一个小主题，将材料投放在一个筐中，比如，如果只在一个筐中放10个放大镜，材料看起来好像很多，但并不能构成支持幼儿探究活动的条件，因为没有被研究对象。所以，除了放大镜，筐中还需要投放幼儿用放大镜观察的对象，如小昆虫、叶子等。

（4）科学区的材料最好按主题的内在结构需要投放，避免一个筐中堆放五花八门的材料。科学区小型的操作材料如放大镜、磁铁、电线、小灯泡、干电池等可以按主题活动的需要存放在筐里或者盒子里，贴上标签后再摆放到橱柜中。如果在上例中的放大镜筐中继续存放积木块、小汽车、小玩偶等，那就无法物化操作目标和要求，会掩盖探究的方向，让幼儿不知所措，最终导致混乱的科学区活动。

（5）材料经济、实用、安全、卫生。科学区的有些材料必须购买，如放大镜、磁铁、镜子、干电池等，现阶段也有很多公司出品了很多现成的科学区的材料，如果幼儿园经济条件允许，应该购买一部分，但应本着经济、实用的原则配置，而不能仅为了显示自己幼儿园的高档、奢华配置一些价格高但操作性极差的设备和材料。科学区还需要很多自然材料和废旧物品材料，这些材料在选择和配置时尤其要注意卫生、安全和环保等。

3. 关注科学区的墙面环境创设

如果科学区临近一面墙，教师就应该思考如何合理利用墙饰为幼儿科学区的探究活动服务。

（1）科学区的仪器、设备和探究材料可以直接上墙，让科学区的墙面成为与幼儿互动的区域。如有关齿轮转动的设备、传声筒的材料、物体滚动的实验材料等，都可以直接固定在墙上。

（2）科学区邻近的墙面很适合布置一些展览活动的材料，如树叶展览、粮食展览、水果展览、种子展览等实物展览，昆虫标本展、家禽标本展、鸟类标本展等标本展览，花卉图片展、野生动物图片展、奇特的树图片展、海洋生物图片展、旅游图片展等图片展览①。

（3）科学区的墙面也可以张贴实验操作步骤和方法的示意图，供幼儿自主探究时参考。

（4）科学区的墙面也可以悬挂幼儿的科学记录本或张贴幼儿的实验记录图表，鼓励幼儿进行观察记录和实验记录，养成良好的探究习惯。

---

① 董旭花. 幼儿园科学区（室）：科学探索活动指导117例. 北京：中国轻工业出版社，2010：10-12.

（5）科学区的墙面也可以设计成一个“问题树”，让幼儿记录自己感兴趣的问题或疑惑的问题，供全班幼儿进行讨论交流。

（三）科学区环境评价

班级科学区环境创设评价表如表 6－5 所示。

表 6－5　　班级科学区环境创设评价表

幼儿园：＿＿＿＿＿＿　班级：＿＿＿＿＿＿　时间：＿＿＿＿＿＿

评价指标		标准分	得分
空间布局 30 分	是否具有向阳处的自然角和室内独立、安静的探索发现空间	10	
	是否临近水源、光源及电源，便于幼儿实验	10	
	是否有方便的材料储存空间和足够的操作桌面	10	
材料投放 60 分	材料是否能物化科学教育的目标和内容	10	
	材料数量、种类是否充足，是否能满足幼儿的好奇心和科学探究的兴趣	20	
	材料是否能随幼儿能力的发展和兴趣转移进行动态调整	10	
	是否有助于幼儿自主操作和持续探究	10	
	是否配备了纸笔等工具，是否有助于幼儿观察记录	10	
区域墙饰 10 分	墙面环境是否可以为探究活动提供必要的支持，能否引发幼儿与之互动	10	

资料来源：董旭花，刘霞，赵福云，韩冰川．幼儿园自主性学习区域活动指导．北京：中国轻工业出版社，2014：162－163.

三、美工区环境创设

美工区是教师根据教育目标的需要和幼儿的兴趣，在班级为幼儿创设的一个可以自主欣赏和创作美术作品的场所。美工区是自主性学习区域中比较特殊的一个区域，尽管美工区强调教师有目的、有计划的引领，但更强调让幼儿按照自己的意愿和能力，选择感兴趣的工具和材料进行创作，强调幼儿的创造性表现，是自主性学习区域中最具有创造性的一个。

（一）美工区活动的特点与类别

美工区活动是幼儿园美术教育活动的重要形式，不仅能发展幼儿感知美、欣赏美、创造美的能力，而且可以促进幼儿想象力、创造力的发展。美工区的活动属于安静、舒展的活动，对于缓解幼儿紧张、焦虑等负面情绪，适宜地表达情感很有帮助，因而也能促进幼儿健全人格的形成。

美工区活动具有以下几个特点：

（1）自由选择的丰富性。美工区活动遵循了区域活动的根本原则，强调幼儿的自由选择和自主活动，所以，每个幼儿都可以根据自己的兴趣和需要，选择适合自己的工具和材料，进行丰富多彩的美术活动。

（2）自主表达的创造性。美工区活动无论是否具有目标和既定主题，都强调教师要给予幼儿自主表达的权利，不能用范例限制幼儿，应鼓励幼儿各种各样的创造。

（3）注重多元的体验和表达。美工区的活动内容多元，涉及美术教育的方方面面，美工区活动不限于幼儿掌握多少美术知识和技能，更重要的是给幼儿多元的体验和自主表达的个人空间。

（4）从无目的的涂鸦到有目标的自我表达。很多幼儿最初的美术活动就是无目的的涂鸦，从而给幼儿带来了自由和创造、控制与放松的感觉，是幼儿园美术教育非常重要的阶段。伴随年龄的增长，幼儿在创造中方向性越来越强，教师也会通过各种方式渗透活动的目的性，把幼儿引到有明确目标意识的创造中来。

（5）从游戏化写意到客观化写实。成人往往觉得小孩子的涂鸦犹如“天书”一般，很难看懂，这大概就是“游戏化写意”带来的结果。小孩子们的涂鸦就是写意的自我表达，虽然成人总是喜欢问“你画的是什么”，但孩子们大多数时候给出答案是为了满足成人的愿望。孩子们未必那么在意“它是什么”，他们更在意的是涂鸦过程的爽快，是游戏时的自在。伴随年龄的增长和经验的积累，幼儿会慢慢过渡到写实阶段的美术创作，但这个过程应该是自然而然的，而不是成人强制的。

根据材料不同、内容不同，美工区活动可分为以下几种类型：

（1）绘画活动。绘画是幼儿园美工区最主要的活动内容，也是孩子们很喜欢的活动类型。美工区的绘画活动从绘画内容来分，有人物画、物体画、情景画、图案装饰画等。从绘画工具材料来分，有蜡笔画、水粉画、水彩画、水墨画、版画、油画等。现阶段很多幼儿园进行了多种多样的美工区探索活动。

（2）手工活动。幼儿园手工活动包括平面手工活动、立体手工活动、传统手工活动三类。平面手工活动包括各种材料的粘贴画、毛线绳拼摆、几何图形拼摆、福禄贝尔学具的创造性拼摆等；立体手工活动包括雕塑、折纸、搭建等立体塑造活动；传统手工活动包括编织、剪纸、刺绣、扎染等。

（3）美术欣赏活动。美工区的欣赏活动很简单，教师可以在美工区投放一些成人或幼儿优秀的作品，包括绘画和手工作品，供幼儿自由选择欣赏。

（二）美工区环境创设要点

美工区是各个年龄段幼儿都比较喜欢的区域，所以，教师一般都比较重视美工区的环境创设。教师应该根据美工区各年龄段幼儿美术活动的特点，合理规划美工区空间，投放适宜的材料，支持幼儿在美工区自主的创造性活动。

1. 美工区空间规划

（1）美工区的活动内容较多，投放材料丰富，选择美工区的幼儿人数较多，所以，班级美工区一般在室内占有较大空间。

（2）如果班级空间较大，美工区最好按照活动类型划分为几个小区域，如绘画区、剪纸区、泥工区、扎染区、拼贴区等；如果班级空间较小，投放的材料以及开展的活动可以有阶段性重点，不一定要全部开放所有活动。

（3）美工区的创建应该考虑三个方面：一是材料的储存和摆放，应尽可能方便、有序；二是幼儿的操作台，应尽可能宽敞；三是幼儿作品展示，应有助于幼儿自己悬挂或摆放。

（4）美工区活动材料一般分类摆放在橱柜中开放、固定位置，方便收整。因为美工区材料大小不一，教师还需要根据材料外形的不同设置不一样的收纳工具，如剪刀可以倒插在一个纸盒上，彩笔可以收纳在笔筒或瓶瓶罐罐中，纸张可以按照大小和种类分放在大小不同的盒子中，粘贴用的小物件最好装在有盖子的盒子中，等等。

（5）美工区的创造性活动需要幼儿专注而投入，所以，美工区应该与表演区等吵闹的区域有一定的间隔，避免幼儿分散注意力。

2. 美工区材料投放

（1）根据幼儿发展水平和兴趣、需要，投放适合各个年龄段用的材料。如小班幼儿喜欢的拓印的材料，包括模具拓印、水果拓印、蔬菜拓印、小汽车拓印、纸团拓印、抹布拓印、树叶拓印等用到的材料。

（2）投放多元的、丰富的材料，给幼儿多元的体验和尝试。如绘画不应仅用油画棒、水彩笔，也可以尝试用牙签、手指、手掌、木棍、毛笔等；不仅在纸上画，也可以尝试在葫芦、T恤、鞋子、石头、木板、纸盒、盘子等物体上画。泥工活动不应仅用橡皮泥，也可以用面团、软陶泥、奶油土、泥巴等。充满创意的材料本身就是创造的一部分。

（3）立体手工活动最好提供种类各异的低结构材料，这有助于幼儿创造性的发挥。

（4）传统手工活动如编织、刺绣等应注意避免过于成人化，要考虑到幼儿动手能力较差的特点，选择一次活动就出成果的活动材料。如刺绣一般用粗的毛线绳，一次40～60分钟的区域活动幼儿就能完成一幅作品。

（5）美工区也可以投放几本幼儿喜爱的、画面简单、大胆有创意的图画书，给幼儿以熏染、启迪和引领。

3. 美工区墙面环境创设

（1）美工区最好设置一面涂鸦墙或者自由墙，任由幼儿用画笔、颜料、粉笔等进行自由的创造。

（2）美工区墙上可以悬挂几幅适合幼儿的名画或工艺品，如凡·高的《向日葵》《夜空》等，也可以悬挂幼儿自己优秀的作品，供幼儿自由欣赏和交流，提升幼儿感受美、欣赏美的能力。

（3）美工区的墙上也可以呈现折纸、剪纸、扎染等手工活动的步骤图示，供幼儿自主学习和尝试。

（4）美工区的墙也可以留白，给幼儿留自由张贴或悬挂每次活动作品的空间。

（5）美工区的活动规则也可以图文并茂地呈现在墙上，以提示幼儿。

（三）美工区环境评价

班级美工区环境创设评价表如表6-6所示。

表 6-6　　班级美工区环境创设评价表

幼儿园：________　班级：________　时间：________

评价指标		标准分	得分
空间布局 30 分	是否尊重幼儿意愿，注重幼儿参与，表现出更多的环境与幼儿互动的信息	5	
	展示架、作品墙等是否能合理呈现供幼儿欣赏的艺术素材，是否适宜幼儿自主操作，是否满足幼儿展示作品、欣赏作品的需求	5	
	是否有足够的供幼儿创作和展示作品、储藏作品的空间	10	
	整体环境是否温馨、艺术，是否符合幼儿的审美需求	5	
	环境布置是否自由、开放，能否满足幼儿自主活动的需求	5	
材料投放 60 分	材料是否丰富多样	10	
	材料的提供是否符合幼儿的年龄特点，是否难易适中	10	
	材料投放是否适切、有效	10	
	材料是否安全、卫生、易操作	10	
	材料投放是否有层次性，能否满足不同水平幼儿的需要	10	
	材料的提供是否有变化，能否适时调整和补充材料	10	
区域墙饰 10 分	墙面布置是否能吸引幼儿，是否具有互动性、参与性	5	
	墙面布置是否能支持幼儿当前的主要活动，是否具有动态性	5	

资料来源：董旭花，刘霞，赵福云，韩冰川. 幼儿园自主性学习区域活动指导. 北京：中国轻工业出版社，2014：61.

思考与练习

1. 为什么区域活动要强调幼儿的自由选择、自主活动？

2. 请对活动室面积较大和较小的班级的区域活动空间规划提出建议。

3. 请说明创造性游戏区域活动材料和自主性学习区域活动材料的不同。

4. 请选择一所幼儿园进行观察和访谈，然后对一个班级的区域环境进行诊断性评价，并给出调整建议。

阅读导航

董旭花，韩冰川，王翠霞，刘霞. 小区域　大学问：幼儿园区域环境创设与活动指导. 北京：中国轻工业出版社，2013.

第七章

幼儿园环境评价

本章导读

环境评价是幼儿园教育评价的一部分，对幼儿园环境创设具有重要的诊断、引导、监督、促发展的作用。环境评价应该遵循以儿童为本的原则，让环境评价的过程成为帮助教师运用专业知识审视教育实践，并提升自己专业水平的过程。

在学习时既要了解上述基本内容，也需结合教育实践的状况制定幼儿园环境某一方面（如户外环境、室内区域环境）的评价指标体系。若能深入幼儿园，尝试运用书中的理论对幼儿园环境创设进行观察、剖析，写出环境评价报告，则会更好地体现学以致用的学习目标。

第一节　幼儿园环境评价的功能和原则

一、评价与幼儿园环境评价

（一）基本概念

评价是一个运用标准（criteria）对事物的准确性、实效性、经济性以及满意度等方面进行评估的过程。综合多方面的因素，评价（evaluation）就是指评价者（evaluator）根据评价标准对评价对象的各个方面进行量化和非量化的测量，最终得出一个可靠的并且有逻辑的结论的过程。简单地说，评价就是对事物价值的判断，不同的评价活动有不同的价值取向、不同的评价方式和特点，从而形成不同的评价模式。

教育评价是依据教育目标，系统地搜集和解释资料，对教育实践各个方面的活动进行价值评判的活动。《幼儿园教育指导纲要（试行）》指出，教育评价是幼儿园教育工作的重要组成部分，是了解教育的适宜性、有效性，调整和改进工作，促进每一个幼儿发展，提高教育质量的必要手段。

环境评价是幼儿园教育评价的一个重要方面，是针对构成幼儿园物质环境和心理环境的各个要素搜集相关信息，对环境创设的有效性、适宜性做出判断的过程。环境评价对于改善幼儿园环境、构建适宜的幼儿园课程、促进幼儿身心健康和谐发展具有重要作用。

（二）环境评价的类型

评价的角度不一样、主体不一样、标准不一样，评价的类型也不同。

1. 按评价的功能和评价的时间来分，环境评价可以分为过程性评价与结果性评价

过程性评价也称形成性评价，它是在环境创设、运用和不断完善的过程中，搜集各相关要素的相关材料，对环境的适宜性进行的评判。现阶段对幼儿园环境进行评价，若要包含环境与幼儿的互动等评价要素，就必须在教育现场对环境进行过程性评价，因为环境是活的，是不断变化的，是为课程实施、幼儿生活服务的。

结果性评价也称终结性评价、总结性评价，是在环境创设之后，对最终呈现的结果进行的评判。如果说过程性评价更强调动态性，那么，结果性评价就更强调静态的结果。通过对结果的分析评判，回馈信息，反过来影响环境创设的过程。

在幼儿园教育实践中，无论是对管理的评价还是对课程、环境的评价，都应把过程性评价与结果性评价相结合。

2. 按评价实施的具体方法来分，环境评价可以分为定性评价与定量评价

定性评价是指评价者用语言文字分析评判资料和评价结果。定性评价“强调对现象的描述、解释和归纳，具有人文主义的价值判断倾向”①，是社会学、人类学研究的传统。

定量评价是评价者搜集被评价对象的数量化的实证信息，用数量化的指标来显示评价结果的评价方式。“定量评价来自自然科学和心理学的实验传统，强调实证研究的求知方法，以评价结果为焦点力求准确地测量资料，强调价值的可靠性和推断性，具有科学主义的价值判断倾向。”②

定性评价和定量评价各有优势、互为补充，可以在幼儿园环境评价中综合运用。

3. 按评价实施的主体不同来分，环境评价可以分为自我评价和外部评价

所谓自我评价，就是幼儿园内部或者班级教师对照评价目标和标准对自己的环境进行的分析、评估。自我评价的过程也是教师学习评价标准、改变教育理念、思考环境适宜性的自觉过程，对于提高教师的专业素养，改进、完善幼儿园环境具有很好的促进作用。

外部评价又称他人评价，是指有关部门或人员组成评估小组，对照评估标准对幼儿园环境的各个要素进行的客观评判。外部评价现阶段主要是教育行政部门组织各方力量对幼儿园各项工作的质量进行的评估，其中包含幼儿园环境评价。幼儿园管理者也可以主动邀请园外专家团队对自己的办园质量，包括环境质量进行外部评价，这种评价可能更客观、更理性。

4. 按评价对象的范围来分，环境评价可以分为整体评价和局部评价

整体评价就是对幼儿园环境创设的方方面面，包括物质环境和心理环境的各个组成部分进行全面、整体的评估。

---

①② 王坚红. 学前教育评价：理论·方法·实践. 北京：人民教育出版社，1994：273.

局部评价就是对幼儿园环境的某个方面进行的评估。如幼儿园户外游戏环境评价、幼儿园区域环境评价、班级墙面环境评价、班级心理环境评价等。

二、幼儿园环境评价的功能

幼儿园环境评价不是一个独立的、额外的工作，它始终是幼儿园环境创设的一个组成部分，伴随环境创设的全过程，具有以下几种主要功能：

1. 诊断与反馈

环境评价的过程也是对照标准检查幼儿园环境创设和运用现状的过程，这个过程有助于管理者和教师客观分析自己的环境状况，发现存在的问题，探寻问题的症结，这就是环境评价的诊断和反馈功能。

2. 发展与完善

《纲要》在第四部分围绕教育评价提出了评价的发展性、合作性，标准的多元性以及多角度、多主体、多方法、重视过程、重视差异等原则。虽然这些原则是针对不同的评价因素（包括评价目的、标准、方法、主体等）分别提出的，但它们均无一例外地统一于发展性评价的观念之下①。发展性评价强调评价的目标不再指向竞争、分级分类和排序，更重要的是促进幼儿园环境创设的发展和完善。发展和完善的功能是幼儿园环境评价最主要的功能。

3. 监控与引导

环境评价标准的制定和评价活动的实施可以帮助管理者监控环境创设的整个过程，也可以帮助教师自我调控和不断修正自己的行为。监控的过程就是引导教师及时发现问题，并做出调整的过程。所以说，环境评价具有很重要的监控和导向的作用。

4. 甄别与选拔

强调评价的发展性功能也并不完全否定评价的甄别和选拔功能。各地教育行政部门在管理各种类别的幼儿园时，会运用评价的手段对幼儿园的类别进行鉴定，按照评价结果，划分出示范园、一级一类园或者二类园等。幼儿园管理者也会运用评价的管理手段，对本园教师环境创设的工作质量做出评估，或者筛选出优秀教师、优秀班级等。

三、幼儿园环境评价的原则

1. 以儿童发展和幼儿园发展为本

环境评价的根本出发点和最终目标是幼儿园保教质量的提升和幼儿身心健康的和谐发展。所以，无论是评价标准的制定，还是评价过程的实施，都应该从幼儿发展的目标出发，制定以儿童为本的科学的评价方案，让幼儿园的环境质量在评价的过程中不断完善，并更好地服务课程需要和幼儿发展的需要。

2. 尊重和激励

环境评价不应该是评价者高高在上的审查，而应该充分体现对被评价的幼儿园和教师

---

① 虞永平. 学前课程与幸福童年. 北京：教育科学出版社，2012：264.

的尊重，并激励大家更加目标明确地往前努力。所以，在评价的过程中要充分听取被评价者的阐述，了解环境现状的前因后果，对环境的现场了解透彻，给予的评价结果除了要有量化的数字，最好还有肯定的结论和激励性的建议。

3. 科学和有效

无论是评价方案的制定，还是评价过程的实施，都应该遵循科学的原则。只有遵循科学的原则，才能保障环境评价的有效性。所以，环境评价不能依据评价者的主观爱好和直观感受。

要保证评价的科学性和有效性。评价前，评价者应该明确评价目标、评价内容，编制或选择科学的评价方案；评价过程中，评价者应该严格按照评价标准，以科学、严谨的态度，选择适宜的评价工具，有针对性地搜集相关信息，合理操作和实施评价；评价结束时，要对搜集到的信息资料进行科学的处理，给予科学的、合理的解释和结论，尽可能将定量评价和定性评价相结合。

4. 客观、全面、真实、自然

幼儿园各项教育工作因为幼儿的年龄特点显得比较特殊，幼儿园环境创设不是抽象的文本工作，而是很具体、具有情境性的工作，如果环境评价脱离了幼儿园教育的现场和教育实践，环境评价就毫无意义。所以，在环境评价的过程中，应该进入幼儿园每一个环境的现场，观察和了解幼儿在其中的活动状况，凭借真实、自然、全面的信息资料进行客观的评价。

5. 以过程性评价为主

如果评价的目的强调诊断和发展，那么，环境评价就不能只停留在结果层面上，而应该以动态发展的眼光看待幼儿园环境和课程，不断在教育的现场、教育的过程中进行。另外，评判幼儿园物质环境的优劣，关键看环境与幼儿互动的质量，如果教师创设的是“死环境”，再漂亮奢华也是无效的。所以，环境与幼儿的互动质量是环境评价的重要内容，而互动必须在教育过程中体现，所以必须通过过程性评价实现。

第二节　幼儿园环境评价的内容

幼儿园环境评价是对幼儿园环境的各方面进行科学的价值判断的过程。幼儿园环境主要是指物质环境和心理环境，幼儿园环境评价的目标不一样，评价的具体内容就不同。环境评价的内容可以是单项的，也可以是多项的，还可以是全面的。

一、心理环境评价的内容

幼儿园心理环境是指幼儿园内部能对幼儿心理发生影响的一切因素的总和，如幼儿园文化氛围、教师教育理念和行为、人际关系等。所以，幼儿园心理环境评价的内容包含如下几个方面：

（一）幼儿园文化

1. 幼儿园文化是否能够体现正确的办园理念，具有文化内涵

幼儿园文化是幼儿园心理环境的重要构成，对幼儿身心发展的影响是潜在的。在幼儿园文化建设过程中，应该明确正确的办园方向和办园理念，体现当代和当地的文化特色，营造积极、向上、努力、进取的良好风气，以期对教师和幼儿都有良好的激励作用。

2. 管理和制度建设是否能体现以人为本的教育理念，教师队伍是否有凝聚力、工作是否有热情和积极性

评价幼儿园文化应该关注其内部管理制度的制定与实施，关注教师队伍的稳定性与工作的积极性，关注教师队伍的向心力、凝聚力。教师的工作状态是幼儿园文化的重要体现。

3. 文化环境与幼儿园物质环境创设是否能相互融合，共同促进幼儿身心健康发展

幼儿园文化不是虚拟的存在，是可以透过物质环境呈现的，所以，评价幼儿园文化时可以考察其与物质环境能否相互融合、相辅相成，共同促进幼儿身心健康发展。

（二）教师的教育理念和行为

1. 教师是否关注自身的心理健康，是否对幼儿有积极的影响和带动

教师每天面对的教育对象是3～6岁的幼儿，因为幼儿极易受周围人的影响，所以教师的心理健康与否至关重要。评价幼儿园教师的心理健康可以关注两个方面：从管理的角度来讲，幼儿园管理者是否采用各种方式帮助教师减压，引导教师梳理不良情绪，不断提升教师的心理健康水平；从教师个体来讲，教师是否经常通过阅读、相互交流、艺术活动等方式调整自己，让自己始终保持最好的状态与幼儿共处。

2. 教师是否具有正确的儿童观和教育观，是否对幼儿具有欣赏、接纳、宽容的态度

很多幼儿园教师会抱怨幼儿不听话、多动、自控能力差等，所以在班级管理和教学活动中对幼儿实施高度控制，这些行为都与教师的儿童观和教育观有直接的关系。如果教师能够喜悦地接纳幼儿的活泼好动、情绪化、自我管理能力差等，说明教师较了解幼儿，能够理解幼儿，否则，教师的儿童观与教育就有待提升。能够了解幼儿、理解幼儿是以儿童为本教育的基础。

3. 教师是否具有正确的环境观，是否关注在班级中营造平等、互爱的良好氛围

评价幼儿园教师的理念和行为也包括评价教师对人和环境的关系的认识。环境属于隐性课程，心理环境尽管看不见、摸不着，但却实实在在地影响着幼儿的心理状态和行为，所以，教师应该注重在班级中营造良好的氛围，让每个幼儿都感受到平等、爱和接纳。

（三）人际关系

1. 班级是否具有平等、积极和有效互动的师幼关系

师幼关系是评价幼儿园心理环境的重要因素。幼儿一天的很多时间都和教师在一起，都在教师的管理范围之内，所以，评价时应关注教师与幼儿的关系是否平等；教师是否能表现出对幼儿的关爱和尊重；是否给予幼儿自主活动和发展的机会、信任幼儿、尊重幼儿主体性的发展；是否与幼儿有积极的互动，并给予幼儿友好的回应；是否能对幼儿一视同

仁，不歧视、不挖苦、不体罚幼儿；等等。

2. 班级是否具有自由愉悦的同伴关系

评价幼儿的同伴关系如何应关注幼儿同伴交往的各种行为表现，如幼儿在交往中是否主动、是否能感受到愉悦感、是否能获得交往技能学习的支持、是否愿意接受或积极回应同伴的邀约、是否有自己的好朋友等。

3. 家园之间的交流是否通畅，是否具有良好的家园关系

家园关系对幼儿园教育的影响巨大，所以，评价时应关注教师与家长沟通的渠道是否多样、灵活、畅通，是否能在教育理念和课程理念方面达成共识，是否能形成教育的合力，共同促进幼儿的发展。

美国 NAEYC 幼儿活动室观察评价量表

第一部分：教师与儿童的互动

1. 教师经常与儿童交往，并表现出对儿童的关爱、兴趣和尊重。
2. 教师在儿童视线可及的地方，并且对儿童做出反应。
3. 教师以友好的、积极礼貌的方式与儿童谈话。
4. 教师与儿童个别交谈，并鼓励所有的儿童运用语言。
5. 教师平等地对待与尊重不同种族、宗教信仰、家庭背景和文化背景的儿童。
6. 教师为不同性别的儿童提供参与所有活动的平等机会。
7. 教师鼓励与儿童发展相适宜的独立性。教师培养与儿童年龄相适宜的自理技能，如捡起玩具、擦去泼洒物、个人清洁（如厕、洗手）、取运材料及其他技能（家庭或社会的文化观或许会影响对儿童独立性的期望）。
8. 教师促进儿童责任感、自我调节及自控力的发展。
9. 教师没有运用会对儿童造成伤害、羞辱或恐吓的体罚或其他的惩戒方式。
10. 大多数时候活动室中整体的声音是愉快的。
11. 教师支持儿童情感的发展，帮助儿童处于舒适、轻松和愉快的状态，并鼓励儿童参与游戏和其他活动。
12. 教师认可并鼓励儿童的亲社会性行为，如合作、轮流，以讨论方式解决问题，关心他人。教师支持儿童之间萌发的友谊，并给儿童提供和同伴及成人相互学习的机会。
13. 在一天当中，教师运用多种教学策略来促进儿童的学习和发展。

二、物质环境评价的内容

从物理空间的构成要素上看，幼儿园物质环境主要包括户外环境、班级环境、室内公共环境等，所以，幼儿园物质环境评价的内容包含以下几个方面：

（一）户外环境

1. 用地面积是否符合国家有关规定

2016 年国家住房和城乡建设部颁布的《托儿所、幼儿园建筑设计规范》规定幼儿园应设室外活动场地，并应符合下列规定：每班应设专用室外活动场地，面积不小于 60 平方米，各班活动场地之间宜采取分割措施；应设全园共用活动场地，人均面积不应小于 2

平方米；室外活动场地应有1/2以上的面积在标准建筑日照阴影线之外。所以，评估幼儿园户外环境时应该对照国家有关规定，看看户外活动面积是否符合要求，是否能满足全园幼儿户外活动的需要。

2. 户外空间布局是否合理，能否满足幼儿各项户外活动的需要

幼儿园户外环境设计应依据场地功能进行合理分区，创设符合幼儿生理、心理特点的多样的环境空间。比如，在户外环境设计时应为幼儿提供具有视觉、听觉、嗅觉、味觉、触觉等多种感官刺激，引发走、跑、跳、钻爬、攀登、荡、摇、滚、滑等多种动作发展，支持引发幼儿运动游戏、角色游戏、建构游戏、艺术活动、科学探索等多种活动的环境，以满足幼儿全面发展和个性化发展的需求。

所以，评价幼儿园户外环境时，首先要看户外环境主要由哪儿部分构成，是否能满足全园各个年龄段幼儿开展各类游戏、各种运动活动；是否有种植、养殖区以满足幼儿进行生命探索的活动；是否有幼儿休闲、社交（如小草房、小木屋、小帐篷）或私密的空间设置；户外环境的地面是否质地多样、软硬兼有；等等。

3. 设施设备与玩具材料的配备是否齐全，是否高效利用

户外环境的主要构成就是器械、玩具，所以，评价幼儿园户外环境时应考察和评估其户外设施设备，尤其要评价幼儿户外玩具的配置是否能满足幼儿各种运动、游戏、探究、交往活动的需要，能否支持和促进幼儿身体、智能、社会性、情绪情感的发展。

（1）器械、玩具的配备是否符合3～6岁幼儿的年龄特点和兴趣需要，体现其科学性、适宜性。

（2）器械、玩具的配备是否多样，种类和数量能满足全园幼儿户外各项活动的需要。

（3）器械、玩具的配备是否能引发幼儿更多的创造性活动。户外环境中是否配备适合幼儿的低结构活动、多功能的玩具和材料，能否引发和支持幼儿更多富有创意的活动内容。有些幼儿园在建设过程中往往不注重实际效益，添置的东西往往实用性不强，实际使用情况极不理想，在人力物力上存在着极大的浪费。

（4）器械、玩具的使用是否高效，是否有使用和检修等一系列管理的各项制度等。

（5）是否能因地制宜开发当地资源，是否能充分利用当地社会资源和自然资源来丰富户外器械和玩具。

4. 户外环境是否兼顾绿化与美化的要求

《规范》规定托儿所、幼儿园场地内绿地率不应小于30%，宜设置集中绿化用地。所以，评估幼儿园户外环境时应把环境的绿化美化包括进来。第一，环境中是否有足够的绿化面积。第二，环境的整体设计和风格是否统一、和谐、美观。第三，庭院花草树木的种植是否多样，是否一年四季有绿色、有花开。第四，夏季是否有足够的树荫保证幼儿的户外活动。

5. 户外环境是否考虑到安全性，并具有适宜的挑战性

《规范》规定，户外环境的“地面应平整、防滑、无障碍、无尖锐突出物，并宜采用软质地坪”，“游戏器具下面及周围应设软质铺装”，“绿地内不应种植有毒、带刺、有飞絮、病虫害多、有刺激性的植物”，“托儿所、幼儿园基地周围应设围护设施，围护设施应安全、美观，并应防止幼儿穿过和攀爬。在出入口处应设大门和警卫室，警卫室对外应有

良好的视野”。这一系列的规定都与安全有关，所以，评价幼儿园户外环境时应该考察和评估其安全性，包括场地的安全性，器械、玩具的安全性，器械检修与使用的安全制度等。

安全性对户外环境来讲非常重要，但它与冒险性、挑战性并没有冲突。对户外环境的评估不能因为关注安全性而忽略了户外环境应有的多样性、冒险性和挑战性。冒险行为同样是每个幼儿成长过程中重要的一部分，优质的户外环境应具有适宜的刺激性、挑战性。

美国 NAEYC 幼儿活动室观察评价量表

第三部分：物质环境

35. 有够用的室内场地，儿童不会感到拥挤。
36. 有各年龄班儿童够用的户外游戏场地。
37. 场地安排有利于儿童进行个别的、小组的、集体的活动。
38. 给儿童提供户内户外使用的适宜于年龄的各种材料和设备。
39. 为儿童提供存放个人物品的个人空间。
40. 户内户外有儿童能独自游戏或工作，或与同伴一起游戏或工作的个人空间。
41. 环境中包括柔软的物件。
42. 有消音材料，如用来减少噪声的顶棚瓦片和地毯。
43. 可通年在户外进行的各种活动。
44. 用栅栏或自然障碍物把户外游戏场地与街道及其他危险隔开。

第四部分：健康和安全

45. 儿童一直处于成人的看管之下。
46. 为儿童穿上合适的衣服进行户内动态活动或户外活动。
47. 当儿童使用设备时，工作人员和儿童适度地保持区域的清洁。
48. 对厕所和浴室设备进行了消毒。
49. 在适宜的时候，工作人员用液体肥皂和流动水洗手。
50. 工作人员遵循正确的洗手程序。
51. 在换洗尿布和儿童如厕的地方，应有流动的冷热水，并贴有标志，提醒工作人员按正确的程序洗手。
52. 房屋建筑、游戏场地以及所有设备都保持安全、清洁，并处于良好的维修保养状态。
53. 婴儿和学步儿的玩具应够大，以防止儿童吞咽或窒息。
54. 当婴儿在床上时，床的两边处于被固定的状态。当年幼婴儿睡着时，应让他们保持仰睡状态。
55. 儿童易于够到盥洗水、饮用水以及洗手的设备。
56. 提供液体肥皂和一次性毛巾。
57. 儿童在如厕后、进餐前洗手。
58. 儿童所使用的地方应光线充足、空气流通，并保持适当的温度。

59. 电源插座有防护盖。(这一标准仅适用于学龄儿童活动室)

60. 地板覆盖物是防滑的无毒的材料。

61. 游戏场地中的设备下应使用防震材料(沙、木屑、碎石)。

62. 安全放置攀登架、秋千和大型设备。(如果放置情况不易被观察到,托幼机构应提交证明材料)

63. 所有化学物品和有潜在危险的物品如药物或清洗剂应存放在原有的、有标签的容器中,并锁在壁橱中,确保儿童够不着。(稀释的漂白水不用锁起来,但应确保儿童够不着)

64. 在明显的地方张贴有紧急行动程序。

(二)班级环境

1. 室内面积是否与幼儿人数相适宜,是否有活动室、寝室、盥洗室的合理规划

《规范》明确提出,幼儿生活单元应设置活动室、寝室、卫生间、衣帽储藏间等基本空间。最小使用面积活动室为70平方米,寝室为60平方米,厕所和盥洗室为20平方米,衣帽储藏间为9平方米,当活动室与寝室合用时,其房间使用面积不应小于120平方米。所以,评估班级环境时应关注其室内面积是否与幼儿人数相适宜,不造成室内活动的拥挤。寝室和盥洗室的位置和布置都合理,有助于幼儿一日各项活动的有效衔接。

2. 室内规划能否满足幼儿各项活动的需要

幼儿一日生活的大部分时间都在室内,所以,评价班级环境时很重要的一点就是看其规划是否能满足幼儿的生活活动(如盥洗、睡眠等)、教学活动、区域活动等各项活动的需要,并让幼儿感觉到安全、舒适、自在、从容。

3. 活动室的区域划分是否能支持幼儿自主的学习活动和游戏活动的开展

区域活动是幼儿自由选择、自主操作和交往的活动类型,以个别活动和小组活动为主,在现阶段幼儿园的一日生活中占有重要位置。所以,评估班级环境时,应考察班级是否因地制宜地进行合理的、多样的区域空间规划,能否满足幼儿个性化的选择需求。

4. 室内家具、玩具、材料的配备是否适宜、充足及其利用是否高效

家具、玩具、材料是班级环境创设最重要的构成要素,所以,评价班级环境时应考察其适宜性、丰富性,尤其是实际效益。

(1)家具的配备是否齐全,是否适合幼儿的年龄特点和生活需要,且符合安全、环保的要求,方便教师储物、展示,方便幼儿活动。

(2)玩具、材料是否充足、适宜,是否有利于幼儿学习活动、游戏活动的开展。

(3)玩具、材料的利用是否高效。

(4)玩具、材料的卫生、消毒、检修是否符合相关要求。

5. 墙面环境是否具有教育性和美观性,能否引发幼儿的互动

墙面环境的布置是幼儿园教师比较重视的环境创设内容,评价班级墙面环境可以从以下几个方面进行:

(1)墙面环境是否体现课程的元素,是否吻合幼儿现阶段的经验和兴趣,引发幼儿的

互动行为。

（2）墙面环境的创设是否具有较高的审美价值，有风格、有特点、有内涵。

（3）墙面环境的创设是否有幼儿的参与，体现幼儿的主人翁角色。

（4）墙面环境的创设是否能跟随幼儿的经验和课程的发展逐步更新、动态变化。

（5）是否在适宜的位置设置家园联系栏，是否起到有效沟通家园的作用。

（三）室内公共环境

室内公共环境一般是指除幼儿班级之外的室内环境，包括门厅、走廊、楼梯、各种活动功能室、办公用房及厨房、餐厅等，是幼儿园室内环境的重要组成部分，对幼儿的生活和学习具有特殊意义。对于室内公共环境的评价可以从以下几个方面进行：

1. 门厅、走廊、楼梯等环境的创设有内涵、有品质，体现以儿童为本的理念

（1）是否体现幼儿园教育理念和办园特色，具有园本文化的内涵。

（2）是否将班级课程、幼儿发展与幼儿园教育理念相融合。

（3）整体设计是否有统一的风格和审美特色，是否给予幼儿良好的审美熏陶。

（4）是否考虑到了各班级之间的互动交往活动，是否因地制宜地创设供幼儿操作、交往、游戏的公共活动区域。

（5）环境创设所用材料是否安全、环保、卫生，没有任何安全隐患。

2. 各种活动功能室的环境创设要体现其功能特点，有助于幼儿在某一领域的充分活动和发展

（1）是否因地制宜地为幼儿开辟图书室、建构游戏室、美术活动室、科学发现室等各种具有特色的功能室，并配备符合幼儿发展需要的各种设备和玩具、图书等。

（2）各功能室是否有合理的使用安排和管理制度，保障其真正促进幼儿各方面的发展。

（3）各功能室的活动内容与各年龄段幼儿的课程是否具有有机联系。

3. 办公用房的环境创设能否满足各自的功能要求，并体现园所文化，有特色、有品质，风格统一，不盲目追求高档、奢华，不装饰过度

（1）办公用房是否包括传达室、园长室、接待室、会议室、保健室、财务室、教师工作区、教师阅览室、档案资料室等，并满足各部分的功能要求。

（2）办公用房的环境创设能否因地制宜并体现园所文化，不盲目追求高档、奢华，做到简洁大方。

4. 厨房和餐厅空间是否规划合理，其设施设备是否齐全，卫生条件和管理制度是否符合有关规定，能否满足全园幼儿健康用餐的需要

（1）厨房功能间的划分与布局是否科学合理，设施设备是否齐全。

（2）厨房用具分类、标识是否清晰、明确，防护和清洗设备是否符合卫生要求。

（3）若有幼儿餐厅，餐厅设施能否满足全园幼儿健康用餐的需要，做到温馨而卫生。

第三节　幼儿园环境评价的实施

幼儿园环境评价对于幼儿园整体的环境创设和课程实施具有重要的导向作用，而且是

一项科学、严谨、系统的工作，专业要求极高。环境评价按照实施的时间流程，一般有如下四个阶段：

一、根据评价目标确定评价方案，编制适宜的评价指标体系

评价方案是评价活动的整体设计方案，是环境评价工作的开端。“要从事一项课程评价，首先应致力于评价方案的设计。评价方案是整个评价过程的蓝图。它指明了科学保教课程评价的目的，规定了评价的程序框架、内容、方式等，是确保进行严密组织的评价工作的重要一环。”① 评价方案一般包括：评价目标和内容、评价指标体系、评价方式方法、评价实施的步骤、评价结果等。

1．确定评价目标和评价内容

制定评价方案首先要确定评价的目标，根据目标确定评价对象和评价的具体内容。比如区域环境评价目标：

（1）分析评价区域材料投放的适宜性和有效性。

（2）比较不同年龄段同一区域材料投放的针对性和差异性，把握层次递进的适宜性。

（3）寻找区域活动材料投放存在的问题，探寻改进完善的有效策略。

针对上述评价目标就可以确定的评价的具体内容就是班级区域材料投放的适宜性和有效性，评价对象的选择是小班、中班、大班三个年龄段中至少各一个班的区域环境创设，尤其要评价材料投放以及幼儿对材料的选择和操作过程。

2．研究制定或选择适宜的评价指标体系

根据评价目标拟订评价项目、细化评价指标、编制评价指标体系是制定评价方案最重要的组成部分，它直接关系到评价工作的科学性和实效性。指标体系是实施评价活动主要依赖的工具，它是由各子项或子系统的指标、要素组合而成的标准化、系统化、数量化的指标群。

（1）指标与评价目标、评价内容的关系。

指标是反映目标本质属性的、具体的、可测的、行为化的评价标准。它回答了应当从哪些方面对评价对象进行评价②。所以，可以说指标是评价目标的具体体现，是评价内容的细化、具体化，是把评价的内容具体转化为一个个可以测评的行为化的小项目。作为评价的主要工具，指标必须具有可测性，所以，与指标体系相对应的还有标准体系和计量体系。

（2）指标体系的设计依据。

第一，国家和地方相关政策和法律法规。设计评价指标体系必须依据国家和地方相关政策和法律法规，比如《幼儿园工作规程》《幼儿园教育指导纲要（试行）》《3—6岁儿童学习与发展指南》《托儿所、幼儿园建筑设计规范》《幼儿园玩教具配备目录》等，这些政策法规从不同的层面对幼儿园的环境创设提出了规范性的要求，它们既是评价指标体系设

① 王坚红．学前教育评价：理论·方法·实践．北京：人民教育出版社，1994：276-277.

② 胡慧闵，郭良菁．幼儿园教育评价．上海：华东师范大学出版社，2009：47.

计的依据，也是幼儿园环境评价的指导思想。

第二，科学的教育理念和评价理念。幼儿园环境评价评什么、怎么评都与教育理念和评价理念直接相关，所以，评价指标体系应该尽可能依据最新、最科学、最能有效促进儿童发展的教育理念进行设计，这样才有可能通过评价发现问题，引导和促进幼儿园的环境创设工作。

第三，评价目标和内容。评价指标体系是为评价目标服务的，所以，评价的指标体系必须对应评价目标，细化评价内容。

第四，相关专业理论和专业知识。幼儿园环境评价指标体系的编制必须基于多学科、多方面的专业知识和能力。工具编制者只有熟悉幼儿发展理论、幼儿教育理论、生态环境理论、建筑设计、幼儿卫生保健、教育测量与评价等，才有可能编制出具有引领、激励作用的科学的评价指标体系。

第五，国情与地域实情。在指标体系编制的过程中，我们应该参考别人成熟的评价方案，并结合实际情况，做一些调整，这样制定的指标体系才更具有针对性和可操作性。

（3）指标体系的设计要点。

第一，严格对应评价目标和评价内容。指标体系中的各级指标必须能够全面、充分地反映目标的本质属性，不能与目标相脱离、相偏离、相矛盾①。所以，设计指标时应该力求每个指标都能反映目标，对应内容框架，形成系统的指标体系结构。另外，不能遗漏重要的评价指标，否则就可能导致评价目标不能在指标体系中体现，这样环境评价的结果也必然不准确。

第二，处理好上下层级和同一层级的指标之间的关系。指标体系是一个大的系统，是由一个个小的系统组成的，所以，下一层级的指标必须对应上一层级的指标，不能偏离，也不能矛盾。处于同一层级的各项指标之间必须独立，相互之间不能重叠、不能包含，不能存在因果关系，否则就容易使评价结果产生较大的偏差②。

第三，指标设计具有针对性和实际操作性。指标属于评价的操作性工具，所以在设计时应该考虑其实际操作的可行性，比如指标的层次清晰不繁杂，指标条目少而精，指标描述具体、简洁、明了，指标所需要的评价资料容易获得等。

3. 确定评价的程序，选择适宜的评价方法

评价方案应包括评价程序和时间安排的设计。此外，在制定方案时，还需要对本次评价的指标体系进行细化研究，选择适宜的评价方法。

幼儿园环境评价的程序即评价实施的步骤一般包括：（1）详细了解评价标准，全面把握评价目标和评价的指标体系；（2）确定评价对象，进入评价现场，通过观察、谈话、调查等方法搜集和记录评价所需信息资料；（3）对信息资料进行分析，得出结论；（4）撰写评价报告，或反馈意见。

评价过程需要采用观察法、调查法、档案袋查阅法、作品分析法等搜集评价的信息资

---

① 胡慧闵，郭良菁. 幼儿园教育评价. 上海：华东师范大学出版社，2009：48.

② 沈建洲. 幼儿园教育环境创设. 上海：复旦大学出版社，2014：127.

料，再对信息资料进行定性或者定量的分析，得出合乎逻辑的结论。所以，评价方案中还包括评价方法的选择，以确保评价工作的科学性。

4. 确定评价人员及其分工合作，撰写完整的评价方案

评价方案还应该包括对评价人员的具体要求以及如何组成有效的评价队伍。最后要写出完整的评价方案。

二、实施预评，审核评价指标体系的适宜性、有效性

评价指标体系确定之后，不仅需要多方征求意见，而且最好在一定范围内选择具有代表性的几所幼儿园进行预评审，通过预评检测评价指标体系以及评价方法的有效性、适宜性，再对评价标准进行调整、完善。

三、组织评审队伍，实施评价

（一）选择适宜的评价人员，组成和谐的评价团队

幼儿园环境评价队伍可以由学前教育专业研究人员、行政管理人员、幼儿园园长、教师、家长、幼儿构成。评价的过程就是各方人员共同参与，相互支持与合作的过程。同时，《纲要》还强调幼儿园教育工作评价实行以教师自评为主，园长以及有关管理人员、其他教师和家长等参与评价的制度。

1. 专业研究人员

学前教育专业研究人员如高校教师、教育研究机构研究人员等的参与，会让评价活动更具专业性，更充分体现评价的指导性和引领性。

2. 行政管理人员

教育行政管理人员熟悉政策、法规，熟悉各地幼儿园建设与发展的概况，他们的参与会让评价活动更具有客观性和代表性。

3. 幼儿园园长

评价团队的构成应该有幼儿园园长，他们是被评价对象的代表，是最有发言权的人员的代表。如果是幼儿园内部的环境评价，园长的参与也很重要，甚至对评价起关键作用。

4. 教师

教师既是评价的主体，也是被评价的对象。评价幼儿园环境应该有幼儿园教师的参与，同时，《纲要》一直强调教师的自我评价，还指出评价的过程，是教师运用专业知识审视教育实践，发现、分析、研究、解决问题的过程，也是其自我成长的重要途径。

5. 家长

现代教育理念认为家长不是幼儿园教育的旁观者，而应该是参与者、合作者，所以，家长可以参与幼儿园环境创设，也可以参与幼儿园环境评价，从自己独特的角度，提出环境创设的合理化建议。

6. 幼儿

幼儿是环境的享用者，但他们不是也不应该仅仅是一个被动的接受者，他们还应该是环境创设的参与者，同时，他们也应该有机会表达自己对所处环境或所用材料的意见。

（二）对参评人员进行培训

1. 针对评价标准的培训

评价队伍组建之后，需要对相关人员进行培训，其中非常重要的是评价目标、评价标准的专业解读，所有的参评人员必须掌握评价指标体系的构成及其关系，了解每一条评价指标的具体含义。

2. 针对评价实施过程和方法的培训

评价指标体系所包含的评价信息来自具体的幼儿园环境现场，要对参评人员进行相关培训，帮助他们掌握观察、谈话、调查、档案袋等方法搜集相关的信息，并选择定性或者定量的方法进行分析，得出合理的结论。培训内容也包括评价实施过程应遵循的基本步骤和注意事项等。

3. 针对评价总结与反馈的培训

培训还包括如何在评价结束阶段进行总结，如何撰写评价报告，如何进行意见反馈，如何通过反馈引导幼儿园环境创设工作的逐步完善等内容。

四、实施评价，搜集评价信息资料，对评价结果进行总结、反馈

1. 现场倾听、交流、观察，搜集相关信息

幼儿园环境评价可以通过园长或教师的汇报资料、档案材料、自评报告等获取一些资料。环境评价强调情境性，更重要的是环境现场的观看和查验，通过观察以及与班级教师的交流和有目的的访谈等获得第一手资料。评价幼儿园环境不仅仅是看静态的环境，更需要关注幼儿与环境的互动，通过互动的质量评判环境的有效性、发展性，而互动状况的掌握必须借助现场的观察和交流。

2. 分析信息，得出结论或者总结规律

对于信息资料的分析和处理是环境评价的重要一环，搜集到的信息的性质不同，所以处理的方法也不一样，既需要定性分析，也需要定量分析；既要完成对幼儿园或班级环境的等级评审、量化考核，也需要对环境评价过程中发现的亮点或者问题进行总结、概括，并深挖一些规律性、本质性的问题，使环境评价真正起到促进幼儿园环境完善、课程发展、教师发展的目的。

3. 撰写评价报告，反馈评价意见

现场评价活动结束之后，一般需要对评价状况进行总结，最好写出评价报告，并给予意见反馈。反馈时尽可能给予教师更多肯定和鼓励，提出中肯的、具体的意见，以更好地体现评价的导向性作用。

第四节 环境评价量表举例

1.《中国托幼机构教育质量评价量表（试用版）》（见表7-1）

表7-1 空间与设施

教室

等级难度	不适宜 1	2	最低要求 3	4	良好 5	6	优秀 7
空间大小及结构	1.1教室内仅有集体教学区域，室内空间非常拥挤（如幼儿的桌椅几乎占据了所有室内空间，幼儿座位排列很挤），活动室生均使用面积严重不足		3.1对幼儿、成人与设施而言，空间不算拥挤；除满足集体教学需要的区域以外，还有一些空间能够开展区角活动、幼儿的自由活动等；或者集体教学区域可临时变为区角活动空间		5.1活动室空间宽敞，有各自独立且充足的集体教学区域、区角活动空间、午睡休息空间；幼儿与成人可以自由地四处移动（如桌椅、柜架等家具设备不会限制幼儿正常的自由移动）		7.1除班级活动室外，另外有本班幼儿专用的、宽敞的午睡室，有可供经常使用的专门活动室（可全园共用，且该班级幼儿至少每周能使用一次以上）
基本设施	1.2缺乏适当的照明、通风、温度控制、隔音和吸音设施		3.2有基本的照明、通风设施，有基本的温度控制设施（如热带地区有降温设施，高寒地区有取暖设施），无明显令人不适的来自教室外部的噪声		5.2通风良好，能够自然采光，有较好的温度控制设施（如有空调或暖气且在必要时被使用），通风可以被控制（如窗户可以打开，换气扇可由教师来操作）		7.2自然光可以被控制（如有可以调整的百叶窗或窗帘）；有多种吸音设施（如墙壁上的软包，地毯、地垫，较多的柔软物），效果良好
安全与维修	1.3存在明显的安全隐患（如屋顶或承重墙壁有明显的裂缝，被鉴定为危房，地板有危险等），空间修缮和维护状况拙劣		3.3没有明显的安全隐患；有简易装修，基本能够使用		5.3装修适当，使用安全、环保材料，能够满足幼儿健康和活动的需要		7.3装修美观、温馨（主要从幼儿的角度来看）；定期检查维修，预防问题产生
清洁和保养	1.4拙劣的空间清洁与保养（如地板残留粘腻和污垢，垃圾外溢，蚊虫为患）		3.4适度的空间清洁与保养，蚊虫较少		5.4完善的空间清洁与保养，没有蚊虫问题		7.4定期采取专业清洁与保养措施以增进空间的健康和清洁

资料来源：陈佳丽.《中国托幼机构教育质量评价量表（试用版）》的试用研究. 金华：浙江师范大学，2012：71-72.

2. 幼儿园区域环境评价表（见表 7－2）

表 7－2　　幼儿园区域环境评价表

幼儿园：　　　　　　　　　　评价者：　　　　　　　　　　时间：

一级评价指标	二级评价指标		评价层级			
			优秀	良好	一般	较差
空间布局	空间设计理念	空间布局是不是站在幼儿的立场进行规划和设计的				
		各个区域空间是不是幼儿喜爱和留恋的				
		空间的功能能否促进幼儿的全面发展				
	空间的分割	“动区”与“静区”之间是否有效地避免了相互影响				
		区域面积的大小是否与幼儿进区人数、活动幅度相适宜				
		区域的开放与封闭程度与区域的功能、幼儿的活动需要是否相适宜				
		不同区域之间教育联动的发生是否有益				
	因地制宜开展活动	室内面积有限时，是否能通过室内外分组活动满足所有幼儿进区活动的需要				
		是否能充分利用公共空间开展区域活动，拓展幼儿的活动空间				
	空间规划要点的把握	色彩的选择是否符合幼儿的年龄特点				
		色彩的搭配和运用是否符合美学原则				
		色彩的施色部位及其比例分配是否恰当				
		材料质地、造型和结构方式是否在统一中又富有变化				
		地面、墙面、立体空间之间是否产生呼应				
		分区、隔断是否吻合了房屋建筑的风格及特点				
		区域空间是否根据幼儿的意愿和需要进行动态性变换或调整				
		区域空间的安全性是否有可靠的保障				
区域种类	区域的种类是否涵盖了幼儿全面发展的多项内容					
	区域的选择是否有明显的年龄段差异，并符合各年龄段幼儿的需要和发展目标					
	区域的数量是否满足全班幼儿同时活动					
	区域的功能是否支持幼儿新经验的建立和多种能力的发展					
材料投放	材料选择	主体材料是否承载着区域当前的教育目标，能否为幼儿的当前发展需要提供支持				
		辅助材料对主体材料的价值发挥是否具有支持、补充或延展的作用				
		材料的类别是否齐全，物化着丰富全面的发展目标				

续前表

一级评价指标	二级评价指标		评价层级			
			优秀	良好	一般	较差
材料投放	材料选择	材料数量、种类、配置比例是否吻合当前年龄段幼儿的心理和活动需要				
		工具的配置是否必要和得当				
		材料的来源渠道是否体现出多样化特点。具体包括：对购买的材料是否经过二次选择和再加工，发挥其应有的价值和功能；材料的搜集是否体现出幼儿的参与；幼儿作品的价值是否在材料系统得到了发挥；家长帮助搜集的材料是否具有一般和特殊价值				
	材料投放的适宜性	材料的性质、特点是否与当前年龄段幼儿的兴趣和需要相匹配，具有明显的年龄段特点				
		是否有序投放材料，对材料数量、种类的控制是否科学合理，是否既能满足幼儿进区活动的需要，又避免了单调乏味和无目的泛滥				
		材料的外形及配置方式是否具有趣味性，引发幼儿专注、持久地进行活动				
		材料操作的难易程度是否基于幼儿当前的发展水平，具有不同层次的挑战性，引发幼儿深入地进行活动				
		相同的材料在不同年龄段的目标要求是否具有明显的区别				
		是否对操作熟练后的材料及时进行删减、增加、改进结构或组合拓展，使材料吻合并进一步促进幼儿新的发展				
	材料管理	材料的分类标准是否清楚，是否有固定的容器盛放和固定的摆放位置				
		材料的摆放是否有序，位置关系是否具有内在的教育性和暗示性				
		材料取放和使用的方法、要求是否明确，具有操作性				
		是否注重幼儿操作材料的良好常规和习惯的培养及稳定				
区域标识	标识的整体造型是否鲜明、生动有趣，吸引幼儿的关注					
	图文比例是否恰当，突出区域的主要功能					
	标识符号的暗示和引导意义是否直观、简洁，易于幼儿理解和操作，帮助幼儿有序活动并形成良好习惯					
综合评价						

资料来源：董旭花，韩冰川，王翠霞，刘霞. 小区域　大学问：幼儿园区域环境创设与活动指导. 北京：中国轻工业出版社，2012：159-161.

3.《山东省省级示范性幼儿园办园标准（2013 年修订）》（节选）（见表 7－3）

表 7－3　　山东省省级示范性幼儿园办园标准（2013 年修订，节选）

项目		要素	标准分	细则	原则	得分
A1 园舍设施 165 分	B1 园舍建筑 80 分	C1 为独立的建筑群体，园舍建筑坚固安全、合理实用	15 分	1. 园舍为独立建筑群体，符合国家相关安全（消防、抗震等）、卫生标准，布局合理。建筑风格体现幼儿特点（10 分） 2. 定期对园舍进行检查、维护，有检查记录，有改进措施（5 分）	不是独立建筑群体，设置在污染区、危险区，使用危房等，不得参评	
		C2 环境绿化、美化、儿童化、教育化	10 分	1. 绿化用地（包括集中绿地、种植园地和房前屋后、道路两侧的零星绿地面积）生均不少于 $2m^2$（5 分） 2. 户外环境符合幼儿年龄特点，有利于开展各种体育、游戏等活动（5 分）		
		C3 户外活动场地与幼儿园规模相适宜	15 分	1. 户外活动场地人均不少于 $4m^2$。地面软硬兼有、比例适中。室外大中型运动器械固定安装在软质地面上，器械之间保持足够的安全距离（10 分） 2. 有游戏场地、活动器械场地、30m 直跑道、沙池、玩水设施、种植园地及饲养区等（5 分）		
		C4 各班有独立配套、宽敞明亮、通风及采光良好的活动室、寝室、卫生间	15 分	1. 活动室、寝室、卫生间面积不低于《山东省乡镇中心幼儿园基本办园条件标准（试行）》的要求。寄宿制幼儿园有独立的寝室（10 分） 2. 厕所采用水冲式，沟槽式便池应设置幼儿扶手。实行男女分厕（5 分）	三室（或两室）不配套，不得参评	
		C5 有相应规模的多功能活动室、专用活动室、办公及辅助用房等	15 分	1. 多功能活动室、图书阅览室、科学发现室、卫生保健室、图书教具资料室（可兼做档案室）、办公及辅助用房等面积不低于《山东省乡镇中心幼儿园基本办园条件标准（试行）》的要求（10 分） 2. 多功能活动室及专用活动室按照标准配备，有使用记录，幼儿参与率高（5 分）	少一室扣 5 分，扣完 15 分为止	
		C6 幼儿厨房面积与办园规模相适宜，设计合理、安全、卫生	10 分	1. 厨房面积不低于《山东省乡镇中心幼儿园基本办园条件标准（试行）》的要求（5 分） 2. 厨房设有主副食加工间、配餐间、烹饪间、消毒间、更衣间、主副食仓库等。操作间瓷瓦到顶，吊顶使用防脱落、防腐材料（5 分）	没有给幼儿提供午餐服务，不得参评	

续前表

项目		要素	标准分	细则	原则	得分
A1 园舍设施 165分	B2 设施设备 85分	C7班级生活及教育设施齐全、适用，符合幼儿特点，满足幼儿生活和学习需要	15分	1. 幼儿床、桌椅、玩具橱、图书架等配置符合《山东省城市幼儿园基本办园条件标准（试行）》的要求（5分） 2. 有暖气、空调等防暑防寒设施并正常使用。冬季室内温度不低于16摄氏度（5分） 3. 配备饮水设备，保温桶应具备锁定装置。每生一杯（无毒、不易碎、耐高温），并有明显区分标记（5分）		
		C8配齐必备的玩教具及活动器械，种类丰富，能满足幼儿游戏活动的需要	15分	1. 玩教具及活动器械等符合《山东省城市幼儿园基本办园条件标准（试行）》的要求，种类丰富，适合幼儿年龄特点，能满足幼儿游戏活动需要（10分） 2. 玩教具摆放合理，取放方便，使用率高（5分）		
		C9配备现代化教育设施，建有幼儿园网站，使用率高	20分	1. 幼儿园配备电脑、电视机、数码照相机、摄像机、实物投影仪、打印机、复印机、多媒体等现代化教育及办公设备，基本满足需要（5分） 2. 每班配备数码照相机、电视机、音响、钢琴（或电子钢琴）等设备（5分） 3. 幼儿园有独立网站，内容及时更新（5分） 4. 园长、教师每人一台电脑，能有效运用现代化教育设施进行管理和教育活动（5分）		
		C10配备足量适合教师、幼儿的图书、音像等资料	15分	1. 教师教学参考用书不少于5种，图书资料教师人均不少于10册（不含复本），幼教刊物不少于5种，且连续订阅两年以上。音像资料能满足保教工作需要（8分） 2. 适合幼儿阅读的图书人均不少于10册（不含复本），班级幼儿图书生均不少于5册。图书体现幼儿年龄特点，并定期更新补充（7分）		
		C11保健设施配备齐全，配有预防和治疗必需的药品及设备	10分	1. 卫生保健室按照《山东省城市幼儿园卫生保健器械配备基本标准》备足配齐相应的设施设备及烫伤、擦伤等应急外用药品（5分） 2. 配备儿童观察床、桌椅、药品柜、资料柜、流水洗手设施等（5分）		

续前表

项目		要素	标准分	细则	原则	得分
A1 园舍设施 165分	B2 设施设备 85分	C12 厨房配有食品加工、烹饪设备及防蝇、防鼠、防尘等设施	10分	1. 厨房配备和面机、绞肉机、烤箱、冰箱、恒温箱、消毒柜、蒸饭车等必要的设备（5分） 2. 有防蝇、防鼠、防尘、防腐、灭蚊、消毒等设施（5分）		

思考与练习

1. 教育局有关人员检查了某幼儿园的环境，发现其环境存在诸多问题，要求其马上进行整改，这体现了评价的哪方面功能？
2. 当你走进一个幼儿园观摩环境，你将从哪几个方面评价其环境创设？
3. 观摩一个幼儿园的户外环境，并对其户外环境进行评价，写出评价报告。
4. 观摩一个班级的区域环境，并对其状况进行分析，写出评价报告。

阅读导航

马丽枝，吴月波. 幼儿园教育质量评价探析. 哈尔滨学院学报，2015（7）.

第八章

国外幼教机构环境创设

本章导读

对环境的高度重视是蒙台梭利教育、瑞吉欧教育、华德福教育等优秀教育体系的共同特点之一。了解这些教育体系的环境观，了解它们的环境在教育中所发挥的作用与价值，了解它们教育环境的特点，会让我们更加深入地认识与理解环境在教育中的价值，会给我国幼儿园的环境创设带来更多的启发与思考。

在进行本章的学习时，应通过比较这几大教育体系环境创设的异同，思考其对我国幼儿园环境创设的启发。如果在学习的同时能够广泛地搜集相关资料，在完整了解这几大教育体系的教育理念及课程特点的基础之上思考幼儿园环境创设的问题，应该会有更多的收获。

第一节　蒙台梭利幼儿教育机构环境创设

蒙台梭利认为，在教育中环境所扮演的角色相当重要，因为幼儿从环境中汲取所有东西，并将其融入自己的生命之中。如果让幼儿生活在一个有利于他们自然发展的环境中，使他们能按自己的需要、发展的节奏和速度来行动，他们就会显现出惊人的特性和智慧。她提出，应根据幼儿六岁以前的敏感期与吸收性心智，创设一个以儿童为本位的“有准备的环境”。因此，蒙台梭利教育机构——“儿童之家”非常重视环境的创设。他们认为环境是幼儿活动中不可分割的一部分，是幼儿最好的、最自然的启蒙老师，适宜的环境能吸引幼儿去探索、思考，去参与、实践，还能引导幼儿在自然、自主的状态下形成良好的习惯。蒙台梭利教育机构的环境一般具有以下特点：

一、它必须像个家

“它必须像个家”，这是蒙台梭利对“儿童之家”环境的一个最基本的要求。“儿童之家”并没有一定的规格，可以根据经济情况与客观条件来设计，不过它必须像个家。一般的“儿童之家”会有一个庭院，院子里有遮风避雨的设备，有自然的、质朴的玩具设施，让幼儿可以在户外自由活动，还有可供幼儿种植与饲养的空间；“儿童之家”中的主要房间是智力活动的“工作室”，但还会有一些其他的房间，如餐厅、会客室、健身房、休息室、较小的浴室等让幼儿活动和生活的空间。“儿童之家”室内的色调优美典雅，空间布置温馨舒适，处处体现着“家”一样的氛围。

“像家一样”还体现为“儿童之家”的环境是真实的、自然的。环境中所有的用品、用具以及幼儿在其中的活动都是真实自然的，像在家庭中一样的。幼儿要真的像在家中一样去做清扫整理、照料动植物等工作，为幼儿提供的炊具、刀具等生活用品也都是真实的、适合幼儿使用的。还有一点就是幼儿在环境中是自由的，像在自己的家里一样，他们可以自由地出入各个房间，自由地选择要做的“工作”，这会使幼儿感到安全和温暖。

二、以幼儿为中心

蒙台梭利认为每个生命都有自身的发展规律，幼儿生活学习的环境要充分尊重他们的节奏与步调，要以幼儿为中心来进行设计与布置。蒙台梭利教育环境中一切设施设备的主要特色就是一切以幼儿为中心。不但教具要适合幼儿智力发展的阶段，所有的硬件设备也都以幼儿的需要为标准，如室内的桌、椅、橱、柜、操作台、洗手盆、便盆等，包括教具、清扫工具的尺寸也都是根据幼儿的身高来定制的，因为在“儿童之家”，一切事务都由幼儿自己动手（见图 8-1、图 8-2）。

图 8-1

图 8-2

三、体现秩序感

幼儿处在秩序的敏感期，如果环境、生活没有秩序的话，幼儿会因此感到混乱，失去安全感和方向感。蒙台梭利认为秩序必须是有准备的环境中的一部分，因为秩序是生命的第一需要，会影响一个人终身的习惯和品质。在蒙台梭利教室中，区域规划、装饰布置都讲究视觉上的秩序感，所有设施、物品都井然有序地放在固定的位置，幼儿自己的物品也都有固定的地方摆放。这种秩序感还体现为，供幼儿学习使用的材料都按照难易程度排列成一定的结构，并且能适应幼儿发展的顺序（见图 8－3、图 8－4）。

图 8－3

图 8－4

四、要有美感

蒙台梭利认为美对幼儿是非常具有吸引力的，幼儿最初的活动是因美而引起的，所以“儿童之家”的环境在装饰、布置等方面都非常讲究。墙上的名画、色彩柔和的窗帘、原木质地的家具橱柜、柔软舒适的地毯、摆放整齐的精致精美的教具、充满生机的绿色植物等无不展现出美的感觉与气氛。

五、避免过多的刺激

“儿童之家”的环境简洁有序，没有过多的材料或装饰，因为他们认为太多的东西反而使幼儿的精神散乱迷惑，不知该如何去选择材料和开展活动，以至于不能将精神集中在要做的事情上。因此，为避免幼儿精神的疲惫与散漫，蒙台梭利教育强调环境中的教具、材料及活动并不是越多越好，必须要有所限制，以避免对幼儿造成过多的刺激。

第二节　瑞吉欧幼儿教育机构环境创设

环境在瑞吉欧教育中有着举足轻重的地位。在瑞吉欧教育系统中，课程的生成与实施、幼儿的学习发展与表现表达、幼儿园与家庭以及社区间的互动沟通等，无不以环境为基础。瑞吉欧教育工作者认为，环境是幼儿与幼儿之间、幼儿与成人之间以及幼儿与物之间互动的关键性因素，是一个可以支持社会互动、探索与学习的“容器”。瑞吉欧教育系统的环境创设折射出瑞吉欧教育工作者的教育理念与教育智慧。

瑞吉欧教育机构的环境一般具有以下特点：

一、以幼儿为核心，强调环境的教育功能

瑞吉欧教育是一种尊重幼儿、以幼儿为核心的教育模式，它的环境创设首先强调环境的教育功能。他们认为环境的创设要符合幼儿身心发展，要为了幼儿的发展而创设，要让幼儿真正成为环境的主人。

幼儿园从建筑结构、环境设计、装饰布置到设施与材料的投放都是以幼儿为核心，从幼儿的发展特点、成长需要和教学需求出发的。各个空间中吸引幼儿探索操作的设施、设备、物品、材料都经过精心的挑选，所有材料的放置也都是用心设计过的。材料的放置充分考虑幼儿的高度与可到达程度，目的是吸引和激发幼儿进行探索，鼓励幼儿对周围环境做出敏锐而积极的反应。

他们将环境形象地比喻为“第三位教师”，认为环境具有和教师一样的作用，可以促进幼儿知识、情感、技能的养成和发展。瑞吉欧的每一处环境设置，都是其教育的重要组成部分（见图 8－5、图 8－6）。

图 8－5

图 8-6

二、更加开放，更加关注环境的互动性

与其他教育环境相比，瑞吉欧教育环境具有更大的开放性，也给予幼儿更多的自由。同时，瑞吉欧幼儿园特别关注环境与幼儿的关系，在环境设计中更关注激发人与人之间以及人与物之间的交流和互动。

首先，在瑞吉欧幼儿园的环境中有更多开放的空间。每个瑞吉欧幼儿园里都有一个广场，用透明的玻璃墙连接室内外，每个教室的门都面向广场，形成一个开放的空间。广场中设置了各种游戏、活动的设施与材料，各个年龄段的幼儿可以在其中自由地交流互动，认识结交陌生的人，与他们交流、分享、合作，碰撞出不同的灵感。在瑞吉欧幼儿园的每个教室和艺术工作坊也都有类似的空间，场地有大有小，适合不同规模的小组开展活动，供幼儿在其中一起探索、交流、思考、讨论。这种瑞吉欧幼儿园特有的设计，形成了一个个高度开放的信息交流和聚会的空间。在这里每天都会有新鲜的事情发生，这也促成了许多方案活动的生成，成为其课程重要的支撑。

其次，在瑞吉欧幼儿园的环境创设中非常重视家庭和社区的参与。幼儿园环境对家长、社区的开放，家长及社区人员对环境的参与，以及整个城市环境对幼儿园的敞开与接纳，都成为瑞吉欧教育环境的鲜明特点（见图 8-7）。

再次，瑞吉欧幼儿园还特别强调室内外空间的开放性与互动性。幼儿园房间都有高大宽敞的玻璃窗，透明的玻璃墙可以使幼儿的视野得到极大的延伸，窗外的草坪、绿植、鲜

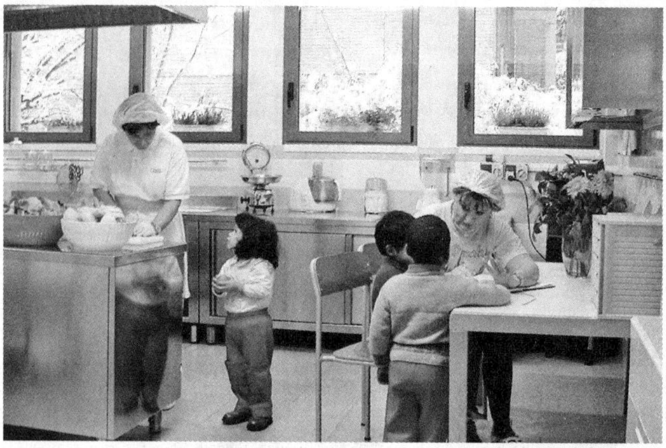

图 8-7

花会自然地映入幼儿的眼帘。同时，这种环境还鼓励幼儿通过多种感官来表达和创造。每一个艺术工作坊的门都朝向院子或者花园，室内外有着极其通透的过渡，幼儿随时可以将自己的工作搬到户外。

最后，瑞吉欧环境中的开放性还体现在其环境中材料的结构化程度上。在瑞吉欧幼儿园几乎看不到现成的玩具。他们的玩具多是从大自然中搜集来的树叶、树枝、粮食、种子，各种形状的石头、木片以及各种废旧物品，这些低结构的、开放的材料也成为瑞吉欧教育环境中重要的特点之一（见图 8-8、图 8-9）。

图 8-8

图 8-9

三、丰富的、动态变化的空间环境与材料

瑞吉欧幼儿园的环境是极其丰富的。室内有多种大小不同的区域，有团体活动的空

间，也有不同规模的小组活动以及相对封闭的幼儿自由活动乃至个人的私密空间。在瑞吉欧的每个角落都有教师精心设计的环境和用心投放的材料。学校还有专门的图书资料供幼儿查阅。在艺术工作室里，既有照相机、录音机、录像机、复印机、电脑等先进设备，也有教师和幼儿一起搜集来的各类材料。

“一成不变”是瑞吉欧教育环境所不能容许的。瑞吉欧幼儿园非常注重对环境的评估和更新。每过一段时间，他们就会对现有的环境设置进行评估，判断它是否能够继续满足幼儿和教师的需要，然后在评估的基础上对环境做出相应的改变和调整，如空间大小的调整、区域内容的更新、材料的增减和变换等。

四、环境与课程相互创生

瑞吉欧教育非常重视环境的生成性，这也是瑞吉欧教育环境备受推崇的特点之一。灵活多变的课程和环境相互创生，形成了瑞吉欧教育鲜明独特的课程和环境特色。

在瑞吉欧，课程多由环境生成。瑞吉欧的课程主题并不是凭空而来的，它来自幼儿与环境的互动。环境不仅为幼儿与幼儿、幼儿与成人、幼儿与环境之间架起了交流互动的桥梁，更能够激发幼儿的探索、认知与学习，生成新的课程内容。与此同时，环境也会由课程而创生。瑞吉欧的方案活动往往发生在某些特定的环境之中，需要某种特定环境的支撑。所以，为了支持和推进正在实施的课程方案，瑞吉欧教育工作者会根据课程需要创生出新的环境。

五、环境成为最好的展示、评价、记录的方式

瑞吉欧教育的环境还有一个突出的特点，那就是它的展示、评价与记录功能。它像一面镜子一样记录着幼儿及教师的成长和点滴进步。正如马拉古齐所说的：“我们学校的墙壁会说话。”

瑞吉欧幼儿园非常重视幼儿园门口的展示区，他们会在幼儿园入口处展示幼儿、家长以及教职工参与各种活动的照片。有的学校还会展示一些关于学校事务的图片，如学校的事务表、教师训练课程、分组家长会议、全校会议、校际会议、户外参观和各种庆祝活动等。他们通过这种展示让家长以及外来参观者清楚地了解到幼儿园的情况。每间教室门口都有向家长介绍项目活动主题的区域，以便于家长合作与参与。

幼儿园的环境中，到处都有幼儿各种形式的作品展示，如泥塑、绘画、小制作以及各种活动方案的文字图片记录、录像记录等。这些都是幼儿的一种自我表达，是幼儿的“一百种语言”的展现，也是幼儿成长足迹的展现。这样的展示不仅能使幼儿产生自豪、自信与自尊，同时也能让家长和来访者感受到幼儿幼小生命的价值。

瑞吉欧教育体系强调，在活动中或活动后，教师要和幼儿一起将活动内容或实录以照片、文字、图画等多种形式在环境中展示出来，以此来呈现主题活动的进展情况，同时也借此帮助幼儿梳理并积累在活动中获得的相关经验（见图 8－10）。

图 8-10

六、关注美感，重视对文化的体现

瑞吉欧教育的空间设计比较关注环境的美感与文化的体现。多样的空间布局、充满地域特色的自然材料的投放、富有创意与当地传统艺术感觉的色彩渲染与装饰、空间上的通透性、自然光源的引入、绿植与环境的和谐搭配、童话般的户外环境……让自然和谐的美感与当地的文化、教育的理念、园所的价值追求自然地渗透到环境中，同时又在环境中呈现出来。

第三节　华德福学前教育机构环境创设

华德福教育强调爱与温暖，注重精神、灵性的拓展，推崇人与自然的贴近与和谐，重视节奏与次序，重视创造力、想象力，注重幼儿的动手能力，强调艺术教育。环境在其教育体系中也发挥着极其重要的作用。

华德福幼儿园环境的特点表现在以下几个方面：

一、追求自然与质朴

华德福教育非常推崇人与自然的贴近与和谐。可以说，对自然的追求是华德福幼儿园环境最突出的特点。许多华德福幼儿园都建在郊外甚至森林中，为幼儿提供更容易亲近自然的环境。

华德福幼儿园的户外都会有足够的空间供幼儿尽情地奔跑、玩耍，活动场地一般都是土地、草地、沙地，不会铺设塑胶。庭院里有可以攀爬的大树、木屋，有沙坑和各种自然的原木、木制的各种玩具设施，以及可供幼儿开展木工活动和种植、养殖活动的空间，有些华德福幼儿园还会有自己的木工房、种植园甚至活力农场，他们希望通过草木、动物、沙石、泥土等充满灵性的环境给幼儿以滋养。

许多华德福幼儿园的房舍都掩映在树林中，非常的简单质朴，一般只有一层，目的是让幼儿更贴近自然、贴近土地。幼儿园所有的用品和玩具都选择天然的材质，如木头、石头、棉、麻、丝、羊毛等。室内会有教师和幼儿用树枝、野花和自染的彩色布料、自制的羊毛画来装饰布置的环境。每间教室里都有适合幼儿使用的厨房设备、工作台、水池、真实的炊具等。他们力求让幼儿接触到的一切都尽可能是自然的、真实的（见图 8－11、图 8－12）。

图 8－11

图 8－12

二、体现季节交替与节令变换

华德福教育追求与自然节律相协调的生活节奏，强调在季节交替、节令变换时要有相应的环境与活动。每个华德福幼儿园的教室都有一个“自然角”或一张“四季桌”，它们都会反映出四季的变化，反映出季节的内在特征。墙上和桌上的布或丝绸的颜色会随着季节的不同进行更换。比如：春天用浅绿色或粉红色，夏天用绿色或深绿色，秋天用黄色、红色、橙色、红褐色，冬天用深蓝色或蓝色；桌上摆放的物品，一般以当地当季的植物、果实、鲜花以及其他的自然物，如石头、贝壳等，配合用羊毛、木头等制作的手偶、人物、动物、围栏、房子等，精心布置出充满艺术感的造型或者故事场景，并随着季节的轮回而变化（见图 8－13、图 8－14）。

在一些传统的节日和特殊的日子，华德福幼儿园会精心地布置环境以增加仪式感，如在冬至时会布置冬至花园，开学时会布置玫瑰花门等。

图 8-13

图 8-14

三、保护感官，远离现代化科技产品

华德福幼儿园十分重视对幼儿感官的保护。在环境中使用自然的、层次更为丰富的、来自植物的物品，颜色淡雅柔和，避免使用鲜艳的三原色刺激幼儿的视觉。室内所有的墙壁窗帘都是教师亲自粉刷和染制的，一般以淡粉色为基调，融合有淡黄和淡蓝色，营造明快和温暖的感觉。

华德福幼儿园的教室里都尽量采用自然光，以使幼儿有规律地、持续地感受每天不同时刻的自然阳光在室内的变化。如果必须开灯，也会采用最接近阳光的微黄光线，或者在每盏灯的外围加上手工制作的灯罩，给幼儿带来柔和、温暖、安静的感受。

幼儿园所有的物品、玩具都选用自然的质地，提供来自自然界的材料供幼儿玩耍，以保护幼儿的触觉。

华德福幼儿园的环境中一般不使用塑料玩具、塑胶地板、电声设备，也没有电视、电脑、投影仪等科技产品，以避免过多的刺激干扰破坏幼儿感官的发展（见图 8-15）。

图 8-15

四、投放天然的半成品材料，激发幼儿想象力与创造力

史代纳曾说："幼儿期的玩具必须是能培养幼儿的想象力的，因此，越简朴的东西越好。"华德福幼儿园反对给幼儿提供设计太过精巧的玩具，因为这些玩具玩法固定，不能给幼儿提供想象的空间。华德福教室的很多玩具叫作未完成的玩具，看上去好像没做完一样。娃娃的眼睛、鼻子、嘴巴都特别简单，偶戏故事角色的脸上甚至都没有具体的五官，正是这样的娃娃才能给幼儿的想象留下充分的空间。教室里的玩具大部分也都是天然的半成品，像石子、树枝、羊毛、果核、竹筒、葫芦、藤编等，这样的材料比塑料玩具或设计精致的成品玩具更具拓展性和开放性，更能激发幼儿的想象力与创造力（见图 8－16）。

图 8－16

五、避免过多的选择

华德福教育认为，不应给予幼儿过多的选择，也包括为幼儿提供的游戏种类和玩具不宜过多。名目繁多的选择会让幼儿的心理不堪重负，他们的注意力常常放在"如何选择游戏和玩具"或"是否拥有玩具材料"上，因而不能专注于当下的活动。

思考与练习

1. 蒙台梭利教育、瑞吉欧教育、华德福教育这三大教育体系在对环境价值的认识上有什么相同点与不同点？

2. 你认为这三大教育体系的环境观对我国幼儿园的环境创设有哪些借鉴与启发？

阅读导航

http://learning.sohu.com/20161014/n470229766.shtml.

参考文献

[1] 刘焱. 儿童游戏通论. 北京：北京师范大学出版社，2004.

[2] 薛烨，朱家雄. 生态学视野下的学前教育. 上海：华东师范大学出版社，2007.

[3] 史万兵. 环境教育的基础理论研究. 教育研究，1998（4）.

[4] 彭蝶飞. 幼儿园生态环境教育探析. 学前教育研究，2007（8）.

[5] 赵寄石. 对幼托园所文化建设的思考. 早期教育，2006（3）.

[6] 陈雅芳. 试论管理视野中园长的理性思维. 学前教育研究，2007（2）.

[7] 吴春榕. 对当前幼儿园教师文化建设的思考与建议. 学前教育研究，2005（12）.

[8] 张干，曹春萍. 学校渗透环境教育的基本方法. 教育导刊，2003（12）.

[9] 李莉. 幼儿园班级环境创设. 学前教育研究，2008（8）.

[10] 董旭花，韩冰川，王翠霞，刘霞. 小区域 大学问：幼儿园区域环境创设与活动指导. 北京：中国轻工业出版社，2013.

[11] 董旭花，王翠霞，阎莉，刘霞. 幼儿园创造性游戏区域活动指导. 北京：中国轻工业出版社，2014.

[12] 董旭花，刘霞，赵福云，韩冰川. 幼儿园自主性学习区域活动指导. 北京：中国轻工业出版社，2014.

[13] 董旭花. 幼儿园游戏. 北京：科学出版社，2016.

[14] 王春燕. 幼儿园科学保教课程指南. 上海：华中师范大学出版社，2014.

[15] 沈建洲. 幼儿园教育环境创设. 上海：复旦大学出版社，2014.

[16] 汤志民. 幼儿园环境创设指导与实例. 上海：华东师范大学出版社，2013.

[17] 蒙台梭利. 童年的秘密. 北京：人民教育出版社，1990.

[18] 郭亨贞. 蒙台梭利方法中的环境要素分析. 社会科学论坛，2005（5）.

[19] 梁志燊. 蒙台梭利教育在幼儿园中的成功运用. 上海：第二军医大学出版社，2004.

[20] 蒙台梭利. 蒙台梭利方法. 天津：天津人民出版社，2003.

[21] 马拉古齐. 孩子的一百种语言：意大利瑞吉欧方案教学报告书. 台北：光佑文化事业股份有限公司，1999.

[22] 秦元东. 为儿童创设良好的环境：论陈鹤琴关于幼稚园环境创设的思想. 学前教育研究，2002（6）.

[23] 郭景云. 华德福幼儿教育思想及对我国早期教育的启示. 石家庄：河北师范大学，2013.

[24] 陈园园．华德福教育学校教育的实践探索．重庆：西南大学，2012.
[25] 李宁．教育回归生活理念在华德福幼儿园运用的个案研究．西安：陕西师范大学，2014.
[26] 黄慧娟．鲁道夫·斯坦纳教育思想与实践研究．福州：福建师范大学，2010.
[27] 李季湄，冯晓霞．《3—6 岁儿童学习与发展指南》解读．北京：人民教育出版社，2013.
[28] 仙田满．儿童游戏环境设计．台北：田园城市文化事业有限公司，1996.
[29] 鄢超云，等．低成本有质量的幼儿园环境创设．北京：教育科学出版社，2013.
[30] 杨彦．幼儿园环境创设．北京：北京师范大学出版社，2014.
[31] 虞永平．学前课程与幸福童年．北京：教育科学出版社，2011.

图书在版编目（CIP）数据

幼儿园环境创设/董旭花等编著. —北京：中国人民大学出版社，2018.4
21世纪学前教师教育系列教材
ISBN 978-7-300-25322-0

Ⅰ.①幼… Ⅱ.①董… Ⅲ.①幼儿园-环境设计-师范学校-教材 Ⅳ.①G617

中国版本图书馆CIP数据核字（2017）第317705号

21世纪学前教师教育系列教材
幼儿园环境创设
董旭花 张升峰 臧冬玲 韩冰川 编著
Youeryuan Huanjing Chuangshe

出版发行	中国人民大学出版社		
社　　址	北京中关村大街31号	**邮政编码**	100080
电　　话	010－62511242（总编室）		010－62511770（质管部）
	010－82501766（邮购部）		010－62514148（门市部）
	010－62515195（发行公司）		010－62515275（盗版举报）
网　　址	http://www.crup.com.cn		
	http://www.ttrnet.com（人大教研网）		
经　　销	新华书店		
印　　刷	中煤（北京）印务有限公司		
规　　格	185 mm×260 mm　16开本	**版　　次**	2018年4月第1版
印　　张	11.75	**印　　次**	2022年10月第7次印刷
字　　数	271 000	**定　　价**	32.00元

版权所有　侵权必究　　印装差错　负责调换